FRENCH URANIUM

French Uranium
se prolonge sur le site www.arenes.fr

Éditions des Arènes
27 rue Jacob, 75006 Paris
Tél. : 01 42 17 47 80
arenes@arenes.fr

Eva Joly
Judith Perrignon

FRENCH URANIUM

roman

les arènes polar

Fais que l'enfer n'ait sur nous aucun pouvoir :
N'ayons rien à faire ou à solder avec lui.
Hommes, ici pas de plaisanterie,
Mais priez Dieu que tous nous veuille absoudre.

François Villon, *Ballade des pendus*

I

Évidemment le suicide en a surpris plus d'un, à commencer par l'huissier qui l'a découvert. Un ministre qui se balance au bout d'une corde n'a plus rien d'un ministre. L'attachée de presse n'a pas pleuré, d'instinct elle a vidé le cendrier et ses mégots teintés de rouge à lèvres posé sur le bureau. Scheffel, le directeur de cabinet, s'est affalé dans le fauteuil ministériel. Se pendre un lendemain de premier tour de l'élection présidentielle, surtout après ce résultat-là, putain ça n'a pas de sens, a-t-il soupiré. Puis il a appelé le président de la République.

– Castelnau est mort.

Il a dégluti, la gorge sèche, avant de lâcher :

– Pendu.

Un silence.

– Son fils, a dit le président Jacquemin installé à l'arrière de sa voiture.

– On annule Limoges demain. Trêve et émotion, a décidé son directeur de campagne assis à côté de lui.

Pendant quelques instants, le pendu est resté seul face à lui-même dans le grand miroir scellé au-dessus du marbre de la cheminée. Ses muscles et ses traits semblaient s'être relâchés depuis longtemps. Son corps lourd et cyanosé disait : tous égaux face à la mort, les puissants et les autres. Seul son costume bleu marine orné d'une rosette laissait deviner des décennies de politique et d'influence.

Le va-et-vient des policiers a commencé. Inspection des lieux. Questionnaire rituel du suicide à tous les proches collaborateurs. Le ministre était-il dépressif ? Se savait-il malade ? Avait-il des ennemis ? Auriez-vous pu imaginer qu'il se suicide un jour ? En auriez-vous été surpris ? Ils ont répondu non à toutes les questions, puis oui à la dernière. Oui, ils sont sidérés par ce geste, et ce, malgré la mort de son fils six mois plus tôt. Dans le bureau, les agents décrochent le corps. Ils le déposent sur la housse de la morgue, vident ses poches et remontent la fermeture éclair. Heure estimée du décès, 6 heures du matin.

*

Éric raccroche. Il vient d'avoir Scheffel qui l'a gratifié de quelques confidences. Hier soir, Castelnau n'était pas sûr de la réélection du président. C'est évidemment l'attaque de son papier et c'est en ligne cinq minutes plus tard sur Top News et sur son compte Twitter : #Castelnau#On n'est pas sûr de gagner. Le pronostic semble sonner le glas d'une vie politique en forme d'échec puisque le suicidé croyait possible la victoire de l'extrême droite arrivée en tête au premier tour avec 33 % des voix, sous les traits de Frontenac, et sa gueule de gendre idéal.

Aux murs de la rédaction, les écrans des différentes chaînes d'info retracent en boucle plus de trente ans de carrière de Simon Castelnau : sa silhouette grossit et ses cheveux blanchissent au fil des législatures, des gouvernements et des voyages officiels, elle semble profiter, traverser sans heurts l'agitation perpétuelle des sommets de l'État. Alors pourquoi se pendre quand on a cette vie-là ? La réponse vient vite : les images passent soudain au ralenti, sur fond de musique de soap opera et ciel bleu de vacances en famille. Zoom sur le fils. Il s'appelait Benjamin, il était beau, les cheveux bouclés et longs, la paupière tombante quand il souriait. Il est mort en décembre dernier dans un accident de moto. Il avait 31 ans. À l'époque, son décès n'avait pas fait grand bruit. Le voilà qui meurt une seconde fois et naît à la célébrité avec le suicide de son père. Sur les plateaux télé, les invités ont les traits tirés d'une longue nuit électorale. Chacun garde en tête les comptes et les possibles reports de voix, mais tous ont remballé chiffres, attaques, formules et replié leur petit théâtre de poche. Le deuil leur va si bien. Ils sont de la confrérie des hommes qui n'ont pas vu grandir leurs fils. Trêve et émotion. La campagne est suspendue. Les nouveaux agendas des candidats tombent. Le président ne va plus à Limoges. Frontenac, lui, ne change rien à son programme.

– Y a les images de sa femme et sa fille à la morgue sur BFM ! crie le rédacteur en chef depuis le seuil de son bureau vitré.

Éric lève la tête : la veuve du ministre et sa fille aînée, lunettes noires, quittent l'institut médico-légal et s'engouffrent dans une voiture. La fille ouvre la portière, la mère se pose au bord du siège, soulève ses jambes l'une après l'autre, se laisse aller contre le dossier, puis la fille fait le tour du véhicule, et disparaît à son tour dans la voiture qui démarre.

« T'as un contact avec la famille ? » demande le rédacteur en chef à Éric par e-mail.

C'est ainsi qu'on se parle pour aller vite.

« J'étais journaliste politique, pas people » répond Éric par la même voie.

Sur les écrans, mère et fille, corps et yeux habillés de noir, sortent à nouveau de l'institut médico-légal, condamnées à une danse répétitive et funèbre par l'information continue.

– Je récupère les images BFM via capture d'écran, on va insérer des tweets, s'écrie Luc, à côté de lui dans l'open space, pour rassurer le rédac chef.

Puis il se penche vers Éric et lui glisse :

– On n'a pas de touche avec la famille officielle, mais on a l'autre. On peut toujours tâter le terrain chez Clarettini…

Éric opine, amusé. Top News appartient à l'empire d'Inga Gomont, jeune veuve et redoutable financière dont l'amant en titre est le directeur du site, Fabien Clarettini. Mais la rumeur a longtemps couru d'une liaison entre Gomont et Castelnau.

– Il va m'envoyer chier, soupire Éric. Il déteste qu'on lui parle de Castelnau. Il est persuadé d'avoir été l'unique favori de la banquière. Vas-y, toi !

– Moi je suis « deskeur » aujourd'hui. C'est toi l'enrichisseur !

Putain de jargon… Éric se sent plutôt dinosaure. Il a débuté au temps des rédactions enfumées, croulant sous des piles de papier, avec des gars qui posaient les pieds sur leur bureau, avaient parfois l'air de ne rien foutre, mais prenaient le temps de réfléchir. Il a encaissé quelques fermetures de journaux, été accrédité à l'Élysée, connu dix mois de chômage avant d'atterrir là, au milieu d'une vingtaine de journalistes plus jeunes que lui, la barbe soignée, alignés en batterie le long de deux grandes tables et ravis de buzzer sous l'arbitrage de Google. Il est trop jeune pour ne pas en être, trop vieux pour y croire vraiment. La première fois qu'il a mis les pieds ici, il a ressenti à peu près la même chose que le poète pakistanais qui échoue devant la machine à coudre d'un atelier clandestin. Luc c'est différent. Plus branché, plus beau, plus drôle aussi, des reparties, des avis sur tout et plusieurs fois par jour, livrés en cent quarante signes via Twitter et relayés sur Facebook. Il a des milliers d'aficionados qu'il ne connaît ni d'Ève ni d'Adam qui ajoutent souvent un commentaire, un « Merci pour les infos », même lorsqu'il n'y a pas d'infos ou un « Ah ah », alors que ce n'est pas drôle. Tout ce qu'il écrit est liké des milliers de fois, partagé presque autant. Régulièrement Luc se fend d'un « Merci, *by the way*, à mes 112000 followers pour leurs encouragements ». Fatigant, Luc.

– Quand même, la maîtresse, faut pas la négliger, dit-il. Crois-moi, y a jamais qu'une seule veuve sur la photo.

– J'irai taquiner le big boss au moment de la relève, soupire Éric.

– Y a la moto du fils en charpie sur le site du *Midi Libre* ! hurle maintenant le rédacteur en chef derrière sa cabine vitrée, comme s'il suivait un match de foot. Faut appeler la gendarmerie sur place ! Ils doivent en avoir d'autres. Putain, les gars, on se bouge, on est en retard ! Le live est inactif depuis quatre minutes ! On est dans le même état que Castelnau ! Éric, appelle plutôt le bureau des anciens de Sciences-Po, bricole-moi un portrait du fils d'ici vingt minutes. Je veux des photos surtout !

Les têtes replongent vers les écrans, les fauteuils pivotent, la moquette s'use, les télés au mur passent en boucle et en alternance la veuve et sa fille quittant la morgue, le fils souriant devant l'objectif des vacances et les sorties de Conseil des ministres de Castelnau. Le fils a le mérite d'expliquer pourquoi son ministre de père s'est pendu. Déjà 1 610 reprises de l'article sur Castelnau et les confidences de son dircab. Addiction du journaliste en ligne face au compteur qui tourne. *Post mortem*, la prophétie électorale s'emballe.

Le portable d'Éric vibre. SMS de Félix.

« On entre dans un mort comme dans un moulin. »

« ? »

« Jean-Paul Sartre. »

« ??? »

« N'écris rien que tu pourrais regretter. La fille Castelnau est dans nos bureaux. Elle ne croit pas à un suicide. Motus. Si tu écris quoi que ce soit, je te quitte ! À ce soir, poussin. Tard j'imagine… »

*

En vérité, quand Noémie Castelnau s'est présentée au cabinet, Félix n'a pas cru à son histoire. Elle vacillait, essoufflée, agitée, au bord des larmes. Elle voulait voir Me de Nanteuil, le patron, qu'elle appelait Bertrand, vieil ami de la famille. Elle en avait marre de tout ce que déversaient la télé, la radio, Internet à propos de son père et de son frère. Rien que des conneries, il faut faire une autopsie, grimaçait-elle. Nanteuil était au palais. Il a demandé qu'on la fasse patienter, il arrivait au plus vite. Félix l'a conduite dans son bureau, lui a tendu un siège, un café, si parfait dans le rôle du second qu'elle ne le regardait même pas. Félix, lui, l'a tout de suite reconnue, et ce visage, ces yeux, ce port de tête l'ont subitement ramené au temps du lycée, quand il redoutait l'aiguille de l'horloge approchant midi, la trop longue pause du déjeuner, ce temps mort avec les autres. C'était le mitan des années 1990. L'École alsacienne, pouponnière de l'élite parisienne. Même classe pendant trois ans. Elle était la fille Castelnau, déjà ministre, l'une de ces adolescentes arrogantes, trop vite habillées en dame. Il était fluet, gauche, transparent, déserté par les hormones mâles qui règnent sur les cours de récréation. Elle ne le voyait pas. Comme aujourd'hui.

Elle ne dit plus rien. Elle attend Nanteuil, raide, les yeux brillants mais secs, les deux mains jointes autour d'un vieux mouchoir sur le point de rendre l'âme. Félix l'observe à la dérobée : toujours rousse ; mariée, dit son annulaire gauche ; empathie proche de zéro ; fille de la haute bourgeoisie parisienne, comme lui, à ceci près qu'elle en a accepté l'héritage, quand lui s'est échappé. Elle en a les manières, l'assurance, les adresses pour tous les problèmes de la vie, même le suicide d'un père, comme Me de Nanteuil et son prestigieux cabinet où l'on ne défend pas souvent la veuve et l'orphelin. La voilà qui secoue la tête en silence. Elle refuse le suicide de son père, le suicide tout court peut-être. Ne connaît pas la nausée devant l'existence, ricane intérieurement Félix.

Elle est ailleurs, quelques heures plus tôt avec sa mère. En quittant la morgue, elles ne se sont rien dit. Le chauffeur, par pudeur, avait coupé la radio. On n'entendait plus que les bips des portables chargés de condoléances, qu'aucune ne regardait. Elles étaient raides sur la banquette arrière, incapables de se prendre la main. Une fois montée à l'appartement, Noémie a explosé.

– Ils disent n'importe quoi, tu ne devrais pas les laisser faire !

– Tais-toi et calme-toi, avait répondu Mme Castelnau debout devant la fenêtre, les yeux posés sur le Luxembourg qui leur avait tenu lieu de jardin depuis toujours.

Noémie l'avait fixée un instant. Le costume de la veuve lui allait bien, plus facile à porter que celui de l'épouse encombrante, trompée et utilitaire. Le drame l'avait redressée, il avait tendu sa colonne jusqu'en haut de sa nuque. Enfin on allait la plaindre, reconnaître sa douleur, enfin elle pourrait envelopper dans le noir du deuil ses récriminations de femme de l'ombre, simple figurante d'une histoire officielle.

– C'est dégueulasse de mêler Benjamin à tout ça !

– Serais-tu encore jalouse de ton frère ?

La repartie avait claqué, dévasté Noémie qui avait pourtant suffisamment affronté sa mère pour savoir que la vérité est sans intérêt pour elle, que seul compte son drame intime. Elle s'était tue, avait à son tour regardé vers le grand parc à la française. Comme l'enfance lui avait paru longue. Benjamin était arrivé quelques années après elle, il avait mis le désordre dans la maison, enfant sauvage, magnifique, qui s'était échappé dès qu'il avait pu. Elle avait travaillé à les rendre fiers ; lui, à les rendre fous.

Nanteuil arrive enfin. Du haut de son mètre cinquante-cinq, il ouvre les bras à cette jeune femme qu'il a connue gamine et disparaît entre ses seins. Pendant quelques secondes, on dirait que c'est elle qui le console. Puis il l'entraîne dans son bureau, une vaste pièce à plafond haut qui fait résonner sa voix. Nanteuil a toujours besoin d'amplificateurs, chez lui l'organe sonore a comblé la taille. Félix les laisse. Enfin seul, il se jette sur Top News qui n'en finit pas de recycler le drame des Castelnau. L'œil brillant, il envoie sa citation de Sartre à Éric, puis déroule les commentaires : Julio 38 qui insulte les abstentionnistes, 2SCARED qui dit que c'est la moindre des choses que les ministres se fassent hara-kiri avec des résultats électoraux pareils, et Vlad qui écrit en russe et en français : « Этот покойный министр напоминает мне Зовского, того нашего милиардера, которого нашли с верёркой на шее в ванной его замка в Англии. Никто этому не поверил: уже много лет, как Москва пыталась от него избавиться. » *Ce ministre mort me rappelle Zovski, ce milliardaire de chez nous retrouvé corde au cou dans la salle de bains de son manoir en Angleterre. Personne n'était dupe, ça faisait des années que Moscou cherchait à l'éliminer.* Félix sourit. Elle n'a pas pu s'empêcher.

Il ouvre la petite boîte, comme il l'appelle, et lui envoie un message.

– Alors, Vlad non plus ne croit pas au suicide ?!

– Ton pays finit par ressembler au mien. Là-bas aussi on avait tout de suite parlé d'un type dépressif et inconsolable. Pourquoi « non plus » ?

– La fille du ministre est comme toi !

– Zovski aussi avait une fille…

– On se voit toujours demain, non ?

– Oui. J'ai hâte. Le trac aussi.

– Tu seras parfaite.

De l'autre côté du mur, Nanteuil fait de longues phrases, et on ne sait plus très bien à la fin s'il doute ou pas du suicide de son ami Castelnau.

– Félix ! appelle-t-il finalement, vérifie auprès du parquet qui va s'occuper de l'affaire et quand aura lieu l'autopsie.

– Le procureur, c'est Duval.

– Qu'on l'appelle et qu'on me le passe.

Cinq minutes plus tard, Nanteuil parle à Duval. Entre puissants à Paris, tout est fluide. Après quelques commentaires navrés, quelques banalités, il fait mine de s'énerver.

– Si vous n'accélérez pas, je me verrai obligé, en tant que conseil de sa fille, de me constituer partie civile !

Félix sait bien qu'il ne s'agit que d'un numéro pour impressionner Noémie, il reconnaît la fausse colère. Nanteuil change d'ailleurs rapidement de ton, avant de raccrocher.

– Ils sont pressés de faire le grand jeu des Invalides et de reprendre la campagne, on dirait. Mais ils seront bien obligés de la faire, cette autopsie. Cela dit, Noémie, ça ne devrait pas donner grand-chose.

– Qu'est-ce que tu en sais ? réplique-t-elle, agressive, la voix presque cassée.

– Écoute, tu peux aller voir le procureur. Il te recevra. Félix va t'accompagner. Moi, malheureusement, il faut que je retourne plaider.

Elle lève les yeux vers Félix et semble le voir pour la première fois. Bonjour, a-t-il envie de dire, tu ne me reconnais toujours pas, j'imagine. Elle est pâle. Sa pomme d'Adam gonfle sous la peau tendue de son cou. Félix va chercher sa veste, tandis que, d'un geste élégant, elle renoue un foulard de soie. Lorsqu'ils s'engouffrent dans le taxi, le chauffeur, téléphone sur une oreille, semble branché sur un tout autre drame, le sien. Il écoute l'adresse puis démarre tout en reprenant sa conversation.

– Dieu sait qu'il y a plus d'hommes tordus que de femmes tordues, mais malheur à celui qui tombe sur une femme tordue !

Félix sourit. Noémie Castelnau regarde la rue, indifférente. Les vibrations de son téléphone n'en finissent pas. Elle croule sous les textos de condoléances, qu'elle lit d'un air absent. Un drôle de mélange, amis et importants, vautours et saint-bernard, un flot de mots convenus, lyriques ou pudiques.

– Je peux rien pour elle ! Si je lui parle, ça va mal finir et je veux pas passer dix ans derrière les barreaux, poursuit le chauffeur de taxi.

Le palais de justice se dessine, ses grilles, ses marches immenses qui transforment ceux qui vont et viennent en insectes sur la carapace d'un géant. Le taxi ralentit. Fin de course. Le téléphone de Noémie vibre encore, mais elle l'a déjà abandonné. Elle marche vite à côté de Félix qui l'emmène vers le bureau du procureur.

*

– Eh eh ! Le Français décolle bientôt pour Paris ! s'écrie Kay.

Nwankwo s'amuse du visage triomphant de son adjoint. Kay reste un môme, ce gamin tout en os et en jambes qu'il avait coffré pour des spams et des détournements d'argent, il y a longtemps, dans une autre vie. Kay se fout des règles, de la procédure, il va vite, il craque les portables aussi sûrement qu'une allumette. Et Nwankwo a besoin de lui.

– Allons-y avant que Fresco nous glisse entre les doigts.

L'étrange duo quitte les locaux trop climatisés de la brigade financière. En tête, Kay, hacker passé du côté de la force, dont nul ne sait le nom de famille, suivi de Nwankwo Ganbo, « le patron », de retour d'exil. Il a fallu un miracle électoral pour qu'il rentre au pays, l'élection du président Awolo, arrivé au pouvoir en dénonçant la corruption, l'opacité du marché pétrolier et les entreprises étrangères qui s'enrichissent sur le dos du Nigeria où la grande majorité de la population vit en dessous du seuil de pauvreté. Awolo a promis la démocratie, un système public assaini, il a enthousiasmé la jeunesse, les réseaux sociaux et les médias internationaux, on le disait beau comme Fela, roi de l'afro-beat, il hérita du même surnom, « Black President ». Malgré le bourrage des urnes et les intimidations du gouvernement sortant, il fut élu triomphalement et son premier geste fut de demander à Nwankwo de revenir. « J'ai besoin de gens comme toi. » Après cinq ans d'exil, Nwankwo était méfiant, il ne voulait être l'instrument de personne. Mais il était temps pour lui de rentrer, de revoir ses enfants, de se glisser à nouveau dans le lit de sa femme, de retourner sur la tombe d'Uché, son ami, son bras droit, assassiné par l'ancien régime. Le président Awolo lui proposa de reprendre son poste à la tête de la brigade financière, Nwankwo posa une condition :

– Je veux Kay avec moi.

– Qui est Kay ?

– Le seul en qui je puisse avoir confiance. Et celui que vous devez protéger plus que moi.

Et il avait retrouvé Kay, planqué avec ses ordinateurs dans l'un des conteneurs du port, vendant ses talents de geek et de hacker au plus offrant. En le voyant arriver dans sa voiture et ses fonctions officielles, Kay l'avait accueilli d'un sifflement moqueur. Mais d'un regard, ils s'étaient retrouvés.

– Hello, Kay. Ça te dirait de bosser pour les flics ?

– Pour toi ou pour les flics ?

– Pour moi.

– Dit comme ça, pourquoi pas.

– Tu sais ce qui est arrivé à ceux qui ont travaillé à mes côtés ?

Oui, Kay savait comment Nwankwo avait dû fuir avec femme et enfants après avoir découvert le cadavre d'Uché baignant dans son sang, il savait la scène macabre, la voiture étrangement garée devant chez Nwankwo, le coffre qu'il avait fallu ouvrir pour y trouver l'ami, la tête trouée de deux balles. Kay savait, et Kay avait dit oui. Et qui les voit chaque jour marcher ensemble sent bien que la foulée de l'un fait l'autre moins solitaire.

Les deux hommes quittent la brigade financière à toute vitesse. À peine la porte ouverte, le souffle de Lagos les saisit. La ville est un océan déchaîné, une marée humaine, urbaine, bruyante et malodorante. Ils jaugent le *goslo*, cet embouteillage permanent des rues, ça n'avance carrément pas. Un 4×4 a embouti un de ces bus rouillés où s'agrippe une foule retenue on se sait comment à l'engin. Plus de palabres que de blessés, mais ça peut durer. Alors ils choisissent de marcher, le temps de trouver un taxi un peu plus loin. Ils sont minuscules dans le tumulte de la foule. Tout est minuscule dans la ville tentaculaire, même le chef de la brigade anticorruption. Surtout lui. L'air est saturé de kérosène et d'argent. La ville avale tout. Rien n'y est vrai plus d'une minute. Chaque immeuble qui pousse, chaque dollar, chaque baril de pétrole, chaque cargo qui entre et sort du port pue la corruption. Ils longent un immeuble en construction. Quelques vieilles affiches électorales s'effilochent sur la tôle. On y devine le visage carré d'Awolo candidat, qui posait en costume traditionnel et vantait dans les shows télé ses années passées à Harvard puis sa réussite sur le marché des hautes technologies. Il ratissait large. Mais le temps passe sur les promesses.

– Avec qui parlait Fresco ? demande Nwankwo.

– J'sais pas encore, faudrait analyser le numéro.

Cela fait quelques mois que Nwankwo s'intéresse à Patrick Fresco. Parce que ce Français tranche avec tous les étrangers venus à Lagos chercher leur part d'or noir avec trois ou quatre cartes de visite dans leur veste de néo-businessman. Fresco a un autre pedigree. À 34 ans, son nom est déjà associé à l'un des plus gros scandales financiers de l'après-Lehman Brothers et s'il a atterri dans le bouillon africain avec sa tête d'angelot parisien, c'est pour se faire oublier. Il s'est spécialisé dans le commerce des déchets, a créé la société TrasH et fait de belles marges depuis que l'Union européenne a décidé de traiter avec le Nigeria, l'un des seuls pays africains capables de gérer les déchets électroniques. Nwankwo est cependant persuadé que Fresco n'est pas près de rentrer dans le rang, qu'il finira bien par trouver quelque chose, déversement illégal de déchets dangereux ou montage bidon de sociétés-écrans. N'importe quoi fera l'affaire. Il veut juste le faire plonger, l'avoir à sa merci dans son bureau et lui faire cracher les secrets bancaires qu'il détient encore.

Ils finissent par héler un *keke* qui slalome entre les voitures. Direction Ikoyi, le quartier des expats hors pétrole. Ça secoue, mais ça avance. Le chauffeur n'hésite pas à déborder sur la chaussée quand ça ralentit trop, voire à taper sur une paire de fesses qui n'a qu'à se ranger.

Nwankwo sourit. Heureux depuis son retour d'avoir retrouvé tout ça, le sans-gêne, les mauvaises manières, le marche ou crève. L'Europe lui avait offert l'asile politique et un poste de professeur à Oxford, mais il comprit vite que ses villes, ses belles avenues, ses civilités et ses vieilles démocraties ne sont qu'un décor. Lagos est plus poussiéreuse et mortelle que Londres ou Paris. Elle a les tripes à l'air, mais au moins elle ne ment pas.

Dix minutes et 100 nairas plus tard, ils sont dans l'escalier de l'immeuble qui abrite les bureaux de Fresco. Trop tard. Arrivés au quatrième étage, ils découvrent les locaux dévastés de TrasH la bien nommée. Une minitornade est passée par là. Au milieu des dossiers éventrés et des tiroirs arrachés, une assistante hébétée qui vient d'arriver. Aucune trace de Fresco. Nwankwo ramasse quelques papiers, des factures et un journal vieux de plusieurs semaines. En photo, une délégation française. Fresco est parmi eux, à droite, le plus jeune de tous. L'assistante sanglote que le patron n'était pas assez prudent, que peut-être les islamistes l'ont pris en otage.

– Ça m'étonnerait, répond Nwankwo. Ou alors ils se renseignent mal. Pas un gouvernement ne verserait une rançon pour ce type-là. Ils fourniraient plutôt les balles pour l'achever et le faire taire…

– Ça ne colle pas, un mec qui envoie des mots doux à Paris, alors que son bureau a été dévasté, ajoute Kay.

*

– Était-il dépressif ?

– Non, répond Noémie.

– Même après la mort de votre frère ?

– Profondément triste. Mais pas dépressif, les mots ont un sens, je sais ce qu'ils veulent dire, je suis médecin.

– Se savait-il malade ?

– Non, il me l'aurait dit.

– Avait-il des ennemis ?

– Peut-être, il travaillait sur des dossiers sensibles.

– Il vous en parlait ?

– Non, jamais, il croyait au secret d'État.

– Alors pourquoi ces soupçons ?

– Parce qu'il n'était pas homme à se suicider. Et il aurait de toute façon laissé quelque chose.

– Quand on va mourir…

– J'ai vu mourir plus de gens que vous, l'interrompt Noémie.

Elle ne se défait pas de sa froideur et de ses réponses courtes, seule façon de ne pas craquer. Ses chevilles tremblent sous la chaise. Le procureur Duval la regarde, sourcils froncés, dubitatif. Félix la déteste beaucoup moins qu'il y a deux heures. Il n'aime pas cette pièce, son vieux mobilier, son imposant magistrat, ni la secrétaire, femme menue aux traits asiatiques qu'on a fait venir pour saisir questions et réponses et qui frappe vite du bout de ses ongles vernis. Tout lui rappelle son ancienne vie de greffier, un métier de fille, répétait son père avec toute la déception d'un haut magistrat face à son raté de fils. En voilà un qui ne se serait jamais pendu pour le mal qu'il avait fait. Il est mort vieux et dans son lit, comme souvent les salauds. L'esprit de Félix a du mal à se fixer. Et c'est probablement à cause des ongles vernis de la secrétaire, ou bien de la morgue de son père, qu'il se décide à épouser les doutes de Noémie. Elle est le seul élément vivant de la pièce. Et elle s'énerve :

– On a pu le droguer, avant de le pendre !

Elle se lève et coupe court à l'entretien. Le procureur ne la retient pas. Il penche pour le chagrin d'une fille, blessée que son père n'ait pas eu un mot pour elle avant de se donner la mort. Il reste administratif.

– Nous le saurons demain, madame. L'autopsie est prévue à 9 heures.

Dans le couloir, Noémie répète :

– Ça ne colle pas.

– Attendons les résultats de l'autopsie, lâche Félix, histoire de dire quelque chose.

Elle semble pressée de se retrouver seule. Devant les grilles, elle lui offre une poignée de main à peine plus chaleureuse que la première. Félix prend à droite, vers l'Odéon, Noémie à gauche, vers la place du Châtelet, le nez sur son portable.

« Viens vite. J'arrive pas à croire que Papa ait pu faire ça », tape-t-elle sur le clavier.

La réponse arrive vingt mètres plus loin.

« Tu devrais. »

« Mais tu l'as vu il y a trois semaines, ça allait ! »

« Tu devrais quand même. »

II

Nymex Comex UxC Uranium U308 Settlement 63

D'une tape sur les fesses, Patrick Fresco congédie le corps magnifique de Stella, réservée par l'hôtel aux meilleurs clients. Il pose les billets sur la table de chevet et s'enferme dans la salle de bains, sachant qu'elle aura disparu lorsqu'il ressortira. Il est 3 heures du matin à Lagos donc 23 heures à New York, c'est le bon moment pour appeler Greg. Il doit être en pleine décompression après une journée de *trading*, déjà alcoolisé dans un bar de Manhattan mais pas encore sous coke, il ne demandera qu'à écouter son vieux copain Pat lui raconter sa nouvelle vie, l'Afrique, le business qui explose, l'argent, les putes, la liberté en somme. Et comme chaque fois, après l'avoir assommé de ses exploits, Pat lâchera : « Et toi ? » Il y aura un silence, un raclement de gorge et des phrases qui s'enfuient. Greg ne sait pas quoi dire de lui. Mais Patrick sait très bien comment va le trader tout juste sorti de la centrifugeuse des salles de marché, il sait la pression, la compétition interne, la certitude qu'un jour tout s'arrêtera, que le meilleur tombera aussi de son piédestal, c'est le système qui veut ça, te presse le jus et puis te jette. Il sait que Greg est si stressé qu'il est constipé à en avoir des brûlures au ventre, à ne plus oser filer rencard à une fille. Il sait que Greg est un type de milieu modeste, comme les aime la banque, car ils ont faim et soif d'argent. Il sait que Greg est juste avant la chute et qu'il a peur. Patrick Fresco, lui, est déjà tombé et ça va beaucoup mieux. Alors il lui dira: « Mais qu'est-ce que tu fous encore là-bas ? »

Au début, il a bien senti que Greg se méfiait un peu de ses coups de fil, il a même dit qu'il se ferait virer si les patrons savaient qu'il lui parle encore. Mais Patrick a toujours pris soin de ne jamais évoquer la banque, de ne lui soutirer aucune information. Pat l'Africain se contente de flamber. Il est heureux, ça s'entend, il lui raconte les talents de Stella deux heures plus tôt et lui dit: « Viens, ici tout explose ! Y a du business pour des gars comme toi et moi ! » Greg aime bien l'entendre dire « toi et moi », quand Patrick le flatte, « Tu pourrais faire des coups en or, ici, mon gars ! ». Il aime quand Pat lui entrouvre une porte pour plus tard, quand on l'aura viré, car jamais il ne s'en ira de lui-même, tous les deux le savent très bien.

– Et toi, Greg, ça roule ?

– Plutôt. Figure-toi que j'ai une nouvelle loute.

Pat n'avait pas du tout prévu de tomber sur Greg en plein bonheur.

– T'assures ! improvise-t-il. Va falloir lui en mettre plein la vue. C'est quel genre, la fille ?

– Pas une pétasse, elle en a dans le crâne.

– On peut dire que je tombe bien alors ! T'es toujours sur le yellowcake ?

– Ouais, mais ça rapporte plus beaucoup depuis Fukushima. Et nos stocks sont énormes.

– Justement, j'ai peut-être un tuyau pour toi, de quoi casser la baraque et impressionner ta blonde. Et évidemment on s'est pas parlé.

– Elle est pas blonde, mais vas-y…

– Ça va bouger ici. Donc le marché aussi.

– OK.

– Dans deux jours.

– OK.

– Mais ne crois pas ce qui se dit…

Et Pat laisse sa voix en suspens, sans point final, attendant que Greg le supplie de lui en dire plus. Mais Greg ne mord pas à l'hameçon.

– Il se dit rien pour l'instant.

– Je sais, je sais. Mais le moment venu, faudra te fier à moi, pas à ce que t'entends. Ta loute, elle va te prendre pour un crack. T'es où là ?

– Au Seven Five.

Pat connaît ce repère à cocktails sur la 33e. Il laisse échapper un de ces « yeahh » surjoués à l'américaine.

– Toujours le barbu aux commandes ?

Il raccroche en promettant de rappeler dans les deux jours avec des tuyaux. Il sait que Greg va foncer. Il a été comme lui, un trader affamé. Greg est un calculateur ambulant, il sait la cote de tout ce qui s'échange sur les marchés, mais rien des choses de la vie. Rien de l'uranium en vrai. Rien des femmes non plus. Patrick démonte son téléphone, retire la carte SIM et la batterie. À chaque coup de fil à Greg, un nouveau téléphone. Puis il tire le drap sur lui, éteint la lumière, ferme les yeux sans être sûr de dormir. Il les revoit, lui et Greg, quand ils se sont rencontrés, ils faisaient de l'aviron sur l'Hudson River, une activité recommandée par l'entreprise, être en cadence et ensemble pour être les premiers. Greg était toujours devant lui, la transpiration dessinait de longues traces humides sur son dos rond, comme s'il allait fondre. Un jour, Greg le remerciera de l'avoir sorti de là.

*

Depuis son canapé de cuir blanc, Alain Doret contemple parfois le portrait de l'impératrice Eugénie, qui avait ici sa chambre et à côté sa salle de bains. Il lui trouve l'air de plus en plus triste. À moins que ce ne soit lui qui ait perdu la fraîcheur qu'il avait en entrant. Faut dire qu'il exultait en posant sur son nouveau bureau les six règles d'écriture de George Orwell qu'il transportait depuis des années. Il avait atteint son but. Il était la plume du président de la République, du PR, comme on dit ici. Il savait que l'homme politique ne doit heurter personne, mais c'était justement là la performance : l'allocution ne peut être passionnante et pourtant tout le monde l'attend, l'écoute et la dissèque. C'était il y a cinq ans, cinq années pendant lesquelles il a vendu des mots calmes à Jacquemin – équilibre, pacte, souplesse, volonté, réalisme – et gagné le doux sobriquet de « Plume Dorée », allusion à ses honoraires hors barème de la fonction publique. Depuis un mois, campagne oblige, il force le trait. Les mots accélération, cap, résultats ont fait leur apparition sous la plume de Doret et dans la bouche du président. Ça ne suffit pas, la magie a disparu.

Doret répète du bout des lèvres les formules qu'il a concoctées pour le déplacement du lendemain. Les mots peur, colère, menace, table rase, révolution sont de la partie. Ainsi que l'annonce surprise imaginée dans l'urgence, après les résultats du premier tour, du doublement des effectifs policiers dans toutes les villes de plus de cinquante mille habitants. Doret se lève et parle en marchant comme si c'était lui qui devait prononcer le discours qu'il vient d'écrire. Ses sourcils bruns et broussailleux ondulent sur son visage encore jeune. « Je vous le promets, la troisième révolution industrielle passera par ici ! » dit-il. Sonnerie du portable. Message : « Rapplique. »

Doret ramasse ses pages, enfile sa veste, traverse le bureau de la secrétaire, puis celui du secrétaire général, et entre avec une mine de bienfaiteur dans le bureau du président. Il y a chez lui une aisance naturelle dont il n'est pas conscient, mais que les autres remarquent et envient en secret. Il pose son texte sur la table en disant :

– Ça c'est pour demain.

Et comme ni le président ni les deux autres ne réagissent, il ajoute :

– Maintenant je me mets sur l'hommage à Castelnau. C'est quand, les Invalides ?

– À quelle heure, les résultats de l'autopsie ? demande le président comme s'il ne l'avait pas entendu, ni même vu entrer.

– J'en sais rien, répond, un peu surpris, le directeur de la communication. T'es comme sa fille, t'as un doute ? dit-il tout en textotant sur son portable.

Légère crispation de la mâchoire du président. Ses collaborateurs lui parlent comme à un copain, sous prétexte qu'ils ont travaillé avec lui toute leur vie. Le départ de sa femme en plein mandat n'a rien arrangé, il a fallu lui remonter le moral, redresser son image et lui présenter des filles.

– La question, c'est plutôt qui reprend les dossiers, intervient Joël Scheffel, quasi silencieux depuis le début de cette réunion.

D'ordinaire, bien que proche du président, le directeur de cabinet de Castelnau n'est pas du cénacle. Chacun dans la pièce comprend qu'il va monter en grade.

– D'abord les résultats de l'autopsie, insiste le président d'un air solennel.

– Avec les Invalides, nous aurons un temps fort. Tout de suite après, c'est le débat télé. Faut pas que l'émotion retombe entre les deux, insiste le directeur de campagne.

– Autopsie en cours, lâche le dircom qui vient de recevoir l'information par texto.

– Les Invalides, c'est quand ? insiste encore Doret, rougissant.

– Vendredi a priori.

– Vous voulez quel genre ?

– On pousse les feux, lâche le directeur de campagne. On fait coup double. Ces obsèques doivent être une tribune contre l'extrême droite, on réhabilite l'homme d'État ! Castelnau pleurait son fils, désormais la France doit pleurer l'un de ses meilleurs serviteurs. Et l'on peut se demander si l'atmosphère suspicieuse qui pèse depuis tant d'années sur la politique n'a pas précipité le geste terrible d'un homme désespéré... Tu sauras mieux l'écrire mais enfin tu vois le genre...

– Faut faire gaffe, l'interrompt le dircom. Si on joue les mal-aimés, ça va nous plomber le débat télé ensuite. Je suggère plutôt un message sur le mode émotionnel, fédérateur : « Ce geste montre que nous sommes comme vous, des hommes hantés par l'avenir de nos enfants... »

– OK, je vois…, soupire Doret. De toute façon, le doublement des effectifs policiers nous fera gagner plus de voix que l'hommage à Castelnau.

– On attend l'autopsie, répète invariablement le président qui se lève.

Il a perdu ce regard brillant de ténacité qui réveillait son visage large, plat et sévère. Il marche de long en large. Les tic-tac de la pendule sur la cheminée de son bureau épousent les coups de scalpel, là-bas, dans les tripes de Castelnau. La discussion tourne en rond au sein de ce cercle d'hommes dont on ne distingue plus vraiment les traits, comme absorbés par le masque du pouvoir. Le directeur de campagne et le conseiller com finissent par sortir. Doret est sur le point de les imiter quand le président l'arrête.

– Tu la connais bien, toi, la fille Castelnau, non ?

– On a fait médecine ensemble.

– Alors ?

– Pédiatre. Bon médecin. Femme accrocheuse. L'autopsie l'aidera à accepter le suicide.

Le président hoche la tête machinalement.

– Montre-moi tes notes sur Castelnau au plus vite.

C'est sa façon de le congédier. Il fait signe à Scheffel de rester et de s'installer à sa droite.

– Qu'est-ce que t'as avec cette foutue autopsie ? demande Scheffel.

– J'aimerais être sûr.

– Qui voudrait la mort de Castelnau ? Il était en fin de course, tu sais bien. C'est même pitoyable comme les gens parlent de lui, il ne dérangeait plus personne.

– Je sais… Tu le remplaceras à l'inauguration de la mine jeudi. Tu connais ce dossier par cœur. Faut que l'exploitation commence au plus vite. On a assez traîné.

– Awolo voulait des contreparties, c'est normal. Je l'ai dit à Castelnau des milliers de fois. Mais il supportait pas Awolo et réciproquement.

– Avant, l'Afrique, c'était plus simple, tu négociais avec un gars qui était là pour trente ans au moins, et qui te mangeait dans la main puisque c'est toi qui l'avais mis là ! Castelnau pensait encore comme ça. Awolo sera ravi d'avoir affaire à toi. D'ailleurs, va falloir qu'il s'y habitue. Si je suis réélu, tu remplaceras Castelnau.

Scheffel vient d'être promu ministre ou presque. Un léger sourire s'esquisse sur ses lèvres minces, puis sa main passe lentement sur la longue mèche filasse qui lui couvre le haut du crâne. C'est un indice de satisfaction chez lui. Sa façon d'enregistrer l'offre. Il enchaîne :

– Awolo va se tenir tranquille, maintenant qu'on leur a laissé 38 % de la production. Mais il s'inquiète, on entend tout et son contraire sur le potentiel de cette mine…

– Raison de plus pour accélérer l'exploitation. On sera fixés. Écoute, verrouille le tout. Moi j'ai autre chose à faire ! Les travaux doivent commencer au plus vite.

– Je m'en charge.

*

Noémie imagine une rangée de flacons qui contiendront bientôt le sang, l'urine, la bile de son père, le cadavre de son père, puis le scalpel qui va plonger pour l'incision, d'une épaule à l'autre et de la poitrine jusqu'à l'os pubien. Un Y, comme on disait à la fac. Elle n'en peut plus de ces images qui l'assaillent, alors elle se lève sans avoir réellement dormi. Il est bientôt 6 heures. Elle fonce sous la douche, finit à l'eau froide, comme d'habitude. Une fois séchée, elle enfile les vêtements de la veille pour ne pas avoir à ouvrir le placard et risquer de réveiller Mathieu. Elle avale un café, tout en posant deux bols et le paquet de céréales sur la table de la cuisine, histoire de montrer qu'elle n'oublie pas ses enfants. Mathieu est là, debout sur le seuil, en caleçon et tee-shirt.

– T'as vu l'heure ?

Elle ne peut pas inventer une garde, une urgence à l'hôpital. Il est médecin comme elle.

– Il faut que je repasse à l'institut médico-légal, avoue-t-elle.

– Pour quoi faire ?

Elle plante ses yeux noirs dans les siens. Après quinze ans de mariage, il sait ce que ça veut dire : elle ne changera pas d'avis, elle fera comme elle l'entendra.

– On ne sauve pas les morts, dit-il avec douceur avant de tourner les talons.

À 7 heures, elle est à l'institut médico-légal. Le poste d'accueil est vide, mais une veste sans manches posée sur le dossier suggère que l'agent ne doit pas être bien loin. Un peu de musique s'échappe du fond du couloir, Noémie reconnaît les Beatles, leur légèreté sixties qui s'invite dans les frigos de la mort. Elle s'approche.

– Qu'est-ce que vous faites là ? demande un homme grand et grisonnant, déjà dans sa blouse.

– Je suis Noémie Gouat, la fille de…

– Je vois. Vous ne devriez pas être ici. Je vais procéder à l'autopsie dans quelques minutes.

– Je sais, mais je suis médecin et…

– Ni votre qualité de médecin, ni celle de fille de la victime ne justifient votre présence, lui répond-il assez sèchement tandis que les Beatles entonnent « I saw her standing there ».

– Je veux juste vous poser quelques questions. J'ai besoin de votre expertise. Quelques questions et je m'en vais.

L'homme se détend un peu. Elle lui demande ce qu'il cherche exactement, à quelles analyses il va procéder.

– On aura des faisceaux d'indices dans la journée mais les viscères seront mis de côté et analysés ensuite. Ça peut prendre plusieurs jours pour des conclusions définitives, soupire-t-il.

– Ça ira, dit Noémie, tête baissée.

Elle est rassurée qu'on ne sache pas tout de suite. De pouvoir douter encore. Elle demande si elle peut voir son père une dernière fois. Le médecin légiste fait la moue. Elle se lève, lui tend la main.

– J'ai lu que les Beatles avaient aidé l'Amérique à oublier la mort de Kennedy.

L'homme qui s'apprête à découper son père esquisse un sourire.

Noémie file chez ses parents. Il n'est pas tout à fait 8 heures. Sa mère n'est pas levée. Elle entre dans le bureau de son père, s'installe dans son fauteuil, dos au miroir qui laisse voir ses cheveux en désordre rassemblés par un élastique vite enroulé. Machinalement, elle se met à soulever quelques dossiers, à ouvrir les tiroirs, sans savoir ce qu'elle cherche... Un mot, un secret, une note confidentielle, une lettre de menaces. Elle s'est toujours contentée de le regarder dans les journaux télévisés ou les pages politiques des magazines, elle constatait son importance sans se poser de questions, comme une évidence, une vieille habitude, comme si la porte de ce bureau qu'il fermait sur eux lorsqu'ils étaient enfants était bouclée à jamais, une frontière entre la politique et sa famille.

Sous ses doigts défilent des écrits politiques qui ne l'intéressent pas, des rapports vieux de quelques années qu'il oubliait de trier. Il passait son temps ailleurs. Noémie l'a toujours connu absent, retenu quelque part. Il faut la mort, ou plutôt la corde, pour qu'elle s'interroge. Au fond d'un tiroir, elle tombe sur des petits agendas recouverts de cuir noir qui lui sont plus familiers. Son père les sortait souvent de sa poche pour les consulter. Elle tourne les pages, voit passer des noms qu'elle connaît, d'autres pas du tout, des déjeuners, des initiales, des rendez-vous médicaux, des pages blanches aussi, et elle suppose que tout ce qui était officiel devait être noté ailleurs. À la page de son anniversaire, il a écrit son prénom, « Noémie ». Il l'appelait tôt le matin, il voulait être le premier, disait-il. En fait, il avait surtout peur d'oublier. Elle constate la même chose au jour de la naissance de ses propres enfants. Et au 5 août, anniversaire de son frère.

Soudain la porte s'ouvre. Sa mère entre en robe de chambre sombre, le visage chiffonné par un sommeil chimique.

– Qu'est-ce que tu cherches encore ?

– Une explication.

– Tu l'auras bientôt, soupire-t-elle, ton père est sur la table d'autopsie à l'heure qu'il est !

Comme elle a l'air vieille. Ou simplement dure. Sa mère a déjà classé l'affaire. Quarante ans qu'elle vit docilement dans l'ombre de la politique et des gouvernements.

– Ils sont venus faire le tri hier après-midi, poursuit-elle.

– Qui « ils » ?

– Ils avaient besoin de certains documents au ministère. Ils ont tout remis en ordre. Ne dérange rien. Il y a du café dans la cuisine si tu veux.

Il est 9 heures et quart à l'horloge de son père. Ont-ils sorti les viscères ? Elle prend les vieux agendas qui portent chaque année la mention de son anniversaire et les met dans son sac. Elle se lève, arpente encore la pièce comme s'il lui fallait emporter autre chose. Avisant un livre aux pages cornées tout près du fauteuil, elle se dit qu'il devait être en train de le lire, elle le prend également. Elle longe la bibliothèque, y retrouve les vieux traités de médecine qui avaient accompagné ses études, son père avait fait médecine, lui aussi, mais la politique avait été plus forte que le serment d'Hippocrate. Elle parcourt du regard les quelques photos posées sur le bord, celles de son frère surtout, celles où ils sont ensemble, elle les fixe, incapable d'en saisir aucune. Puis s'en va sans passer par la cuisine.

*

La main d'Éric se promène le long du dos nu de Félix, suit le tracé d'une phrase tatouée et inachevée qui va d'une omoplate à l'autre et accompagne sa lecture à voix haute :

– « L'homme qui sait n'éprouve pas… » N'éprouve pas quoi ? demande-t-il.

– Tu verras bien.

– T'as mal là ? demande Éric qui appuie sur la chair enflée par la séance de tatouage de la veille.

– C'est ça qui est bon, soupire Félix.

– Et là tu pèles. Je peux ? dit-il en tirant sur quelques vieilles peaux.

Félix ferme les yeux, laisse les doigts d'Éric se promener sur son dos. Un bip de portable interrompt la caresse. Éric se détourne aussitôt de son compagnon et consulte ses messages.

– Le bureau des anciens de Sciences-Po vient de m'envoyer CV et photos.

Félix se retourne, se rapproche, une image s'ouvre, nouvelle version du fils Castelnau, plus jeune encore.

– Il a toujours été beau gosse, roucoule-t-il.

– Je me demande si je préfère pas ta scène du matin : « Il est 7 heures du mat, je vis avec un forçat qui se croit encore journaliste… »

– Je peux te la refaire si tu veux ! Il a suffi d'un bip pour que j'existe plus ! À ce rythme-là, t'étonne pas si je flashe sur les beaux mecs même s'ils sont morts, même si c'étaient des petits cons pourris gâtés qui méprisaient tout le monde. Ils me font plus bander que toi l'esclave de Top News !

Éric ne répond pas. Il a huit ans de plus, quelques cheveux en moins, un léger embonpoint autour de la taille, il est l'inquiet du couple et garde les yeux rivés sur l'écran où défile la courte vie de Benjamin Castelnau. Félix bondit hors du lit.

– Ce pieu doit rester un sanctuaire, sinon je donne pas cher de nous !

Éric soupire, puis fonce sur Top News pour actualiser l'article de la veille. Il balaie des yeux les noms de la promo 2007 sans rien en retenir, égrène quelques postes occupés par le jeune Castelnau à sa sortie de l'école, et insère les deux nouvelles photos de l'étudiant qui ont le mérite de changer de celle qui tourne en boucle depuis la veille. Nouvel e-mail. Message de Luc, intitulé « leçon de journalisme ». C'est un lien vers le site Purepeople. Éric clique : apparaît une photo de Castelnau avec la veuve Gomont au soir d'un gala de charité. Il la regarde en se mordillant la lèvre, finit par lâcher son téléphone sur les draps et sort du lit. Après quelques secondes d'hésitation, il reprend son portable et envoie un texto à Scheffel : « On peut se parler dans la journée ? »

Lorsqu'il arrive dans la cuisine qui embaume le café, Félix a déjà pris sa douche, enfilé son pantalon et sa chemise. Le tatoué s'est changé en avocat. Il a l'air d'un gars pressé des beaux quartiers. Éric le regarde de bas en haut.

– Nanteuil va encore te faire des avances.

– De tous les vieux, c'est encore toi que je préfère, répond Félix en enfilant sa veste.

– Dans deux jours, je suis plus de desk, ce sera plus cool, marmonne Éric. Tu pars tôt.

– Je passe chez Lira d'abord.

*

Quarante-cinq minutes plus tard, il est en bas de chez elle.

– C'est moi ! dit-il dans l'interphone, les bras chargés de croissants et de pivoines qu'elle aime tant.

– Quel toi ? rigole-t-elle tout en ouvrant la porte depuis chez elle. Trop d'amants !

Elle force sur la joie comme d'autres sur l'alcool. Elle est au quatrième étage. L'appartement, au fond du couloir, dont s'échappe une drôle de voix synthétique qui parle russe et fort. On tolère plus ou moins ce bruit de fond sur le palier de ce HLM parisien. On a pitié de Lira Kazan, la voisine aveugle et étrangère, dont on sait qu'autrefois elle a été une journaliste courageuse dans son pays. Lira a poussé le volume du lecteur vocal de son ordinateur et créé des alertes : à la moindre déclaration du président russe, au moindre mort suspect, à la moindre transaction économique, elle est informée, comme si une base lointaine, un quartier général lui parlait encore, prêt à l'envoyer en mission. La porte est entrouverte. Et comme chaque fois qu'il entre chez Lira, Félix pense à un vaisseau spatial échoué qui rêve de repartir au combat.

Elle apparaît, pantalon noir et chemisier clair. Elle a les cheveux blonds détachés, des lunettes fumées, elle ouvre les bras, avance vers lui d'un pas léger, les quelques meubles semblent s'écarter sur son passage. Elle le serre contre elle, tremble un peu, trahie par des émotions que jamais elle n'avouera. Il la serre aussi. La regarde.

– Très chic.

– Pas de taches sur la chemise ?

– Non, impeccable.

– Mes cheveux ?

– Parfaits.

– Et le rouge à lèvres ?

Il attrape un mouchoir en papier et efface ce qui déborde de sa lèvre supérieure, d'un léger tapotement. Il vient là deux fois par semaine depuis cinq ans et chaque fois Lira déclenche en lui une vague d'émotion, pleine d'affection, d'urgence et de souvenirs. La première fois qu'il l'a vue, elle avançait péniblement en s'accrochant à des fils tendus à travers la maison de Nwankwo à Oxford. Elle venait d'être agressée à l'acide par des gros bras envoyés par Moscou et ne savait pas encore que jamais elle ne recouvrerait la vue. Depuis, elle est devenue une de ces icônes des forums et colloques au chevet du monde gangréné. Les auditoires saluent son courage, applaudissent les yeux brûlés de Lira Kazan, condamnée à errer dans l'obscurité. Dans deux heures, elle sera en tribune.

– Tais-toi, Vlad, dit-elle en coupant le son du lecteur vocal. C'est quand l'autopsie ?

– C'est en ce moment. Vlad te laisse le temps d'écouter un peu de musique, au moins.

– La musique me fait peur. J'ai l'impression d'assister à mon enterrement. Ils vont faire toutes les analyses toxicologiques, j'imagine ?

– Je ne connais pas les détails, lâche Félix qui ne sait plus quoi faire de ses fleurs et de ses croissants.

Elle a embrayé tout de suite. Elle entretient l'idée que ni lui ni elle n'ont des vies ordinaires, qu'ils sont sur la brèche, comme avant.

– Je t'ai apporté des pivoines et des croissants.

– C'est gentil, attrape un vase dans la cuisine. On a retrouvé un siège, un tabouret renversé près de ton ministre ?

– Je ne sais pas.

– Vérifie. Tout compte ! Mon Russe, c'était le genre gros lard avec les boutons de la chemise qui craquent sur le bide, et on a réussi à nous faire croire qu'il s'était pendu à la barre du rideau de douche ! C'est la barre de douche qui aurait dû y rester, pas lui ! Regardez au plafond s'il y a des fissures…

Étrangement, elle ne vieillit pas. Il pourrait le lui dire, c'est la phrase qui enchante les femmes, mais Lira est une femme sans miroir. Alors il l'écoute tendrement qui s'échauffe, cherche des liens, des parallèles, une mécanique de l'histoire et surtout une place dans cette histoire. Il se fout un peu de ce Russe dont elle lui parle, comme du ministre pendu. La veille, au palais, s'il s'est pris de compassion pour la fille Castelnau, c'est parce qu'il détestait le procureur et sa secrétaire. Mais c'était hier. Il délie le bouquet, les fleurs se laissent aller le long de la porcelaine, des pétales roses tombent sur la table. Il les a choisies trop ouvertes, mais il est le seul à le voir.

– Pleins de journaux anglais sont aux mains de Russes proches du régime alors ils racontent ce qu'on leur demande, s'exclame-t-elle comme s'il lui avait posé une question.

– Ici, tout le monde évoque la mort de son fils, il y a six mois, dans un accident de moto, répond mollement Félix. Mais personne n'en avait parlé quand c'est arrivé.

– J'ai entendu ça. Ça ne t'étonne pas que la mort du fils soit sortie immédiatement ? Comme si l'argument était prêt !

– Lira, du calme, dit-il en posant ses deux mains sur ses épaules.

Message sur son portable. C'est Nanteuil. « Résultat autopsie. Aucune trace de lutte ni d'agression. Mort par pendaison probable. » Félix imagine son patron qui soupire de soulagement.

– L'autopsie semble confirmer le suicide, dit-il.

– Normal, répond Lira. Ce qui est important, ce sont les recherches de substance nucléaire, radiologique, biologique et chimique dans la pièce où le corps a été trouvé, il suffit de quelques nanogrammes pour tuer quelqu'un.

– Je suis pas sûr que tout ça soit prévu.

– Faut le réclamer ! Faut qu'on y aille, non ?

– Le taxi sera là dans dix minutes.

Une heure plus tard, ils suivent un huissier à travers les salons dorés du palais du Luxembourg. L'institution loue ses petites salles à qui veut, lobbyistes endurcis ou doux illuminés qui pensent changer le monde. Une pancarte sur un pied de cuivre annonce « Transparency International ». La salle est pleine, une centaine de personnes. Félix ne raffole pas de ces colloques indignés. Toujours les mêmes têtes chaque fois un peu plus vieilles, mais ils ont le mérite, une à deux fois par an, de tendre un micro à Lira, de l'écouter, de l'applaudir, de la sortir de l'oubli.

– RG à tribord, murmure-t-il en repérant le gars des Renseignements généraux qui n'arrive pas tout à fait à se fondre dans cette salle militante.

– J'espère qu'il fera un long rapport sur moi, blague Lira.

Toutes les discussions bruissent des résultats du premier tour. La victoire de Frontenac n'est plus à exclure. Une heure plus tard, Lira est invitée à monter en tribune.

– Mesdames, messieurs, nous allons maintenant écouter Lira Kazan. Elle est journaliste et russe. Il y a cinq ans, à Londres, elle enquêtait sur l'introduction en Bourse des affaires de l'oligarque Serguei Louchski quand elle a été sauvagement attaquée à l'acide. Lira y a perdu la vue. Lira, nous sommes si fiers de vous avoir parmi nous.

Et tandis que l'assistance applaudit, Félix escorte Lira vers les quelques marches de l'estrade. Il sent sa main crispée dans la sienne, elle déteste la voix compassée de l'animateur, comme l'image d'ancien combattant estropié qu'elle est en train de donner.

– Merci, commence-t-elle. Merci de m'offrir la parole, encore. Je vous reconnais même sans vous voir car je sais que nous ne sommes pas si nombreux, une toute petite armée. Merci, David, pour ces quelques mots, mais je ne veux pas qu'on s'épanche sur moi, il ne faut pas s'intéresser aux personnes, ça détourne des vrais sujets. Et moi ça va. Ma cécité, vous savez... Non, bien sûr, vous ne savez pas. Ma cécité ne m'a laissé d'autre choix que de plonger très brusquement à l'intérieur de moi, ce qui veut dire que tous les événements dont nous discutons, je les vis du dedans. Et dedans, plus rien ne me distrait de ce qui se passe, comme c'est si courant chez vous, les voyants. Vous préférez regarder ailleurs et c'est normal. Moi je ne peux pas. Mon attention se cristallise sur ce qui se passe. Ceux qui m'ont condamnée à l'acide pensaient que je n'y verrais plus rien. Je ne vois plus qu'eux.

Que tu mens bien, se dit Félix en gesticulant un peu sur sa chaise. Il connaît par cœur son visage désenchanté, ses soupirs chargés de solitude. Souvent, il se dit qu'elle est en vie et qu'elle est morte. Les deux. Qu'il est arrivé trop tard, à Londres, il y a cinq ans. Ces semaines-là lui reviennent souvent, comme des flashs, le tournant de sa vie. Ils étaient trois étrangers en Angleterre, Nwankwo, Lira, Félix. Tous trois arrivés là par des chemins et des destinées différents.

– *Always, always follow the money*, poursuit Lira en tribune. Suivez l'argent ! Il est là le venin des démocraties ! Vous avez la chance d'avoir la démocratie. Protégez-la ! Je ne l'ai jamais connue, je viens de Russie. Je suis ici une réfugiée politique. Je n'ai donc pas voté dimanche. Mais j'ai souffert comme vous tous en écoutant les résultats. Et je dois vous dire qu'ils ne me surprennent pas ! Le règne de l'argent creuse l'amertume et la colère des peuples. Le mot « corruption » est d'ailleurs le premier qui vient à la bouche des fascistes, des extrémistes, des terroristes pour allumer la mèche.

– On nous accuse même de les faire prospérer si l'on révèle les scandales de la République, l'interrompt l'animateur en ricanant avec une voix de fausset.

– Oui, soupire Lira. C'est l'argument classique de nos adversaires. Pourtant la corruption est bien le prélude au fascisme, et plus on luttera contre elle, plus les démocraties…

– … s'épanouiront ? propose l'interprète après quelques secondes.

Il est à la fois souffleur et traducteur, il s'est vite adapté à Lira, qui, en tribune comme dans la vie, peut mélanger le français et l'anglais dans une même phrase, puis subitement chercher l'équivalent d'une expression russe. C'est comme si trop de choses, trop de souvenirs, trop de tempêtes affluaient en elle au moment de parler. La voici qui récite en anglais :

– « Les responsables des échanges des biens de l'humanité ont échoué. Les pratiques des usuriers sans scrupules se trouvent dénoncées devant le tribunal de l'opinion publique, rejetées aussi bien par les cœurs que par les âmes des hommes. Oui, les usuriers ont fui leurs hautes chaires du temple de notre civilisation ! » Ainsi parlait déjà Roosevelt en 1933, murmure Lira en français.

La salle applaudit. Le gars des RG ne se donne même pas la peine de l'imiter, il a l'air ailleurs, juste de corvée, tous ces discours moraux contre les puissances de l'argent ne feront pas un rapport. Rien de neuf à signaler.

– Excusez-moi si je vais trop loin, enchaîne alors Lira avec un brin d'excitation dans la voix, excusez-moi si je suis trop russe encore ! Mais quand un ministre se suicide en France, je m'interroge immédiatement, comme lorsqu'on m'explique que Zovski s'est pendu à Londres.

Il faut dix secondes au gars des RG pour sortir un calepin et noter. Il ne faudrait pas que Lira en fasse trop, pense Félix. Elle a obtenu l'asile politique et un HLM il y a quatre ans. Parce qu'elle est aveugle, avait précisé le plumitif de l'administration. En clair, inoffensive. Sont-ils tous les trois devenus inoffensifs ? Elle, réduite à l'obscurité et à quelques colloques, lui, l'avocat planqué dans un cabinet d'affaires, et Nwankwo, redevenu patron de la brigade financière de son pays ? Lira a électrifié la salle, électrifié Félix.

*

– Qu'il crève ! explose Nwankwo, tout en balançant deux dossiers contre le mur, sous l'œil impassible de Kay qui fait rouler sa chaise d'un mètre pour ne pas se trouver sur la trajectoire. Des centaines de pages, vieilles histoires de commissions et de pétrodollars, volent dans la pièce. Toutes portent le même nom, celui de l'ex-gouverneur James Finley, l'homme qui fit tuer Uché, couler le sang autour de la maison et la famille de Nwankwo. Il perdit tout pouvoir quand Awolo fut élu. Mais aux dernières nouvelles, déjà ses affaires s'arrangent, deux instructions viennent d'être classées faute de preuves. Nwankwo ôte ses lunettes et se frotte longuement les yeux, comme surpris et épuisé par sa propre violence. Dans les couloirs, on murmure que le patron n'est plus l'homme contenu qu'il était avant de fuir en Europe. Kay se tait. Il sait, pour l'escorter chaque jour, que Nwankwo ne dort plus.

« Je ne suis pas jalouse, a dit Ezima à Nwankwo hier soir. On ne peut pas être jaloux des morts. Nous sommes vivants. » Puis elle a regagné la chambre et comme souvent il ne l'y a pas suivie. Ils ne savent plus se parler. Elle a rompu l'exil bien avant lui, elle est rentrée avec les enfants et les a élevés seule pendant quatre longues années. Elle lui a rouvert la porte lorsque le président l'a fait revenir. Elle croyait à l'oubli, aux retrouvailles, mais c'était impossible. Il déteste l'église qu'elle fréquente assidûment et où elle entraîne leurs deux filles, Baina et Ima. Elle ne supporte plus ses enquêtes, ses dossiers, son obsession et ses impasses. Ses derniers mots ont flotté longtemps dans la pièce. « Nous sommes vivants. » Nwankwo a alors repensé à cette nuit de fuite à Londres, il y a des années, à cette chambre d'hôtel prise à la hâte, deux lits… mais Lira qui le retient dans le sien, ou bien lui qui s'y attarde, ils ont fait l'amour après avoir frôlé la mort, elle déjà au royaume des aveugles. « Nous sommes vivants », avait-elle dit aussi.

Ainsi parlent les femmes. Se coucher chaque soir seul ou auprès de quelqu'un, se lever chaque matin suffit-il à définir notre présence humaine ? Pas pour Nwankwo. Son père lui répétait sans cesse que l'existence est une course contre la noirceur du monde. C'est resté en lui, comme une sève souterraine, une langue originelle qu'il n'a pas transmise à ses enfants. Tadjou, du haut de ses 17 ans, s'est décrété comme le seul sain de corps et d'esprit de la famille. Ce matin, il est parti tôt vers le lycée, n'a pas fait entrer son copain qui l'attendait devant la maison, de peur qu'il ne voie son père avachi dans le salon. Nwankwo les a regardés s'en aller vers l'arrêt de bus, séparé d'eux comme par un gouffre. Il a assez souffert pour savoir qu'aucun passé ne peut se transmettre.

Kay se met à parler doucement. Il a identifié le numéro de la fille avec laquelle Patrick Fresco échangeait : elle s'appelle Noémie Gouat. Elle vit à Paris. Nwankwo secoue la tête : ça ne lui dit rien. Il lève les yeux vers Kay, sans même avoir besoin de parler.

– OK, j'y vais, soupire le jeune homme.

Une heure plus tard, Kay grimpe les étages d'une tour aux couloirs couverts de tags, menaces de mort, mots d'amour, de sexe et de politique. Au cinquième droite, il n'a qu'à pousser la porte, qui s'ouvre toute seule. Aucun bruit. Des vêtements chiffonnés. Une odeur entêtante de rose. Butchi lui tourne le dos, un casque sur les oreilles, musique à fond, elle ne l'a pas entendu entrer. Kay effleure son épaule tatouée d'une branche d'épines et de fleurs qui serpente jusqu'en haut de sa nuque. Elle sursaute et se retourne en criant. Elle a la lèvre enflée, coupée sur le côté droit.

– Kay ! Qu'est-ce que tu fais là ?

– Et toi, qu'est-ce qu'on t'a fait ?

– Un client un peu nerveux.

– Je croyais que tu bossais au Victoria maintenant ?

– Tu crois qu'ils cognent moins quand ils ont du fric ?

– Patrick Fresco, il cogne ?

– Tu parles comme un flic.

– Je suis un flic !

– Nan, t'es des nôtres, Kay.

– Ouais. Fresco, il cogne ?

– Nan, pas son genre. Il claque juste là où c'est rembourré.

Elle pose la main sur sa fesse.

– Tu l'as vu quand ?

– Secret professionnel.

– Pas de ça entre nous, Butchi. Toi et moi on est des pauvres qui se baladent chez les riches. Tu fais la pute, moi le flic. Mais on n'est ni l'un ni l'autre. Faut qu'on s'aide.

– J'ai jamais vu les flics aider quelqu'un comme moi.

– Je suis pas un flic !

– Faudrait savoir !

Quand Butchi sourit comme ça, Kay sent une déflagration dans sa poitrine. Son sourire n'a pas bougé depuis qu'elle est môme, un sourire d'enfant qui découvre presque toutes ses dents. Ils se connaissent depuis si longtemps... Il sort un billet, qu'elle attrape.

– Je l'ai vu cette nuit. De toute façon qu'est-ce que ça change ?

– Alors c'est lui ? dit-il en pointant sa lèvre.

– Nan, celui d'avant.

– Tu l'as vu où ?

Légère sonnerie du minuteur qui indique l'heure de retirer le produit éclaircissant dont elle a enduit ses cheveux. Elle va jusqu'au lavabo, Kay la regarde passer sa blondeur trop jaune de femme noire sous le jet d'eau. Toute leur adolescence, il l'a vue embrasser des garçons comme si ça n'avait aucune importance pour elle. Il a eu sa part, et n'a pas oublié. Mais à écouter chuchoter les filles, il sait qu'il vaut mieux ne rien dire de ses sentiments. Il fouille maintenant discrètement son sac posé par terre. Il y trouve des capotes, du maquillage, les billets froissés, lâchés par les clients, dont ceux de Fresco probablement, des allumettes à l'enseigne de l'hôtel, un numéro de chambre écrit dessus, rien d'autre. Il s'approche de la fenêtre, contemple le port au loin, ses milliers de conteneurs colorés, empilés comme des Lego. C'est là qu'il vit, sa solde de bras droit de Nwankwo n'y a rien changé, il la donne à sa mère et ses frangins et continue de dormir dans les boîtes multicolores du port, d'en changer tous les cinq ou six jours, pour ne pas se faire repérer. Il est flic comme le ver dans le fruit. Le soir, il grimpe sur la plus haute des boîtes et regarde Lagos changer, devenir une grande ville moderne. Ils ont commencé d'assécher la lagune. Au large de Victoria Island, leurs grues ont lâché des tonnes de blocs de béton brise-lames, puis ils ont dragué le fond de l'océan, apporté du sable, fait reculer la mer et avancer la ville. On voit déjà les délimitations d'un futur centre commercial et l'empreinte des gratte-ciel sur le sable. Le quartier s'appellera Eko Atlantic. De grandes pancartes promettent de somptueuses tours de verre comme à Dubai et des routes qui ressemblent à des rubans satinés.

Kay sourit. La mer, un jour ou l'autre, se vengera. La foule aussi, elle viendra salir ces maquettes d'un paradis terrestre pour nouveaux riches. Dès qu'ils auront tendu leurs fils électriques, construit leurs voies rapides et leurs buildings de verre, elle viendra de loin, la foule, en savates, pour trouver du travail, l'eau courante et l'électricité, elle viendra sans même rêver d'un de ces Range Rover ridicules qu'on gare dans des parkings immenses, ou d'une coupe d'un de ces champagnes de luxe qui s'offrent de grands panneaux publicitaires dans la ville. Le ballet des grues n'y changera rien, ni même les autorités qui déjà interdisent mendiants et marchands ambulants, encore moins les journaux de l'Occident où l'on se félicite du réveil de l'Afrique après l'avoir saignée. La ville africaine restera cet univers d'hommes au coude à coude. On ne se repose jamais à Lagos, on travaille ou on crève. Ils viendront se nicher dans la ville de verre, les expulsés de Makoko et les affamés de l'arrière-pays. Ils creuseront des plaies ouvertes, des décharges et des bidonvilles sous les terrasses flambant neuves des immeubles à peine sortis de terre. Lagos est comme Butchi qui rêve d'être blonde au-dessus du lavabo et redevient Stella, le corps souple, la nuit dans les chambres climatisées d'hommes riches et violents. Sans arrêt, Lagos verra réapparaître ses racines noires.

Kay regarde vers Third Mainland Bridge qui enjambe la lagune et relie l'aéroport au centre d'affaires. Il plisse les yeux à la recherche du passé, de sa maison sur l'eau et sous la rocade, de toutes les autres autour. Il n'y a plus rien. Il ne reste au ras de l'eau que l'extrémité des bois morts, vestiges des pilotis de Makoko, village de pêcheurs où il a grandi avec Butchi, pieds nus dans les pirogues. Makoko a disparu, mangé par les autorités, les promoteurs et les coups de machette, comme une vulgaire décharge.

Butchi lui parle depuis la salle de bains, mais il ne l'entend pas. La radio du voisin hurle, on y entend un pasteur qui prie pour les stars du foot français qui ont péché avec une prostituée mineure.

Le portable de Kay vibre. C'est Nwankwo : « Fresco décolle demain à 15 heures. Rien de neuf à l'ambassade. »

Kay lui répond aussitôt : « Il a passé la nuit au Victoria Palace. »

*

– Il est venu quel jour, Castelnau ? Jeudi ou mercredi ? Il n'avait pas du tout l'intention de se pendre au lustre de son bureau.

– Tais-toi, Raymond. On arrive.

La voiture ralentit sur le boulevard Saint-Germain et s'arrête devant la Maison de l'Amérique latine. L'ancien président, Raymond Ciret, 88 ans, et son épouse s'extirpent lentement du véhicule, avec la maîtrise de la fonction, de ceux qui contrôlent chaque geste, chaque émotion dès qu'ils sont en public. Les flashs des photographes les mitraillent aussitôt, comme on prendrait la température d'un grand malade.

– Dernière parution avant démolition, glisse avec amertume l'ancien chef de l'État avant de passer la portière.

– Mais tais-toi, Raymond, il y a des micros, ils peuvent t'entendre.

– Ma nécro est prête. Mais pour Castelnau, je suis sûr qu'ils n'avaient rien dans leur frigo.

Ils avancent à pas comptés vers le perron. Il fait doux. Le vieux président flotte dans son costume, il met un pied devant l'autre, soutenu par son garde du corps qui ne le protège plus que de la chute. Un comité d'accueil l'attend sur la première marche. Le parterre des membres éminents de la fondation qui porte son nom : anciens ministres, milliardaires charitables, retraités de l'humanitaire et vedettes guettées par l'oubli. Ce soir, la fondation Raymont Ciret remet des trophées à quelques bonnes œuvres de la planète. Le vieux président serre les mains en dodelinant de la tête. Désormais, il ne reconnaît les gens qu'une fois qu'il est tout près, alors chaque fois il semble surpris de les voir, ce qui donne à ses salutations un tour moins protocolaire. Scheffel est dans un coin du hall, le téléphone collé à l'oreille, posté devant l'une des grandes affiches où de beaux enfants noirs aux yeux pétillants témoignent des bonnes actions de la fondation Ciret. Il a fini par rappeler Éric qui veut savoir quels sont les derniers développements du suicide de Castelnau, et aussi le faire parler après la parution de la photo de Castelnau et la veuve Gomont.

– Vous en trouverez d'autres, des photos d'eux. Elle l'a accompagné dans quelques déplacements, quand elle avait des affaires à boucler dans le pays. Celle-là a été prise lors d'un gala de charité un peu comme celui de la fondation Ciret où je suis en ce moment. D'ailleurs, la Gomont est là devant moi à quelques mètres, avec votre patron.

La main devant la bouche pour parler sans crainte, le directeur de cabinet de Castelnau observe la veuve la plus célèbre du monde des affaires. Belle femme perchée sur des escarpins pointus, moulée dans une robe mauve, pommettes et seins un peu hauts pour être naturels, lèvres légèrement repulpées. Le genre qui déteste qu'on lui parle de sa féminité mais qui en use. Il se rappelle comme elle les a tous surpris à la mort de son mari. On ne savait rien d'elle alors, sinon sa vaine traversée des affres de la procréation médicalement assistée et aussi qu'elle parlait cinq langues. Personne ne l'avait vue venir. Elle avait pris de court tous les actionnaires, enterré leurs scénarios bâtis à son insu, manifesté une parfaite maîtrise des alliances et des arcanes du pouvoir, et s'était imposée comme PDG. Il fixe un instant sa main glissée au creux du coude du rédacteur en chef qui a visiblement bataillé un peu pour masquer les dernières avancées de sa calvitie. Que penser de cette idylle ? Après avoir aimé, cette femme se cherche probablement des trophées. Ou des soutiens.

– Il a grossi, votre patron, on dirait, ou perdu des cheveux, je ne sais pas… Une fois de plus, Inga a dû faire le plus gros chèque ce soir, glisse Scheffel à Éric, la voix teintée d'ironie.

Elle s'avance vers Raymond Ciret.

– Monsieur le président, vous avez l'air en pleine forme !

– Mieux que notre ami Castelnau en effet, répond-il sèchement.

Elle l'agace avec son assurance de femme trop belle et trop riche, et sa façon de dire à un mourant qu'il a bonne mine. Il n'a rien oublié des voyages officiels qu'elle faisait dans le lit de Castelnau, il n'y a pas si longtemps. Il sait tout de leurs stratagèmes pour se rejoindre sans que le protocole n'en sache rien. Castelnau les lui racontait. Ils étaient les complices d'un temps et d'un milieu où l'amour ne présidait pas aux mariages. Les yeux d'Inga Gomont s'assombrissent. Elle vérifie que personne n'a entendu la réplique de Ciret, préfère se taire et laisser ce vieux schnock à ses provocations de vieillard acariâtre. Déjà l'ancien président s'en va, entraîné par son épouse qui le tire par le bras. Il serre la main suivante, puis celle d'après. Deux longs buffets ont été dressés sur la terrasse, les invités s'y bousculent, rompus à toutes sortes de conversations et de pains surprises.

L'avantage, avec le suicide de Castelnau, c'est que ce soir, contrairement à tous les autres où Ciret s'autorise une apparition, personne ne guette la mort sur son visage de vieux fauve. La mort s'est invitée et ce n'est pas la sienne. Castelnau, Castelnau, Castelnau… son nom circule de groupe en groupe, de petits-fours en coupes de champagne. Il occupe le brouhaha, ce ministre pendu à son lustre comme il y en a tant au-dessus de leurs têtes, dans ces salons de réception qui brillent de mille feux aux fenêtres des beaux quartiers de Paris. Le vieux président avance, répétant à qui veut l'entendre que Castelnau allait bien quand il lui a rendu visite, mercredi ou peut-être jeudi. Sur son passage, on lève parfois son verre sans savoir trop à quoi. La fondation qui porte son nom a été mise sur pied après qu'il avait quitté le pouvoir, pour lutter contre le réchauffement climatique, pour encourager la paix, la réconciliation des peuples, la redistribution des richesses du Nord vers le Sud, toutes ces belles causes dont il fut rarement question lorsque Raymond Ciret était aux affaires. Mais qui s'en souvient ? Un autre lui a succédé qu'on attend d'ailleurs d'une minute à l'autre puisqu'il n'est pas allé à Limoges.

– À mon ami Castelnau ! lance Ciret tout à coup.

Et l'assemblée lève silencieusement sa flûte. Toast au suicidé de la politique.

– Il allait bien quand je l'ai vu jeudi ou mercredi.

– Tu radotes, Raymond.

Sa femme le tire par le bras. Inga Gomont, serrée par son amant patron de presse, salue un ancien ministre belge des Affaires étrangères, puis un président letton. Ce soir, c'est un petit village planétaire. Me de Nanteuil est occupé à choisir une coupe de champagne, sa petite taille l'incite à rester près du bar plutôt qu'à disparaître dans la foule. Scheffel ne perd pas une miette de cette comédie humaine qui est son air et son eau de tous les jours. Il confirme à Éric toujours en ligne qu'il n'y aura aucune nomination : le cabinet va gérer les affaires courantes en lien direct avec l'Élysée jusqu'à l'élection. On ne remplace pas un ministre une veille de second tour.

– Inga ! sourit Nanteuil qui l'embrasse et lui tend une coupe.

Inga Gomont s'appuie ostensiblement sur l'épaule du rédacteur en chef tout en lui caressant gentiment la main.

C'est sa réponse aux photos avec Castelnau. Elle sait que ces soirées ne sont que paires d'yeux fureteurs et langues pendues.

– La relation entre l'actionnaire et le directeur de la rédaction a l'air fluide, persifle gentiment l'avocat.

– J'ai toujours privilégié l'efficacité, sourit Inga Gomont tandis que Clarettini choisit de se taire, prenant cet air ténébreux qui lui donne l'air intelligent.

– Votre patron roucoule, mon cher Éric, ricane Scheffel avant de raccrocher.

Il se fraie un passage vers le champagne, s'entend présenter des condoléances comme s'il était membre de la famille. Il rejoint Nanteuil et Gomont. Ils évoquent le second tour, les marchés qui s'inquiètent. Pas un mot sur Castelnau.

– Heureusement, je serai à Lagos après-demain, sourit Scheffel. Un peu de soleil et de mouvement me feront du bien.

Le président Jacquemin fait son entrée, créant une nouvelle bousculade, de nouveaux frôlements alors que tout le monde converge vers la grande salle. Scheffel reste quelques instants seul près d'Inga Gomont et lui glisse :

– Vous êtes encore la veuve ce soir, toujours la veuve…

Elle le fusille du regard. On assied l'ancien, on accueille l'actuel. Les voilà côte à côte. La lumière baisse, la cérémonie commence.

– Alors c'est votre tour de terrasser le fascisme ? murmure l'ancien.

– Je crains de ne pas faire aussi bien que vous, soupire l'actuel.

– Je vous préviens, ce n'est pas une sensation agréable. Pas une victoire. Plutôt un mariage blanc.

– Ou un mariage gris, comme on dit aujourd'hui. Tout est plus gris. Les temps ont changé...

– Les hommes aussi.

Le président Jacquemin ne répond pas et feint de s'intéresser aux discours et aux hommages sur scène.

– Étrange, ce qui est arrivé à Castelnau..., glisse Ciret en posant sa main percluse d'arthrose sur sa manche.

– Très triste.

La main de Ciret le répugne, ses taches, ses veines et ses articulations gonflées. Cette main si ferme, si forte quand il débuta. Quel délabrement !

– Il n'était pas triste quand je l'ai vu mercredi !

Jacquemin ne répond pas.

– Jolis culs, poursuit l'ancien en avisant la scène.

On y remet un trophée en forme d'arc doré à des femmes africaines rondes dans leur robe colorée. Elles remercient la France, la fondation et surtout l'ancien président de son soutien à leur cause et aux enfants d'Afrique.

– On l'enterre quand ?

– Il voulait être incinéré.

– Il n'était pas catholique ?

– Comme tout le monde, de loin. Mais il y aura bien sûr une cérémonie aux Invalides. Qu'est-ce qu'il vous a dit mercredi ?

– Qu'il serait là ce soir. Il n'avait pas l'intention de se pendre.

Le président-candidat s'éclipse avant la fin du gala, tandis que l'ancien reste, le regard dans le vide et bientôt la paupière lourde. Il se laisse bercer par la mélodie officielle d'un hommage qui le lie artificiellement à de simples femmes africaines et n'a d'autre but que de préparer sa sortie de l'histoire en la réécrivant. Jacquemin est dans sa voiture lorsqu'il reçoit le premier sondage du second tour : 55 % en sa faveur. « C'est tout ?! » lâche-t-il sans personne pour l'écouter. Suit un message de son directeur de campagne. « Après le discours des Invalides, on devrait prendre deux points. »

– On y va, Paul, dit le président Jacquemin à son chauffeur.

III

Nymex Comex UxC Uranium U308 Settlement 63

Nwankwo n'est pas le seul à surveiller l'embarquement du vol AF 453 pour Paris. Les Américains sont là aussi, reconnaissables à leur mâchoire carrée qui laisse voir des dents trop blanches et semble mastiquer du chewing-gum même quand ils n'ont rien dans la bouche. Eux aussi cherchent Fresco. Ils sont nerveux. Ils ont repéré Nwankwo et ses hommes postés dans divers points de l'aéroport. Ils n'aiment pas partager leur proie. Il y a foule dans le hall, un ballet de néo-businessmen pressés qui débarquent, hèlent un taxi, s'engouffrent dans une limousine, direction les tours de verre tandis que les annonces des vols se succèdent dans les haut-parleurs, British Airways, Air France, China Air, United Airlines, Lufthansa... On n'entend jamais prononcer Nigeria Airlines. Pas de compagnie nationale dans ce pays, mais des jets, beaucoup de jets pour les riches Nigérians au milieu du va-et-vient incessant des gros porteurs étrangers. L'Afrique décolle, disent-ils. À la porte d'embarquement pour Paris, la file des passagers s'étiole puis disparaît.

Quelques retardataires arrivent au compte-gouttes mais pas de Fresco. Le téléphone de Nwankwo sonne. Numéro inconnu.

– Ma secrétaire m'a dit que vous me cherchiez.

– Fresco ? Où êtes-vous ? Votre avion est sur le point de décoller.

– Retrouvez-moi, allée 8, Oshodi Market dans une heure.

Nwankwo a la désagréable impression que c'est l'autre qui l'observe.

Que reste-t-il d'Oshodi Market, lieu de la débrouille, de la planque, de l'électricité détournée, depuis que le gouvernement a fait raser Computer Village, immense stock de déchets électroniques, européens pour la plupart, qu'ici on démontait, on recyclait et on revendait dans un bric-à-brac de stands et de microboutiques ? Il se reconstitue, comme la mauvaise herbe revient. L'allée numéro 8 regorge de fils dénudés, de pièces détachées et d'engins sur les tables. Fresco n'a pas précisé à quel stand il se trouverait mais Nwankwo a vite fait de repérer un blanc-bec assis sur un fauteuil pliant, en pleine conversation avec deux jeunes vendeurs du marché. Ce gars-là est à l'aise partout. Fresco l'a vu arriver, il le salue, deux doigts sur le front, comme on salue un capitaine.

– Installez-vous, procureur !

Les jeunes s'éclipsent comme s'ils étaient prévenus de l'imminence d'un important rendez-vous.

– Café, bière ? dit-il en indiquant une thermos et un réfrigérateur crasseux.

Nwankwo décline d'un geste.

– Qu'est-ce qui est arrivé à votre bureau ?

– Un petit numéro d'intimidation.

– De la part de qui ?

– Les Américains pensent que j'ai quitté New York avec des informations confidentielles de la banque.

– Je le pense aussi.

Sourire joueur de Fresco. Il sait que l'homme en face de lui ne lâche rien, qu'il s'est attaqué à trop gros et n'a pas voulu renoncer, que son adjoint en est mort, qu'il a dû s'exiler, qu'il a des fantômes plein la tête, une famille en lambeaux, mais que la rue le respecte, et que le président lui doit en partie son élection.

– Pourquoi ne pas avoir pris cet avion ?

– Je veux pas les avoir aux basques, là-bas à Paris.

– Qui ?

– Les Amerloques, les barbouzes, la CIA... Appelez-les comme vous voulez.

– Ils sont parfois un peu lourds mais jamais stupides. Si elle devait surveiller tous les ex-traders de la planète, la CIA deviendrait le premier employeur des États-Unis... C'est donc que vous en savez trop.

– C'est pour ça que vous êtes là. Vous, c'est Finley qui vous intéresse.

Nwankwo n'aime pas sa voix survoltée. Encore moins sa façon d'agiter un sucre sous son nez. Fresco a tout fait pour le mener à lui, mais à son rythme, à sa façon.

– Finley n'est plus grand-chose.

Il ment mal. Il a la gorge sèche. Le nom de Finley agit sur lui comme un venin qui tend chacun de ses muscles.

– Ne jouez pas à ce jeu-là. Finley a perdu son titre de gouverneur, mais son pouvoir est le même. Il a le pognon, les troupes. La mine Mobi est sécurisée par ses hommes. Tout le monde lui mange dans la main. Awolo, Castelnau...

– Castelnau l'a vu ?
– Oui.
– Qui vous l'a dit ?
– L'argent est un tout petit monde.
– De quoi ont-ils parlé ?
– J'ai mon idée là-dessus.
– Mais encore ?
– Tout ça se négocie…

Nwankwo n'aime décidément pas ce blanc-bec qui n'a eu d'autre accident dans la vie que de perdre au Monopoly de Wall Street, et qui continue à jouer, à bluffer, comme si la vie était une immense partie de poker.

– Vous n'avez pas l'air en situation de marchander quoi que ce soit. Qu'est-ce que vous avez à m'offrir sur Finley ?

– Numéros et extraits de ses comptes aux États-Unis.

Fresco s'étire contre la pauvre chaise en plastique qui fut probablement blanche un jour, il y a très longtemps.

– Il le sait ?
– Pas sûr.
– Comment est-ce que je pourrais être plus fort que la CIA ?

– Je dois regagner Paris mais sous un autre nom, j'ai besoin d'un appui de vos services pour passer les frontières. Les documents qui vous intéressent sont là-bas. Moi seul peux les récupérer.

– J'ai pas confiance en vous.

– Je sais. Mais votre situation n'est guère plus reluisante que la mienne. Alors…

Les deux jeunes marchands réapparaissent, visiblement nerveux. De la tête, ils font signe de déguerpir. En une fraction de seconde, Fresco se lève, soulève une bâche derrière lui qui mène directement vers une autre allée. Nwankwo n'a pas eu le temps de broncher. Il tourne la tête et voit deux gros bras *made in USA* qui avancent dans l'allée numéro 8.

*

– Awolo, insiste l'attachée de presse qui l'accompagne. Le président Jacquemin lui fait signe de mettre l'appel en attente cinq minutes. Il calmera son homologue nigérian tout à l'heure. Il sort du Pôle emploi de Roubaix escorté par deux caméras autorisées à le suivre. Les chômeurs placés sur son chemin le détestent probablement mais restent muets et impressionnés qu'il soit passé par là. Magie du cadre... l'image d'un président respecté va rester. Quand on pense que le dircom et ses services de sécurité voulaient annuler cette étape sous prétexte que les gens sont à cran, qu'un dérapage est inévitable. Pas un seul chômeur n'a bronché. Les JT garderont à coup sûr cet instant silencieux où le président Jacquemin a posé longuement sa main sur l'épaule d'une femme en fin de droit, qui le regardait comme un sauveur. Et cet autre dialogue avec le responsable de Pôle emploi, à qui il a demandé :

– Et pour les jeunes ?

– C'est un peu mieux depuis deux mois.

– Ah, nos efforts commencent à porter leurs fruits ! Il faut accélérer maintenant que l'on voit que ça marche, a-t-il conclu en dosant son effet, conscient du micro perché au-dessus de lui.

Il s'installe à présent à l'arrière de la voiture isolée de la foule par un cordon de CRS, et prend le téléphone. Passé les condoléances d'usage après la mort du ministre de l'Industrie, Awolo va droit au but.

– Qui vient demain à la place de Castelnau pour représenter le gouvernement français ?

– Scheffel. Vous l'avez rencontré plusieurs fois, c'est son directeur de cabinet. Il connaît encore mieux le dossier que ce pauvre Castelnau.

– C'est bien. On peut parler avec lui. Monsieur le président, je ne sais pas si Castelnau vous avait transmis mon message, mais je lui avais dit que les intérêts de votre pays étaient menacés si nous ne coopérions pas davantage. Il avait du mal à l'entendre, mais paix à son âme. Je le répète, il est important que notre rémunération justifie les risques que nous prenons, ceux que j'ai pris. Tout cela a un prix.

– Nous avons pris des engagements, il me semble.

– Oui, mais des informations circulent selon lesquelles le gisement de la mine ne sera pas aussi prometteur que prévu. Ce qui veut dire…

Un cri dehors. Un hurlement à déchirer les nuages. La voiture présidentielle s'immobilise. Une fumée noire monte sur le parking. Puis des flammes.

– Qu'est-ce qui se passe, Paul ? demande le chef de l'État.

L'oreillette du chauffeur grésille.

– Une immolation, monsieur le président.

Un homme s'est changé en torche. Il se consume. C'est l'effroi. La foule avance et recule dans un même mouvement contradictoire. Les caméras braquent leur viseur sur l'homme en feu, il s'effondre, à genoux, puis de tout son long, son visage est de plus en plus flou, ses cris faiblissent, enfin certains se dévêtissent, s'approchent, jettent leur veste sur lui pour étouffer les flammes. Les pompiers arrivent et finissent d'éteindre l'incendie. La voiture présidentielle n'a pas bougé. À l'intérieur, le président explique à son homologue nigérian qu'un homme brûle sur le parking.

– Pourquoi ? demande Awolo.

– Je ne sais pas, un fou, un désespéré.

– Je veux dire pourquoi tout le monde se suicide en France ?

Le président ne répond rien.

– Si vous me permettez un conseil, président Jacquemin, ne restez pas dans votre carrosse quand un Français brûle. À votre place, j'irais voir.

– Je vous rappelle, dit le président en raccrochant sans un mot de politesse diplomatique. Agaçant, ce Nigérian qui lui explique son métier.

Jacquemin fait signe qu'il veut sortir. Échange de regards inquiets parmi l'escorte, fébrilité des forces de l'ordre. Non, fait le chef de la sécurité de la tête. Le président s'agace, ouvre la portière, forçant sa protection à s'organiser au plus vite. Les caméras encore tournées vers la tragédie font brutalement volte-face, elles fixent Jacquemin qui avance vers la scène du drame, entouré d'une escorte nerveuse qui lui fraie un chemin. La foule compacte s'ouvre et laisse passer le président. Il franchit le cordon de sécurité, rejoint les pompiers qui viennent de déposer le corps sur une civière. On peut le voir alors qui secoue la tête, puis qui s'approche doucement du brûlé, le visage bouleversé. Il ne reste qu'un instant à ses côtés, qui ne semble même pas durer une seconde, les appareils crépitent, la photo sera forte : le président penché sur le chômeur immolé.

Le voilà qui refait le chemin inverse les yeux baissés. La sueur perle sur le front de ses gardes du corps. Aux micros qui se tendent et insistent, le président lâche que l'homme respire encore et qu'il ne veut pas, par décence, commenter ce qui vient d'arriver. C'est alors que l'orage éclate. Un premier cri dans la foule : « ON VA TOUS CREVER ! », puis un autre, « IL VOUS EN FAUDRA COMBIEN, DES BRÛLÉS, À VOUS AUTRES LES POURRIS DU GOUVERNEMENT ! ». La garde présidentielle se colle au président et l'exfiltre à toute vitesse vers la voiture, au point que ses pieds ne touchent plus terre. « DÉGAGE JACQUEMIN ! POURRI ! ASSASSIN ! » Démarrage en douceur, sous les crachats et les cris, tandis que la police sort matraques et gaz lacrymogènes. Le président est sonné. Tout est fichu, cette séquence soigneusement préparée a viré à la catastrophe. Des sirènes indiquent que la police a demandé des renforts.

*

L'homme torche se consume en boucle sur Top News. Il s'appelait Claude Carnot, manutentionnaire en fin de droit, ex-chauffeur routier. Il a laissé un mot d'adieu à sa femme dans la boîte aux lettres, il y explique qu'il est à bout, qu'il a fait tous les métiers jusqu'au plus salissant, de jour comme de nuit, qu'il a accepté tout ce qu'on lui proposait, que ça ne dure jamais, qu'il est fatigué de chercher. La vie n'est plus faite pour moi, conclut-il. Vient la photo de cet homme à la peau mate et aux yeux clairs. Vient le communiqué du président apprenant sa mort, il déclare qu'il n'oubliera jamais le supplice de celui qui est venu mourir sous ses yeux. Plume Dorée s'est surpassé.

Vient la réaction de Frontenac dans la foulée, tonnant contre cette dérive de la société française ouverte à tous les vents, à tous les migrants, qui condamne les Français les plus faibles.

Toutes les cinq minutes, Éric compile les infos et les met en ligne, il est « liver » cette semaine. Il assemble l'histoire d'un homme, tout en gardant un œil sur le bocal de son chef où Clarettini vient d'entrer. Viennent les témoignages. Vidéo de l'épouse qui sanglote sur France 3 Nord. Elle n'a rien pu expliquer à ses enfants. Interview des beaux-parents sur RTL. Communiqué des salariés du Pôle emploi qui déplorent leur manque de moyens. Sous l'article, les commentaires s'affolent, la fachosphère est en transe, c'est la litanie habituelle, véritable pluie de crachats numériques. Derrière la vitre, le directeur de la rédaction agite les mains nerveusement.

– Mais que fout le modérateur ?! Heureusement que le gars s'appelle Claude et pas Mouloud ! peste Éric tout haut.

– Je te rappelle qu'on a sous-traité la modération à une boîte au Maroc y a trois mois, réplique Luc.

Clarettini sort du bureau et marche droit vers Éric.

– Tu passeras me voir quand tu auras fini avec l'incendie, lâche-t-il sans lui laisser le temps de répondre.

Mais l'incendie repart de plus belle. Un autre homme s'est aspergé d'essence sur le parking du Pôle emploi de Marne-la-Vallée, il vient d'être maîtrisé par les conseillers emploi, qui l'ont confié à la police. Éric entame donc une nouvelle histoire, celle du chômeur qui rentre chez lui après s'être entendu dire que ses droits seraient raccourcis, découvre aux infos qu'un autre a brûlé devant le Pôle emploi sous les yeux du président, et retourne aussitôt là d'où il vient, un jerricane d'essence à la main. Les commentaires redoublent. « Un ministre s'est pendu. Un chômeur s'est immolé sur un parking. Le président passe par là, il doit rendre hommage à l'un et à l'autre. Pour une fois, la mort fait bien les choses. » Vlad sort du lot.

Sur la page d'accueil, un nouveau papier est mis en ligne : « Inga Gomont (actionnaire de Top News) dément les insinuations des sites de ragots, malheureusement reprises ici ou là sans vérification, au sujet d'une liaison avec le ministre Simon Castelnau. Elle poursuivra tout média ou toute personne relayant cette non-information. »

Le texto de Félix ne met pas dix minutes avant d'arriver : « Ah ah, le démenti de Gomont... Il faut oser. Demandez-lui une prime à la fin du mois, elle vous doit bien ça, bande de lâches ! » Suit un petit smiley sarcastique. Rictus fatigué au coin des lèvres d'Éric.

*

– Tu es médecin, Noémie ! soupire Nanteuil.

– On n'a pas les viscères.

– Quoi, les viscères ?

– On attend encore les résultats des analyses des viscères pour voir s'il y a eu empoisonnement !

Noémie est revenue. Ce cabinet d'avocats est le seul endroit où elle peut partager ses doutes. Elle s'est assise, confuse et consciente de l'être. Nanteuil est moins paternel que la veille. Il est surpris par son insistance à refuser l'évidence : son père s'est pendu, l'autopsie l'a confirmé. Silencieux, Félix garde un œil sur son portable. Dernier SMS d'Éric : « Clarettini veut me voir. Qu'il aille se faire foutre. »

– Je pensais que tu étais son ami, soupire Noémie.

– Je ne vais pas réécrire l'histoire parce qu'elle nous fait mal. Ton père s'est pendu. Je n'ai rien vu venir et je m'en voudrais toujours.

Un trop long silence.

– Je vais aller chez Ciret. Papa le voyait régulièrement.

– Il a perdu la boule.

– Qu'est-ce que tu en sais ?

– Il était de sortie hier soir pour sa fondation, il ne peut plus aligner deux phrases cohérentes. Et arrête de me parler sur ce ton. Tu es sous le choc, tes enfants aussi, tu devrais passer du temps avec eux…

Renvoyée au foyer en une seule phrase. Félix a mal au cœur, il vole au secours de Noémie.

– On devrait demander un examen du bureau pour voir s'il n'y a pas trace de poison. Ça s'est déjà vu dans certaines affaires, quelques nanoparticules suffisent à tuer un homme.

– Mais quelles affaires, Félix ?! De quoi tu parles ? Ça fait combien de temps que tu travailles dans ce cabinet ?

Jamais Nanteuil ne lui a parlé sur ce ton. Noémie se lève.

– Si ce n'est pas avec toi que j'obtiens un complément d'enquête, ce sera avec un autre, lance-t-elle. Ça doit se trouver, un avocat qui voudra se faire un peu de pub avec un scandale de la République !

– Mais tu n'as pas le début d'une preuve !

– Je le sens.

Nanteuil ne répond pas. Son regard s'échappe par la fenêtre. Ses lèvres pincées semblent réfréner le fond de sa pensée. Il finit par lâcher qu'il va voir ce qu'il peut faire avec le procureur, mais que les obsèques ne pourront pas attendre que les viscères ou les nanomachinchoses se mettent à parler.

Noémie sourit pour la première fois à Félix.

*

Sa secrétaire est entrée, lui a donné l'agenda du lendemain, s'en est allée, consciente qu'il la regardait bouger. Scheffel jette un œil au planning : 6 heures, départ pour l'aéroport ; 7 h 15, décollage pour Lagos. Brève étape chez ce con d'ambassadeur. Décollage de l'hélicoptère pour la mine. Un bref discours. Retour à Paris à 23 heures. Léger rictus sur le visage anguleux de Scheffel. L'Afrique l'excite. Longtemps, il l'a ignorée, il a vécu sur une même latitude, allant des places financières américaines aux vieilles villes européennes qui sentent encore le raffinement de la Mitteleuropa engloutie et son enfance de fils de diplomate. Et puis les affaires et la géopolitique l'ont mené là-bas, il a réalisé qu'on y trouvait du champagne, des salons chics et climatisés, de juteux contrats et bien des plaisirs inédits. Il traînera donc demain sa carcasse essoufflée et son costume croisé dans ce coin d'Afrique de l'Ouest qui pullule de terroristes. Ça lui assure de figurer en bonne place dans le prochain gouvernement après la victoire, si victoire il y a. La télévision allumée sans le son laisse voir Frontenac, son petit corps de faux maigre en pleine forme sur un marché de Toulouse, il a l'air d'un notable désormais, personne ne s'est immolé sur son chemin, le ciel est bleu, on dirait même qu'il a recruté des passants, des maraîchers et des journalistes de moins d'un mètre soixante-dix pour avoir l'air grand. C'est son jour.

Un doigt sur la télécommande, Scheffel monte le son, Frontenac promet qu'en mémoire de Claude Carnot il prendra des mesures drastiques dès les premiers mois de son mandat, et d'abord la préférence nationale en matière de prestations sociales. Ça évitera que les Français sortent de Pôle emploi avec l'envie de crever ! lâche-t-il. Il a dit « crever », comme la foule qui a regardé mourir Claude Carnot. Les sondages s'affichent, ils penchent encore pour le président, 52 %, dit le dernier baromètre en rouge sur fond bleu. Ça vaut donc le coup d'aller suer en Afrique. Son téléphone vibre : « Ready ? » « OK », répond-il.

Le portable sonne aussitôt.

– Fresco n'a pas décollé pour Paris, lâche son interlocuteur.

– Tu veux dire qu'il est encore à Lagos ?

– Probable. On a perdu sa piste, mais ça ne devrait pas être long. Noémie Gouat, ça te dit quelque chose ?

– Oui. C'est la fille Castelnau.

– Ils sont en contact. Fresco lui a dit qu'il la verrait à Paris. On la met sous surveillance ?

– OK, mais soyez discrets. Elle remue ciel et terre depuis la mort de son père. Elle croit à un assassinat. Il faut surtout neutraliser Fresco avant qu'il embarque pour Paris.

– Compte sur moi, répond la voix tout aussi assurée.

Scheffel reçoit alors un e-mail qui le fait sourire.

« Tout est OK sur le serveur. Mais fais attention. Je t'INTERDIS le rail de coke sur le cul de la négresse.

Amitiés.

Grinberg. »

*

– Tu y vas franco, Greg ! Tu achètes ! Tu fais péter les freins ! dit Pat au bout du fil. Il y a beaucoup moins que prévu dans cette mine, j'ai vu des rapports secrets sur l'état du sol, c'est la cata ! Alors vas-y, faut que tu sois le premier ! Te préoccupe pas des stocks de la banque, achète, fonce ! L'inauguration est à 16 heures demain. Dès que l'exploitation va commencer, le cours va monter en flèche. Tu vas te faire des couilles en or, tu vas être le trader de l'année ! Et après tu te casses, par la grande porte, mon gars ! »

IV

Nymex Comex UxC Uranium U308 Settlement 63

En le regardant sortir de chez lui, pantalon et chemise chiffonnés, Kay comprend que le chef n'a eu besoin de prévenir personne de son départ précipité en pleine nuit, ni même de s'habiller. Sûrement une énième engueulade avec Ezima et un court cycle de sommeil dans un fauteuil du salon. Nwankwo s'installe.

– Un carnage, soupire-t-il.

Kay opine et démarre. Une fois sortis de la ville, ils roulent à toute allure, sans beaucoup se parler. Bientôt le soleil se lève. Ils croisent de plus en plus de voitures avec des branches accrochées sur le toit. Ici c'est signe qu'on transporte un ou plusieurs cadavres.

Un cordon plastifié barre l'entrée des dortoirs. La lumière du jour laisse voir les corps qu'on a recouverts d'un drap. Leur position suggère l'effroi, la fuite et l'agonie, leur sang encore chaud coagule au grand bonheur des mouches qui s'agglutinent. Un survivant a raconté que les terroristes sont entrés vers 2 heures du matin dans les cases où les ouvriers dormaient profondément, ils ont lancé des explosifs, ouvert le feu sur ceux qui voulaient fuir, en ont égorgé quelques-uns. Soixante-douze cadavres ont déjà été recensés, tous des travailleurs qui s'apprêtaient à embaucher sur le site minier de Mobi. Tous des esclaves de l'Occident, ont crié ceux qui les ont massacrés.

Il y a six dortoirs ensanglantés comme celui-là. Nwankwo s'arrête au seuil de l'un d'eux, les mains sur le chambranle. Il reste loin du bavardage des officiels réunis un peu plus loin autour du gouverneur. À moins que ce ne soit eux qui prennent soin de rester à distance du massacre. Certains se demandent même s'il est possible de garder le secret, le temps que l'inauguration de la mine ait lieu.

– Trop tard, dit le gouverneur, trop de gens des environs sont au courant. On me dit que des photos circulent déjà sur les réseaux sociaux.

Une voiture sombre s'arrête. James Finley en sort. Sa voix fait aussitôt se retourner Nwankwo, immobile un instant, raide, puis qui s'accroupit, tend la main le plus loin possible vers l'intérieur et la pose sur le plancher sanguinolent. Kay comprend que son chef va déraper. Nwankwo se redresse, la main rouge, et avance vers les officiels.

– Finley, c'est bien toi qui es chargé de la sécurité de la mine ! Où sont tes hommes ? Qui protégeait ces mineurs ?

Kay lui barre le chemin, mais Nwankwo le bouscule et le dépasse, il ne voit qu'une chose : Finley est dans son périmètre. Alors il avance vers l'homme qui a tué son ami Uché.

– Le sang, c'est ta signature. Il te faut du sang. Tu es un vampire.

Une demi-douzaine d'hommes armés font irruption.

– J'y passerai ma vie, mais je prouverai que tu as le sang de ces hommes sur les mains. Comme celui d'Uché. Comme des dizaines d'autres.

Il semble les traîner tous derrière lui, ces cadavres dont il parle. D'un geste bref, le gouverneur lui fait signe de s'arrêter. Finley n'a pas un regard. Ses gros bras s'avancent. Nwankwo les ignore, il marche, alors Kay lui fiche son poing dans la figure en criant :

– Arrête !

Il ne veut pas laisser ça aux autres. Nwankwo est à terre.

– Un pas de plus et tu perdais tout, articule Kay.

Il lui tend la main, mais Nwankwo l'ignore, se relève et se fige tel une statue posée sur le sable, tandis que Finley remonte dans sa voiture qui démarre aussitôt. Kay s'avance vers l'équipe du gouverneur. Il espère de l'embarras, un peu de respect pour le patron de la brigade financière. Il ne récolte que les petits mots des gens serviles, qui prétendent que Nwankwo a perdu la raison.

Nwankwo s'est assis dans la voiture, côté passager. Il regarde sa main où sèche le sang des autres. Les anciens prétendent que le monde des esprits n'ouvre pas ses portes à ceux qui meurent de mort violente, qu'ils sont condamnés à errer et ne trouvent le repos que lorsque le meurtrier a payé. Kay démarre en silence. Une heure s'écoule comme ça, faite de pistes et de routes, sans un mot. Sans un coup de fil. Les terroristes islamistes ont détruit les relais de téléphonie cellulaire en chemin.

En approchant de Lagos, le réseau est rétabli. Nwankwo compose un numéro.

– Qu'est-ce qui se passe avec Finley ? Il se comporte toujours comme s'il était encore le gouverneur. Vous le laissez tranquille alors que le dossier est accablant.

Kay comprend qu'il parle avec un magistrat. La conversation est animée. Nwankwo tente de parler, mais n'y arrive pas. Soudain son visage se décompose. Sa mâchoire tremble. Sa main brune de sang séché se serre comme pour frapper un adversaire invisible.

– Arrête-toi ! crie Nwankwo à Kay.

Il ouvre la portière, sort, court, puis s'arrête et se plie en deux. Il vomit.

Kay se saisit du téléphone de son patron, abandonné sur le siège.

– C'est Kay. Que se passe-t-il ?

– Il faut raisonner ton boss. Toutes les poursuites contre Finley sont abandonnées. Instruction du président Awolo. Il n'y a plus rien à faire. Maintenant, faut que Nwankwo se protège.

Kay raccroche. Dans le rétroviseur, il regarde la longue silhouette de Nwankwo, traversée de soubresauts sur le bord de la route. C'est le dernier des hommes. Pas une ombre, le soleil est déjà haut.

*

Vue du ciel, la mine est comme un vaste amphithéâtre creusé dans une terre rougeoyante. C'est la terre offerte à l'homme, à ses rêves et à sa cupidité. L'hélicoptère approche, soulève le sable autour de lui. Bientôt Scheffel est sur le sol au milieu d'une plaine ocre et accidentée, un peu raide entre l'ambassadeur et Finley, costumes sombres et cheveux battus par le vent. Soudain, malgré le bruit et le tournis des pales, tous devinent l'écho insistant de rafales de mitraillettes. Les deux gardes du corps plaquent les officiels au sol et sortent leur pistolet, tandis que le moteur de l'hélicoptère redémarre sans s'être vraiment arrêté. Des cris par message radio : « Demi-tour ! Attaque terroriste ! »

Scheffel se redresse, l'ambassadeur et Finley aussi mais plus lentement, tous courent, poussés vers l'engin par leurs protecteurs. Mais déjà un 4×4 fait irruption, deux hommes cagoulés et armés jusqu'aux dents sont assis sur les portières avant et mitraillent à tout-va. Scheffel court vite, sa longue foulée le ramène rapidement à l'appareil, mais l'ambassadeur a plus de mal, il s'effondre, touché au dos. Scheffel fait demi-tour malgré les cris des deux gardes du corps qui le somment de monter dans l'appareil, il passe ses bras sous les aisselles du diplomate inconscient et le tire vers la carlingue. Les gardes du corps le couvrent comme ils peuvent, mais un deuxième 4×4 a ouvert le feu sur eux. Finley est touché. Le sang gicle de son épaule comme si son bras avait été arraché, il avance péniblement, ses jambes le portent à peine tandis que Scheffel traîne le corps de l'ambassadeur et le hisse dans l'appareil. Un garde du corps s'effondre. L'autre tire à l'aveugle, les pales de l'hélico tournent déjà à toute vitesse. Décollage d'urgence. À bord, Scheffel fixe Finley dont le bras encore valide s'accroche à l'appareil qui s'ébranle, il veut l'aider, mais une balle atteint l'ancien gouverneur en pleine tête. Son visage explose, sa main se détache, et son corps s'effondre, il n'est plus qu'une flaque de sang sur le sable tandis que l'hélico s'élève.

– Monsieur Scheffel ! Monsieur Scheffel !

Une voix lointaine, timide. Scheffel ouvre les yeux. Il reconnaît la petite pièce où il s'est assoupi en arrivant de l'aéroport. Encore un rêve héroïque. Depuis qu'on lui a posé son stimulateur cardiaque, il en fait beaucoup dans ce genre-là. Ça fait rire Grinberg, son cardiologue, qui lui assure que la majorité de ses patients font des cauchemars où ils suffoquent et meurent. Mais lui fait de la politique. On a les délires et les rêves de sa culture, conclut-il chaque fois.

– Monsieur Scheffel, tout le monde est là ! sourit le domestique de l'ambassade qui a entrouvert la porte.

Scheffel lisse sa mèche blonde, son costume et rejoint les salons qui bruissent des nouvelles du massacre.

– Il vaut mieux reporter l'inauguration. La zone n'est plus sécurisée pour un officiel français, tranche l'ambassadeur affublé d'un fort strabisme qui amoindrit chacun de ses mots.

– On maintient l'inauguration ! lui répond Scheffel qui se demande bien pourquoi il l'a sauvé dans son rêve.

Le visage du diplomate se ferme. En quelques minutes, Scheffel a pris le pouvoir, il balaie virilement les exhortations à renoncer à la cérémonie. Le ministre de l'Industrie nigérian, envoyé par Awolo, ne sait plus quoi dire. Le numéro deux de Xitos, exploitant de la mine, se tait aussi.

– Vous n'êtes pas à quelques jours près, lance alors une voix qui vient d'entrer.

Elle s'exprime en français avec un fort accent. Tous se taisent. Finley s'invite. Son retour en grâce n'est encore qu'une rumeur mais déjà il s'impose, usant de son jet comme d'autres d'un taxi. Il s'avance comme s'il était chez lui dans ce salon. L'ambassadeur lui indique un siège, à droite du gigantesque plateau de fruits auxquels personne ne touche.

– Je suis là ! Alors on y va ! réplique Scheffel. Il faut verrouiller l'affaire le plus vite possible, rendre l'exploitation de la mine irréversible. Ici, les terroristes viennent de frapper. En France, l'extrême droite s'approche du pouvoir. L'action est la seule réponse qui vaille.

– En l'inaugurant, on montre qu'on ne recule pas face aux terroristes, approuve le ministre de l'Industrie nigérian, séduit par l'autorité de son homologue français. Et on saura enfin ce qu'elle a dans le ventre, cette mine ! On entend tout et son contraire à ce sujet.

– Les études sont formelles, dit le numéro deux de Xitos. C'est un bon placement. La question est plutôt de savoir à qui profite la rumeur dont vous parlez...

– Pas à nous ! s'exclame Scheffel en levant son verre. Il faut rapidement enclencher la production.

– Vous n'êtes pas en France, cher monsieur. Demain c'est la grande prière à la mosquée, ensuite les gens vont enterrer leurs morts. Ils ne comprendraient pas qu'une entreprise étrangère ne respecte pas leur deuil. Et les islamistes sauront s'en servir. Reconstituons d'abord l'équipe qui a été décimée, plaide Finley.

– Quatre-vingts costauds, ça se trouve vite dans un pays comme le vôtre, insiste Scheffel.

– La menace des islamistes va leur faire peur, prévient l'ambassadeur.

– Mais ils ont besoin de manger, le corrige le numéro deux de Xitos.

– Encore faut-il que la solde des islamistes ne soit pas supérieure à la paie des mineurs, réplique Finley, qui provoque l'industriel. Vous offrez combien ?

– Je ne vous savais pas si soucieux des droits des travailleurs, Finley ! ricane Scheffel, qui le revoit dans son rêve, suspendu dans le vide, et voudrait lui écrabouiller les phalanges comme dans un bon vieux Hitchcock.

– On les paie 95 000 nairas, grommelle l'intéressé, 450 euros par mois. On peut pas rivaliser avec le paradis et ses soixante-douze vierges.

– Et la pension à la veuve du martyr, souligne Finley.

L'ambassadeur sourit et persifle.

– Le djihad ou la fin du dumping social !

Ricanements.

– On fait quand même mieux que les Chinois, ajoute le représentant de Xitos. Ils se sont retrouvés avec une grève au Niger.

– Comme quoi, mieux vaut le vieux colon que le nouveau. On décolle dans une heure, ça vous va ? abrège le Français qui n'aime pas être contredit.

– Vous êtes pressé, monsieur, le toise Finley. Vous vous entraînez à devenir ministre, on dirait.

*

Personne à l'hôpital ne se répand en condoléances. Pour la première fois, Noémie se sent aller mieux depuis la mort de son père. La nuit a été dure pour tout le service. Elle quitte le bâtiment, allume une cigarette et se pose sur un banc. Elle tire longtemps sur chaque bouffée, puis laisse aller sa nuque en arrière, ferme les yeux et recrache doucement la fumée. Elle se redresse au bruit des battants de la porte qui s'entrechoquent. Deux infirmières sortent à leur tour.

– On va prendre l'air, dit l'une d'elles dans un sourire triste.

– On voudrait se perdre et ne pas retrouver notre chemin, ajoute l'autre.

Là-haut, un tout-petit vient de mourir. Noémie a passé la main sur son visage quelques instants plus tôt. « Tu es la plus utile d'entre nous », disait son père. L'enterrement a lieu le lendemain. On lui a bien proposé de modifier le planning mais elle a refusé. Là-haut, en réa, au chevet des enfants, tout le monde prie à sa manière, la science, les dieux, la magie, tout y passe ; là-haut, on ne prend l'habitude de rien. Elle se sent à sa place. Elle remonte pour passer le relais aux médecins qui prennent leur service.

Une heure encore et elle traverse la cour de l'hôpital. Elle aime cet endroit, ses arcanes, son horloge, sa fontaine, ses bancs de bois blancs où viennent se poser les parents, ils ont tous le même regard dans le vague, ils viennent libérer là un peu de la tristesse, de l'angoisse et de la fatigue qu'ils contiennent dans les chambres, ils ont l'air de statues fragiles qui pourraient se briser au son de quelques mots fatals mais jamais ils ne s'abandonnent. À l'hôpital, tout le monde se regarde, se tient droit, se sourit parfois. C'est le monde de Noémie.

– Vous êtes médecin ? demande un homme qui l'arrête.

– Oui, répond-elle froidement, avec cette façon qu'ont les médecins de se barricader dès qu'on les aborde.

– Je cherche les urgences. Un ami y a emmené son fils qui a fait une mauvaise chute.

Elle lui indique le chemin le bras tendu et repart sans entendre le remerciement. Elle récupère sa voiture au parking de l'hôpital et allume la radio. Vibreur. Texto de Mathieu qui lui dit qu'il a déposé les enfants à l'école, qu'il file travailler, qu'elle a l'appartement pour se reposer. Elle roule. Paris s'éveille comme dans la chanson. Au premier feu rouge, il faut les coups de klaxon des

Parisiens énervés derrière elle pour qu'elle démarre. Elle conduit doucement, la gorge nouée, superposant le visage de l'enfant et celui de son père, même si ces deux morts n'ont rien à faire dans la même balance. Sonnerie du téléphone à nouveau, elle décroche.

– Bonjour Noémie, c'est Alain Doret.

– Tu oses encore composer mon numéro ?

– Je voulais juste te dire que c'est moi qui ai la charge d'écrire le discours en hommage à ton père, je voulais que tu le saches…

– Et tu voudrais ma bénédiction pour tous les mensonges que tu t'apprêtes à écrire ? Dégage !

Elle raccroche, lâche nerveusement le téléphone au fond de son sac. Elle ne pense qu'à une chose : il faut que je m'étende, que je dorme un peu.

*

– Paulina, ma chérie, il m'en faut encore, susurre Lira dans la boîte vocale de sa fille.

Il n'est que 9 heures et il fait déjà chaud dans le petit appartement. Elle est assise devant l'ordinateur, cheveux emmêlés, jambes nues repliées sous le vieux tee-shirt qu'elle enfile pour dormir. Les lettres délavées et déformées rappellent un festival de rock dix ans plus tôt, un temps où Lira, les yeux encore bleus, encore vrais, était capable de voir le monde, d'en profiter, d'aller au stand s'acheter une bière et un tee-shirt, et puis de s'allonger dans l'herbe pour écouter les riffs en regardant avancer les nuages. La voix synthétique de Vlad lit maintenant les informations économiques : la Russie triplera sa production d'uranium d'ici l'année prochaine après avoir signé des accords avec ses anciennes Républiques. Lira se redresse, dégage ses jambes, se met à parler à son capteur vocal.

– Ils reprennent les Républiques pour exploiter le sous-sol. Bientôt ils reviendront à la bonne vieille méthode du système soviétique, ils enverront les détenus, les politiques de préférence, extraire l'uranium. Comme au temps des premières bombes atomiques. Envoyez.

Son commentaire s'insère sous l'article, signé Vlad. Il en déclenchera d'autres et c'est ce qu'elle aime. Dans ce nulle part des internautes, Vlad récoltera du renfort, des insultes qui feront rire Lira, voire des menaces de mort qui la glaceront et la rassureront sur son existence. Cinq minutes plus tard, Vlad lit la première réaction à son commentaire : « Au moins les détenus russes seront sous bonne garde et protégés des terroristes. #mobi Nigeria. » Un lien s'ouvre et fait résonner dans son appartement et sur son palier le massacre de soixante-douze mineurs africains.

La clé tourne dans la serrure. Paulina apparaît. Elle a un peu plus de 20 ans, c'est une réplique de sa mère quand elle allait aux festivals de rock. Elles ont le même geste l'une pour l'autre, la main qui glisse dans les cheveux, puis un baiser appuyé.

– J'avais peur que tu sois déjà en cours.

– Je pars dans trois quarts d'heure, t'as de la chance.

Paulina s'assied, pose sur la table un petit sachet d'herbe, sa machine à rouler, son papier.

– Je t'en fais six, ça ira ? Pendant ce temps-là, va prendre ta douche, tu pues…

Paulina voudrait voir sa mère autrement qu'hirsute, aveugle, fripée par la nuit et l'âge, dans une tenue postadolescente.

– Tout à l'heure. Laisse-moi profiter de ta présence.

– Coupe la chique à ton robot, si tu veux profiter de moi.

– OK, soupire Lira.

Elle cherche à tâtons la télécommande, Paulina la trouve avant elle et fait taire Vlad.

– C'est important que je sois au courant, tu sais, dit Lira.

Plus personne n'a besoin de toi, pense Paulina tout en finissant de rouler les derniers pétards de sa mère. Mais jamais elle ne le lui dira. Souvent même, à peine sortie, elle se repent de ces pensées. Lira suspendue à sa machine, qui parle toute seule dans son HLM parisien en pensant que la Russie attend d'elle son salut, c'est mieux qu'une mère qui tourne en rond et ne vit qu'au gré des visites de sa fille... Paulina habite tout près, elle passe chaque jour et lorsqu'elle s'attarde le soir, Lira finit par la pousser dehors au prétexte qu'à 20 ans on vit, on sort, on aime, et on ne s'occupe pas de sa mère. Elle ajoute même que de toute façon elle a des choses à faire.

– Et le petit cocktail de la dernière fois, tu en auras de nouveau ? demande Lira.

– Tu veux que je finisse en taule !

Un quart d'heure plus tard, Paulina s'en va. Vlad reprend du service. Puis Lira laisse un message à Félix :

– Vous avez fait passer le bureau du ministre au détecteur de radiation ?

*

– Demain, tu achètes.

C'est le dernier message que Pat envoie depuis l'Afrique. Demain, il sera loin. Comme chaque fois, il démonte le portable. Stella est encore à côté le lui. Elle sent que quelque chose n'est pas comme d'habitude, pas réglé de la même manière. Le temps s'étire plus que d'ordinaire.

– Ça va ? demande-t-elle, alors qu'il promène sa main sur son corps.

– Ça va.

– Pourquoi pas la chambre habituelle ?

– Comme ça.

– De vous deux, tu as toujours été le moins bavard.

– Je m'en porte beaucoup mieux.

– C'est sûr.

– Parlons pas de ça.

– Y a qu'avec toi que je peux en parler.

– Ça pourrait être moi qui te file la prochaine raclée si tu continues. Allez, dégage, dit-il en ricanant.

Il se lève, sort les billets, plus que d'habitude, et les pose sur la table de nuit. Dans la salle de bains, il se douche, l'imagine qui remet sa culotte, son soutien-gorge, boutonne sa robe. Jamais il n'a pensé à elle se rhabillant. Il l'entend maintenant qui déverrouille la porte et sort. Elle quitte l'hôtel d'un pas nerveux, sans deviner Kay qui se tasse contre un mur et la regarde s'éloigner, la gorge nouée.

Là-haut, Fresco a trouvé un mot sur le lit défait : « Tu es suivi. File. Et déchire ce message. » Il froisse le mot, le fourre dans sa poche, ramasse ses affaires et quitte la chambre. Suivi comment ? Pourquoi elle n'a rien dit plus tôt ? Devant l'ascenseur, il choisit de prendre l'escalier, descend les marches quatre à quatre, se dit qu'il a pris trop de risques avec cette fille. C'est Benjamin qui l'avait repérée quand il était venu, il la trouvait tellement bandante qu'il voulait tout essayer, et même la partager, parfois ils se voyaient tous les trois, dans la 121, ils riaient du numéro devenu fétiche de la chambre, ils disaient que Pat était le 1, Ben l'autre 1, et elle au milieu était le 2, parce qu'à eux deux. Il y en a, des souvenirs, dans cet hôtel ; ce con de Benjamin n'avait aucune limite, aucune, c'est ça qu'il aimait. Ce gars qu'il avait connu à l'école était devenu complètement déjanté ou bien désespéré. Et Patrick avait continué à voir Stella après le départ de Benjamin, encore plus après sa mort. Sûrement trop. Il n'aurait pas dû.

Il descend jusqu'au parking et c'est là qu'il les repère, assis dans leur voiture, prêts à démarrer en même temps que lui. Il remonte, traverse le hall, comprend que le gars trapu posté devant l'entrée est également là pour lui, il avance sans un regard puis il accélère, il veut se fondre au plus vite dans la foule, la cohue, les cris des marchands, l'impatience des klaxons, mais l'homme lui emboîte le pas et la voiture aperçue dans le parking est déjà remontée, un homme en sort, ils sont deux maintenant à ses trousses.

Patrick Fresco accélère, bouscule, il vient d'arracher la casquette d'un présentoir tout en fourrant quelques billets dans la main du vendeur déjà prêt à l'insulter. Le voilà protégé d'un couvre-chef bleu à mille autres pareil. Se fondre encore, disparaître. Il entre dans une église évangéliste, elles pullulent sur l'avenue, bondées le dimanche dans ce quartier de nouveaux riches venus remercier Dieu de la prospérité. Il n'y a pour l'instant que quelques fidèles de semaine, écoutant la voix préenregistrée d'un prêcheur invitant à accepter Jésus à l'intérieur de soi, « Vous aussi, vous sentirez sa présence. Et la foi grandira en vous, comme un enfant grandit dans le ventre de sa mère. Votre vie sera métamorphosée », promet la voix. Pat s'arrête un instant derrière une colonne de marbre, il est essoufflé, trop visible dans cet endroit. Il avise une porte sur le côté de la bâtisse, mais des pas résonnent dans l'église, des pas lents. Il reste plaqué contre le pilier sans oser bouger. Que risque-t-il s'ils l'attrapent ? Un sale moment ? Ils n'ont rien contre lui. Il fixe la Vierge, mais aucune prière ne vient.

*

Ils l'ont fait attendre longtemps dans l'antichambre présidentielle, pour qu'il se calme, pour que la tension retombe, que le palais l'endorme et écrase sa colère. Nwankwo n'est pas dupe. Il voit les coups d'œil des conseillers qui font mine de traverser la pièce, ils sont au courant que le patron de la financière a exigé cette entrevue le matin même, qu'il veut la peau de Finley, qu'il en fait une affaire personnelle, qu'il a probablement sa lettre de démission dans la poche et qu'il compte bien faire du bruit.

Les choses ont changé entre ces murs. Il y a six mois, il y était traité en héros. Les créanciers chinois, les promoteurs immobiliers et les buveurs de champagne de tous ordres l'ont remplacé. Nwankwo regarde ses mains. Il a gardé sous les ongles encore un peu du sang sec des mineurs assassinés. Il n'a pas écrit sa lettre de démission mais il l'a en tête. Il a même téléphoné à Ezima pour l'informer de sa décision. Elle a accueilli la nouvelle froidement. « Tout ça finira mal de toute façon », a-t-elle dit.

Kay appelle.

– On dirait que Fresco a des ennuis. Pas sûr qu'il puisse nous aider, il s'est fait serrer par les Américains.

– Exfiltre-le ! Sors-le de ce merdier, je me dépêche. Si ce fumier d'Awolo m'a pas fait rentrer dans son bureau d'ici un quart d'heure, je me barre.

Comme par enchantement, un jeune secrétaire de la présidence l'invite à entrer. Le président est assis, son directeur de cabinet est à côté de lui. Nwankwo se pose juste au bord du fauteuil. Il se sent comme un acteur qui vient de changer son texte au dernier moment. Il avait l'intention de jeter sa démission à la figure du chef de l'État, mais le coup de fil de Kay a brouillé ses plans. Il a besoin de son titre et de ses pouvoirs pendant quelques semaines encore, le temps de récupérer les comptes bancaires de Finley que peut lui fournir Fresco. Il se tait et pose son regard sur un bol divinatoire yoruba, tout en bois, porté par une cariatide agenouillée les bras levés. Le président qui s'attendait à le voir entrer comme un fou profite du flottement.

– Nwankwo, je comprends votre colère. Rien jamais ne l'effacera.

– Je ne me mettrai pas à genoux, Awolo, dit Nwankwo en faisant du menton référence à la statuette posée devant lui. Mais si j'ouvre ce bol, je sais quel avenir j'y lirai…

– Là où je suis, je dois savoir tourner la page. Finley est encore un homme clé et influent à l'est ; la région est infestée d'islamistes !

– … que Finley doit financer aussi ! ricane Nwankwo avec mépris.

– Racontars ! Il a tout intérêt à ce que le pays reste calme et sûr pour les investisseurs. Mieux vaut l'avoir de notre côté. On ne peut rien contre sa fortune.

– Les millionnaires d'Afrique le sont toujours devenus grâce à des complaisances de l'État. Vous le savez très bien. C'est même une phrase que vous avez prononcée pendant votre campagne.

– Il ne retrouvera pas de responsabilité gouvernementale, vous avez ma promesse.

– Ils ne valent plus rien, vos engagements. Je veux le voir derrière les barreaux ! Il y a quatre ans, il ordonnait la mort de mes hommes et faisait déposer leurs cadavres devant ma maison. Quand j'étais en exil, il a fait mitrailler la voiture où je me trouvais avec mon fils.

Awolo se tait. Ses lèvres se rétractent.

– Laissez-nous, dit-il à son directeur de cabinet qui s'éclipse.

Le tête-à-tête, après l'attente. Nwankwo sait bien que tout est préparé. Le directeur de cabinet n'a pas ouvert la bouche, il n'était là que pour jouer la sortie. Et comme c'était prévisible, la voix d'Awolo s'adoucit.

– Nwankwo, j'ai besoin d'hommes comme vous. Oui, c'est plus compliqué que prévu. Et oui, je préférerais m'appuyer sur des hommes comme vous que comme Finley. Mais j'ai trouvé en arrivant beaucoup de choses que je n'avais pas prévues. On ne peut pas reprendre l'histoire à zéro. Dans ce pays, on exporte deux millions de barils de pétrole par jour et on subit des pénuries d'essence. On est la première puissance économique d'Afrique et notre système bancaire ne fonctionne pas. Il faut penser aux habitants de ce pays, tout explose de manière totalement incontrôlée, et la plupart n'en profitent pas, je veux redonner du pouvoir à l'État, reprendre le contrôle de l'histoire.

– Mais qui vous demande de protéger Finley ? s'emporte Nwankwo.

– Je suis le président, pas l'un de vos suspects ! Ne me parlez pas sur ce ton ! Imaginez sa victoire s'il apprend votre démission.

Nwankwo a besoin de temps.

– Il faut que j'en parle avec les miens, c'est leur vie qui est en jeu. Il faut que je les mette à l'abri avant de prendre toute décision.

– Jamais je ne tolérerai qu'on touche à un de leurs cheveux, c'est fini tout ça !

– Non, vous vous bercez d'illusions sur vos pouvoirs ! Le bain de sang continue avec votre bénédiction !

Il s'en va. Le président n'ajoute rien. Il a évité le pire. Pas de lettre de démission sur son bureau.

*

Les portes de l'église se sont doucement refermées. Une affichette s'envole, « Avez-vous payé votre dû ? Jésus vous le rendra au centuple ». Patrick Fresco se fige contre le poteau. Plus de pas. Mais un raclement de gorge qu'il reconnaît, avant même le premier mot prononcé.

– Alors, Fresco, on est venu confesser ses fautes ?

– Je suis voué à l'enfer. On sera voisins là-bas.

– Tu y arriveras avant moi. Je compte vivre vieux.

– Moi aussi.

– T'en prends pas le chemin…

Ils sont immobiles. Ils se connaissent trop bien.

– J'ai des mauvaises nouvelles. Ton ami Greg… Pas plus tard qu'hier soir, il a abusé des drogues. On l'a retrouvé raide mort ce matin.

Patrick Fresco est subitement gelé.

– J'ai appris que tu étais en ville. J'ai pensé que tu voudrais envoyer un mot de condoléances à sa copine. Il en avait une nouvelle, tu sais bien, un vrai canon, il en était raide. On lui avait trouvé du sur-mesure.

Pourquoi l'avoir tué alors ? Le cerveau de Patrick s'affole, ses yeux balaient les issues transversales de l'église, il doit sortir de là. Mais inutile de se donner cette peine. Une porte s'ouvre de l'autre côté de la nef.

– Allez, je te laisse prier sainte Marie mère de Dieu, dit l'autre. Moi j'ai rendez-vous avec la madone de Lagos, cette putain qui se fait appeler Stella.

Il est aussi con que Greg : Stella, c'est eux aussi. L'homme s'en va. Patrick se précipite à l'extérieur. Il atterrit dans une petite rue jonchée d'ordures qu'il remonte d'un pas pressé. Greg est mort, lui est en sursis. Combien de temps, dix heures ? dix jours ? Pourquoi Stella lui a-t-elle laissé ce mot ? Il n'en a peut-être plus que pour dix minutes. Une silhouette menaçante se dessine au bout de la ruelle. Il se retourne. De l'autre côté, un homme avec une lame. Même pas dix minutes. Il n'a d'autre choix que de retourner dans l'église par la petite porte transversale. Elle est en train de se remplir, une foule endimanchée ou en costume traditionnel converge à l'intérieur depuis les portes de la nef ouvertes sur la rue. Les fidèles s'installent et s'alignent de chaque côté de l'allée centrale comme pour former une haie d'honneur. Ils déplient de grands panneaux de carton sur lesquels ils ont écrit au feutre tout ce qui les entrave et les fait souffrir : herpès génital, douleur de ventre, attaques du démon, divorce. La messe d'un gourou guérisseur en communication directe avec Dieu se prépare. L'assemblée commence à chanter. Fresco est mieux dans ce bain de microbes que dans la ruelle déserte.

Beaucoup d'herpès génital, constate-t-il au bout de cinq minutes. Ses poursuivants sont dans l'église. Il en repère un qui se faufile parmi la masse des fidèles de plus en plus compacte. Fresco aussi pourrait brandir une pancarte : assaut du diable ! La foule chante et agite de nouvelles plaies : fractures multiples de la cheville, malédiction familiale, sida. Le maître des lieux arrive, simplement vêtu d'une chemise fleurie sur un pantalon sombre. La foule murmure son nom : Joshua, Joshua, Joshua, comme une litanie. Le prophète de Jésus-Christ le Sauveur se tait, mais ses fidèles sont déjà en transe, lui promettant en gémissant une dévotion éternelle. Joshua s'engage dans l'allée, appose ses mains sur ceux du premier rang, une femme s'évanouit, elle tombe de tout son long, elle est guérie, la foule ondule de bonheur, Fresco s'y faufile, ses agresseurs à bonne distance. Puis un gémissement, un nouvel évanouissement, la foule se presse pour voir l'effet du nouveau miracle, elle est comme un mur entre Patrick et ses poursuivants. Il est dehors. Il court. Soudain une moto accélère derrière lui et bientôt lui barre la route. Il l'esquive, court de nouveau, la moto le bloque dix mètres plus loin, le type soulève son casque.

– C'est Nwankwo Ganbo qui m'envoie, montez.

Patrick Fresco obéit. Bientôt l'engin se faufile entre les voitures, emprunte les rues sans macadam, frôle les égouts à ciel ouvert, bondit sur d'énormes nids-de-poule. Les voilà dans le quartier d'Ikeja, sur le Mainland, cinq minutes plus tard ils s'arrêtent devant un bar crasseux annoncé d'une inscription à la craie sur une planche. Rien qui ressemble au bureau de la brigade financière. Deux clients sortent tandis qu'ils entrent. Et Ganbo n'est pas à l'intérieur.

– Désolé, Idriss, lâche Kay à celui qui se tient derrière le bar.

Fresco croit de nouveau à un traquenard. Le corps tout en os, tout en nerfs de Kay, où brûlent deux grands yeux, n'a rien pour le rassurer. Kay méprise cet homme qui descend au Victoria Palace, les poches pleines, pour baiser et frapper Butchi, qu'il appelle Stella.

– Qui vous a prévenu ?

– Si ça n'avait tenu qu'à moi, je te laissais crever.

– On a un contentieux toi et moi ?

– Ouais.

Il faut attendre encore deux bonnes heures silencieuses avant que Nwankwo ne débarque.

– Bonjour Idriss, donne-nous deux bières, dit-il à l'homme derrière le bar. Et il s'assied en face de Fresco.

– Qu'est-ce qui s'est passé ?

– Intimidation. Les Français.

– Je croyais que c'étaient les Américains que vous aviez aux fesses.

– Les deux. Quand j'étais chez GMBC à New York, il y avait un français très haut placé dans les instances de la banque, Joël Scheffel. Il est retourné à Paris ensuite, il est devenu directeur de cabinet de ce pauvre Castelnau. Finley c'est son client et son ami. J'imagine qu'il a convaincu Awolo de le blanchir…

– On vous exfiltre. Mais comment est-ce que je récupère vos informations sur Finley ?

– Tout est crypté sur une clé. Je vous l'envoie dès que je la récupère. Mais ne vous faites pas d'illusions, ils nieront tous.

– Pourquoi à Paris ?

– Ça me paraissait plus sûr de ne pas tout avoir sur moi.

– Quand vous serez arrivé, contactez ce numéro. Il s'appelle Félix, c'est un ami. Il est sûr. Je le préviens. On le trouve où ce Scheffel ?

– Au Victoria Palace, j'imagine.

– Vous n'avez pas de bagage ?

– Tout est là, dit Fresco en montrant son sac.

Une heure plus tard, Kay enfourche la moto. Fresco monte derrière lui et se tourne vers Nwankwo.

– Bonne chance ! Si vous vous débrouillez bien, vous allez finir dans une sous-commission des droits de l'homme de l'ONU. C'est une mort douce comparée à celle qui m'attend.

– Bonne chance à vous aussi.

Nwankwo les regarde s'éloigner. Une voiture les attend un peu plus loin, ils rouleront ensuite vers la frontière du Cameroun. De là, quelqu'un emmènera Fresco à l'aéroport. Et il prendra ce soir un avion pour la France.

V

Nymex Comex UxC Uranium U308 Settlement 68

Le jour n'est pas loin de se lever. Butchi rentre en traînant les pieds. Elle a fini dans une boîte chic d'Adesola Street, elle aime bien, après l'hôtel, se fondre parmi les filles de son âge qui rêvent de taper dans l'œil d'un producteur de Nollywood. Elle aime la clim alors que la nuit est encore chaude, les basses qu'envoie le DJ qui font trembler les coupes de champagne sur les tables. Elle se laisse aller contre les coussins des canapés, enveloppée par le brouhaha des conversations. Elle fuit les chambres, l'enfermement, les lits, la suffocation sous les corps d'hommes trop lourds. La première fois, pour passer le barrage des videurs, elle s'est postée dans le sillage d'un nouveau riche, elle a marché un mètre derrière lui, comme la pute d'un soir, il l'a remarquée et l'a laissée faire, sans qu'ils se parlent à l'intérieur. Depuis elle y rentre comme elle veut. Elle vient seule, ne le reste pas longtemps et en sort deux heures plus tard.

Il est 5 heures du matin. Butchi a ôté ses talons, elle est épuisée, elle veut rentrer chez elle, enfiler son vieux peignoir de soie, s'asseoir sur le balcon, rester seule à fumer quelques cigarettes, à fixer l'horizon à la recherche d'un passage vers un autre côté, à attendre le sommeil qui ne vient pas forcément avec l'épuisement. Puis elle rejoindra sa chambre, et s'effondrera dans un lit pour elle seule.

Nwankwo est assis sur les marches juste devant sa porte. Elle lève les yeux au ciel en soupirant. Il esquisse un sourire misérable, celui d'un homme qui n'est pas rentré chez lui, en tout cas pas dans la chambre de sa femme. C'est tout. Ils se parlent à peine quand elle le trouve là, au petit matin. Elle pousse la porte et ça se passe exactement comme la première fois, il y a trois mois, peu de temps après que Kay l'avait fait venir au bureau pour parler de Fresco. Kay n'était pas peu fier d'amener une bonne source à son patron, elle donnait les dates de ses rendez-vous avec Fresco, et ça semblait leur suffire. Elle avait tout de suite senti les yeux de Nwankwo sur elle, le même regard que tous les autres, mais parasité par la culpabilité. Elle lui souriait, croisait et décroisait les jambes dans sa courte robe. Kay fulminait. Elle répondait aux questions en posant son coude sur le bureau, ça mettait ses gros seins en avant, elle n'a jamais appris d'autre stratégie que sa beauté, d'autre défense que l'éclat de son sourire, de son corps et de ses yeux. Trois jours après, elle l'avait trouvé là sur les marches à la même heure qu'aujourd'hui, et ce ne fut pas une surprise.

Elle entre, jette ses chaussures. Il la suit, reste debout dans la pièce, la main serrée sur la capote au fond de sa poche. Elle se déshabille entièrement et, sans un mot, se colle à lui, empoigne sa main, la pose sur ses seins, il s'y agrippe, la pousse contre le mur, et il entre en elle, les yeux fermés, sans même avoir à la regarder. Elle couche avec ceux qu'il traque, mais quelle importance, lui aussi couche avec eux, il les a dans la tête tout le temps. Son sexe prend le même chemin que celui des autres. Butchi les contient tous.

Elle pourrait lui dire, là maintenant, alors que c'est fini, qu'il a remonté son pantalon : tu sais qui j'ai vu cette nuit ? Ça l'intéresserait et ça le dégoûterait aussi de savoir qu'il passe après ce ponte du gouvernement français qui lui a retiré ses vêtements un par un, a sorti un canif pour faire tomber culotte et soutien-gorge, puis lui a demandé de marcher nue dans la chambre, de loin et de plus en plus près, jusqu'à le frôler tandis qu'il restait sur le lit. Elle pourrait lui dire qu'elle a glissé quelque chose dans son verre comme on le lui a demandé, qu'elle se sent surveillée. Mais elle se tait. C'est comme si elle s'absentait dans ces moments-là, laissant aux autres les commandes de ses bras, de ses jambes, de tout son corps. Très vite Nwankwo est reparti, en déposant quelques billets chiffonnés dans l'entrée. Ce n'est pas parce qu'il est flic qu'il la baise gratuitement. Tous deux savent le mal qu'ils feraient à Kay s'il savait.

*

Le crachin commence avec l'hommage du président. Les parapluies s'ouvrent tandis que s'égrène la carrière du défunt, évocation de ses lointaines et grandes années. La veuve Castelnau regarde droit devant elle. Sa fille se cache derrière des lunettes noires, les deux mains rassemblées sur l'anse de son sac à main trop lourd. Elle est entourée de Mathieu, son mari, et de leurs deux enfants. L'ami Nanteuil est à leurs côtés. Puis le gouvernement, les membres du cabinet, les proches collaborateurs manifestement émus. Beaucoup de députés et sénateurs, des adversaires politiques, des industriels ont tenu à être là. Inga Gomont est présente également au titre de la chair et des affaires, au bras du directeur de la rédaction de Top News qui a twitté discrètement quelques photos et quelques éléments du discours. Rien ne se perd.

Les mots écrits par Plume Dorée résonnent par-delà le dôme et les canons de l'empire, ils en ont l'enflure et l'éclat. Les communicants lui ont fait passer le message : il faut profiter du cadavre au cœur de l'élection présidentielle, dire à la foule les tourments de ceux qui gouvernent, la solitude et le poids des responsabilités. La plume présidentielle s'est donné du mal. L'on pourrait presque entendre crier à la fin de l'hommage ce « Mort pour la France ! » qu'on réserve ici aux soldats tombés loin de chez eux. Le président termine en citant Clemenceau que Castelnau admirait. Et les haut-parleurs crachent les dernières mesures d'un requiem.

Personne ne remarque l'auteur du discours qui fonce vers le président pour lui faire quitter les lieux au plus vite. Les rangs se défont doucement, les gens s'attardent, le boss de Top News continue tweets et photos, le vieux président Ciret se redresse péniblement et demande qu'on le mène vers la fille du défunt, mais c'est la veuve Castelnau qui vient vers lui.

– Raymond ! C'est si gentil de vous être déplacé dans votre état.

S'il fallait mettre une pensée, une bulle au-dessus du sourire las de Raymond Ciret, on pourrait y inscrire : « Et en plus, nos femmes nous survivront ! »

Le cercueil glisse dans le corbillard, prêt pour le funérarium. Le président en fonction serre des mains, Frontenac est là qui attend son tour. La photo sera partout dans les minutes qui suivent, un moment de deuil républicain à dix jours de l'issue finale. Doret s'impatiente, il transpire sous sa chemise, « une grosse urgence », a-t-il glissé à l'oreille du président. Énorme urgence !, pense-t-il, une hécatombe ! Mais le président ne peut donner l'impression de bâcler cette cérémonie, alors Doret attend, sourit de loin à Noémie dont il croise le regard, mais qui fait mine de ne pas le voir. Elle est encerclée par les condoléances. Ciret, finalement arrivé jusqu'à elle, l'embrasse comme la petite fille qu'il a connue.

– Je crois que nous devrions…, dit-il.

Mais voilà que l'actuel chef de l'État trouble le tête-à-tête, ensevelit la fille Castelnau sous les phrases, comme s'il était doté d'un pouvoir mystique que seuls ont les présidents en exercice. Puis il s'en va non sans avoir fait signe à l'épouse Ciret de rentrer son mari. Vu du ciel, ce ballet de gens en noir sur les pavés de la cour des Invalides ressemble à un échiquier usé aux pions dépareillés. Quand enfin le chef de l'État s'assied derrière les vitres fumées de la voiture, Doret est livide, la bouche tremblante, il peine à parler.

*

– J'ai quitté la chambre vers minuit.

– À quelle heure tu y es entrée ?

– Vers 9 heures environ.

L'agent français, genre gros bras de l'ambassade, lève les yeux vers Walter Fox, le directeur de l'hôtel qui opine de la tête.

– Qu'est-ce qui s'est passé ?

– Ce qui se passe dans ces cas-là.

– Mais encore ?

– Vous voulez des détails ? dit-elle en jouant avec ses escarpins du bout de ses pieds nus.

– Oui ! lui crie l'agent français en la giflant.

Derrière lui, l'ambassadeur fait les cent pas. Il en a pris pour son grade lorsqu'il a dû avouer au conseiller de l'Élysée qu'il ne savait pas que Scheffel était encore sur le territoire nigérian. Quelques heures déjà que Walter Fox a fait forcer la porte de la chambre 121, découvert un grand désordre, comme si une dispute violente avait eu lieu là, et surtout que le Français n'y était plus. Il a ordonné que la chambre soit bouclée, appelé l'ambassadeur qui lui a demandé de retarder la divulgation de l'information.

– C'est déjà prévu, a répondu Fox.

Il a sommé les trois membres du personnel au courant de se taire jusqu'à nouvel ordre. Butchi a immédiatement été convoquée pour être fermement questionnée. Il y a longtemps que Fox a compris ce que peut être un hôtel international dans une ville comme Lagos : une plaque tournante. Dans ses costumes sur mesure, il se prend pour un diplomate.

– Vous vous êtes battus ? demande-t-il.

– Non.

– C'est quoi ce bordel dans la chambre, ces mouchoirs par terre ? s'énerve à nouveau le nervi de l'ambassade.

Elle rigole, un peu lasse.

– Tu te fous de ma gueule ?

Une nouvelle claque.

– Non, de la sienne, dit-elle en posant sa main sur sa joue comme pour parer au prochain coup. Il ne supporte pas de marcher pieds nus par terre, il dit que c'est plein de germes, la moquette. Alors il pose des kleenex et il va de l'un à l'autre pour aller dans la salle de bains.

L'ambassadeur s'arrête d'aller et venir, il la regarde avec reconnaissance. Il imagine l'arrogant Scheffel à poil allant d'un kleenex à l'autre sur la pointe des pieds. Il se marre intérieurement et reprend les quelques centimètres que Scheffel s'emploie à lui faire perdre chaque fois qu'ils se voient. Fox, lui, ne rigole pas du tout.

On frappe à la porte. Nwankwo et Kay se présentent. Brigade financière. Ils sont au courant. Fox a l'air contrarié mais ne dit rien. Il ne s'attendait pas à ce que l'information se répande si vite. Plus contrarié encore lorsque Nwankwo affirme :

– Cet hôtel est sous notre surveillance depuis un moment. Vous pouvez compter sur notre discrétion.

– On ne tire rien de la pute, dit l'agent.

– Laissez-nous avec elle, on la connaît bien, dit Nwankwo.

À peine la porte refermée, Kay explose :

– Et comment se fait-il que je te retrouve dans la chambre de Fresco, dans celle de Scheffel ? Y a pas qu'une pute dans cette ville !

– Pas deux comme moi.

– Ça va, Butchi, lâche Kay exaspéré. T'en as pas eu assez pour aujourd'hui ?

– J'ai besoin de tunes ! Le Français, il m'en file plein et il me touche à peine. Paraît qu'il est cardiaque. Des clients comme ça, j'en veux bien dix par jour.

– Il vient régulièrement ?

– Il est mort ou quoi ? C'est quoi ce bordel ?

– Tu es probablement la dernière à l'avoir vu, peste Kay. Pour eux, t'es qu'une pute et une négresse, alors c'est double peine, ils vont pas se gêner pour te charger si ça les arrange.

Elle tourne les yeux vers Nwankwo, plus raide que jamais. Il est passé après ce sale Français qui protège Finley. Elle les annule tous, les uns après les autres, les uns avec les autres. Ils se croient d'un camp ou d'un autre, vertueux ou tout-puissants, mais ils ne sont que de pauvres types face à elle, tapis dans son escalier ou effarouchés au bord d'une moquette. Elle sait ce qu'il en est quand le pantalon tombe. Elle les démasque tous. Nwankwo fait signe à Kay qu'ils s'en vont.

– Rien à foutre, j'ai rien à me reprocher, je faisais que mon boulot ! crie Butchi.

Nwankwo entraîne Kay dans les bureaux et demande à voir les réservations des derniers mois.

– Comparons les dates de passage de Scheffel avec celles de Fresco.

– À mon avis, ils ne font pas que partager la même pute, dit Kay, tremblant de rage.

– Je te rappelle que Scheffel l'a menacé de mort.

– Je crois pas ce mec.

Les dates ne concordent pas.

– Il règle comment, Scheffel ? demande Nwankwo à l'employé.

Embarras sur le visage de l'employé qui promène son curseur sur l'écran :

– Je ne vois aucune facture.

*

Habillée de noir, Noémie approche du Chartreux d'un pas pressé. Elle l'aperçoit à travers la vitre, de profil. Il a changé, se dit-elle, mais moi aussi, poursuit-elle avec ce pincement coupable qui n'appartient qu'aux femmes.

Il tourne la tête, lui sourit, se lève et la prend dans ses bras quand elle le rejoint à l'intérieur. Ils ont flirté là, il y a longtemps, elle avait 19 ans, lui 17, il était l'ami de son frère, ils fréquentaient l'École alsacienne. À peine se sont-ils assis qu'il lui demande d'éteindre son portable et d'en sortir la batterie. Elle s'exécute, interloquée, excitée aussi, pensant qu'il va lui parler de son père.

– Comment s'est passée la cérémonie ?

– Tous en rang. Soudés autour de leur suicidé pour dire : « Regardez comme on souffre, nous autres, hommes d'État » ! *Bullshit !*

Sous son allure sage, elle est hors d'elle. Cette contradiction la rend belle.

– Alors ? dit-elle.

– Alors me revoilà. Mais je ne sais pas pour combien de temps. Depuis cette histoire aux États-Unis, j'ai la CIA aux fesses. Je joue à les semer. Ils ne savent pas encore que je suis à Paris, ça va pas durer longtemps mais je compte sur ta discrétion…

– Je pensais que tu allais me révéler des choses sur mon père quand tu m'as demandé de débrancher mon téléphone.

Il secoue la tête…

– Désolé…

Il a saisi doucement sa main. Elle se laisse faire puis la retire.

– Au bahut, dit-il, en terminale, dans la classe d'à côté, un élève s'est jeté par la fenêtre une heure avant la cantine. On était secoués, on est restés pétrifiés dans nos classes. On avait l'impression de bien le connaître, il avait grandi à l'Alsa, comme nous, depuis le jardin d'enfants, on pensait qu'il allait bien. On peut pas prévoir – on se suicide sur un coup de tête.

– Mais putain, Patrick, qu'est-ce que tu me racontes comme salades ?! Pour un ado ou un ministre de 70 ans, le passage à l'acte n'est pas le même. Vous vous êtes parlé quand il est venu à Lagos ?

– Pas longtemps. Quand il m'a vu, quelque chose s'est allumé dans son regard. Je lui rappelais Benjamin. Il a fait en sorte qu'on s'isole un moment. Il m'a demandé comment s'était passé son séjour à Lagos, je lui ai raconté quelques virées mais je ne lui ai pas tout dit. Benjamin était comme un fou à Lagos, il ne distinguait plus la nuit du jour, il picolait, il baisait, parfois je l'accompagnais, d'autres fois je le ralentissais. Il était à fond, comme sur sa moto.

Noémie courbe la tête. Elle voudrait se laisser envelopper par l'arôme du café crème, le parfum des jeunes années dans ce bistrot. Elle n'est pas sûre de vouloir tout entendre.

– Ils s'étaient fâchés. Ce boulot lui avait fait découvrir l'envers du décor de mon père, les affaires mais aussi ses maîtresses. Il en a même parlé à ma mère.

– Et ?

– Rien. Il a compris qu'elle savait tout depuis longtemps. Ça a été encore pire, il s'est senti tout seul, comme s'il avait grandi dans le mensonge.

– C'est vrai, non ?

– Oui, et alors ? Il n'était pas le seul.

– Tu lui en veux ?

– De quoi ?

– D'être mort.

– Bien sûr.

La porte du café s'ouvre et se ferme sans cesse. Noémie raconte les heures à rechercher Benjamin disparu sur la route. Son portable avait été localisé, mais pas trace de lui. Il avait fallu qu'un hélicoptère parte à sa recherche, Simon Castelnau à bord, mais au bout d'une journée, ils n'avaient rien trouvé et il était rentré à Paris. Il avait fallu deux jours supplémentaires. Et puis un soir la nouvelle était tombée. Noémie se rappelle la voix blanche de son père. Les pleurs de sa mère. L'avion mis à leur disposition au Bourget pour partir là-bas immédiatement. Le vol silencieux. Sa mère qui retirait sa main dès que son père tentait d'y poser la sienne. L'atterrissage. Le capitaine de gendarmerie qui les attendait pour les conduire sur les lieux. Ses explications : un virage de montagne pris à trop grande vitesse, sortie de route et chute au fond d'un ravin invisible. À la morgue, le médecin leur avait conseillé de ne pas regarder le corps. Noémie voulut voir. Benjamin n'avait plus de visage. Elle est la seule que hante sa gueule d'ange arrachée.

Parfois, par inadvertance, leurs genoux se frôlent sous la table, puis se rétractent. Un long silence s'abat sur eux.

– Qu'est-ce que vous avez fait de ses affaires ? demande Patrick.

– Elles sont chez mes parents, enfin chez ma mère. Beaucoup de choses sont restées dans sa chambre, je crois. Personne n'arrive à trier. Pourquoi ?

– On a partagé des tas de trucs. Y en a certains que j'aimerais récupérer. Pour les garder puisqu'il n'est plus là. Et si on y allait maintenant ? Je sais, c'est un peu soudain, mais c'est juste à côté et je suis là pour très peu de temps.

Ils sortent et marchent sans se parler. Sans regarder Paris qui ne laisse rien voir, sinon sa splendeur, sa réputation. Cette ville est une bourgeoise perpétuellement maquillée.

– Tu préviens ta mère ?

– Non, elle va tout compliquer.

Mme Castelnau, encore dans sa robe noire de cérémonie, leur ouvre la porte, solennelle. Un léger brouhaha venu du salon trahit la présence d'amis de la famille. Mme Castelnau offre un sourire poli à Patrick Fresco qui lui serre longuement la main. Bien sûr qu'elle se souvient. Sans préciser si elle se rappelle les coups de vent de l'adolescence, ces entrées et sorties des enfants avec leurs copains, ou ce qu'elle a pu lire sur lui dans les journaux.

– Nous allons dans la chambre de Benjamin, dit Noémie qui reconnaît au salon quelques silhouettes familières qu'elle n'a pas du tout envie de saluer.

– Mais pourquoi ? blêmit sa mère.

– Patrick doit y récupérer des choses à lui.

Noémie ne lui laisse pas le choix. Ignorant l'autre pièce, les invités, les convenances, elle est déjà dans le couloir et abaisse la poignée. La porte est fermée.

– Où est la clé ? dit-elle sur le ton du reproche.

– Faut-il vraiment le faire aujourd'hui ?

Patrick se tait. Mais oui, il le faut aujourd'hui.

– Où est la clé, bon sang ? s'énerve Noémie.

La mère jette vers le salon des regards inquiets. L'ont-ils entendue ?

– Ici, se résigne-t-elle en ouvrant le tiroir d'un petit meuble dans l'entrée.

La chambre est encore dans le jus de l'adolescence. Un lit une place. Des traces d'anciens posters au mur, photographies de motos rutilantes, engins de sa mort. Des étagères encore pleines de livres, ces classiques qu'on vous impose au lycée, les CD des groupes qu'on n'oubliera jamais, des BD, des mangas, tous les accessoires d'une jeunesse fauchée qui n'a pas eu le temps de trier, de renier ce qu'elle avait aimé. Patrick avance vers les bibliothèques, il laisse glisser son doigt sur les tranches des musiques et des histoires qu'ils partageaient. Puis il s'accroupit devant les cartons qui semblent contenir des affaires plus récentes. Noémie se tient en retrait sur le bord du lit.

– Ton père avait fait le tri, dit subitement la mère restée dans le couloir.

Le regard de Noémie vire au noir. Elle ne lui répond pas.

– Tu cherches quoi au juste ? murmure-t-elle à Pat.

Il ne répond pas non plus.

– Si tu cherches des choses compromettantes, alors dis-toi que mon père les a trouvées avant toi et qu'il les a brûlées. Et s'il ne l'a pas fait, ceux qui sont venus faire le tri dans son bureau s'en sont chargés. C'est comme ça, ici on nettoie ! On fait place nette ! dit-elle d'une voix forte pour être entendue de sa mère, de ses invités. C'est une annexe gouvernementale ! On nettoie et on se tait !

– Qui « ils » ? demande doucement Patrick.

– Des gens de son cabinet.

Elle a la voix qui monte, pleine de colère.

– Hein ! dit-elle à sa mère, bravache, hein qu'ils sont venus fouiller les affaires de Papa !

– Ils avaient besoin de certains documents, je présume, ça m'a paru tout à fait normal.

– Une annexe du gouvernement je te dis !

– Joël Scheffel était avec eux ? demande Patrick en se tournant vers Mme Castelnau.

– Non, mais il m'a téléphoné juste avant pour me prévenir de leur passage, ce qui était très cordial de sa part.

Pat comprend qu'il est trop tard. Trop de gens sont passés ici avant lui sans même avoir à forcer la porte. Il retourne vers la bibliothèque, ouvre les boîtiers de CD, sort les BD, manipule les mangas. Benjamin aura peut-être dissimulé leurs derniers secrets parmi ces résidus d'enfance. Rien. La mère s'est éloignée. Noémie a poussé la porte, s'est étendue sur le lit de son frère, les yeux posés au plafond où restent collées ces étoiles invisibles qui ne brillent que dans l'obscurité. Elle s'est allongée là comme si Benjamin allait surgir, sourire, ou râler, qu'est-ce que tu fous dans ma chambre ?!, comme au temps où Patrick l'embrassait maladroitement. Lui vient l'idée d'ouvrir le manga qu'il préférait, *Ghost in the Shell*, traque d'un cybercriminel appelé « le Marionnettiste ». On est en 2029, la limite entre la machine et l'homme est floue. Patrick se rappelle Benjamin qui demandait : « Quel âge on aura en 2029 ? » Et lui qui répondait : « 50, mon gars ! On sera vieux, on fera comme Kusanagi, on aura troqué notre vieille carcasse pour un corps cybernétique, y a plus que notre cerveau qui sera humain ! » Patrick y avait repensé quand il avait appris l'accident, la moto à pleine vitesse dans un virage, le corps et l'engin éjectés loin en contrebas. Pat avait pensé : fabriquez-lui un corps cybernétique, sauvez-le ! Puis il avait donné rendez-vous à Stella dans la 121. Lui avait fait signe de ne pas se déshabiller, juste de s'asseoir, et lui avait appris la mort de Benjamin. Elle avait pleuré.

Il remet le manga à sa place, se retourne et s'étonne de voir Noémie étendue sur le lit. Il s'assied tout au bord, fatigué de chercher. C'est elle qui d'un geste attire son visage, puis ses lèvres vers les siennes. Un instant, la spirale du temps s'inverse, elle désordonne tout, il y a dans cette chambre un fantôme, et avec lui des débris d'une sœur, d'un vieux copain, leurs corps encore en vie et les étreintes de l'adolescence. Ça ne dure que quelques secondes.

– Si j'embrasse Patrick Fresco, c'est que rien de grave n'est arrivé encore, murmure-t-elle.

– Et que c'est encore un type bien.

Ils se relèvent. Elle lisse ses cheveux de la main. Il ramasse quelques agendas et papiers mis de côté. Il jette un dernier regard et demande :

– Vous allez tout jeter ?

– Faudra bien.

Il fait alors quelques pas vers la bibliothèque et reprend *Ghost in the Shell*.

– Je peux le garder ? J'adorais.

– Prends. Mais qu'est-ce que tu cherchais ?

– Sans importance.

Ils s'éclipsent sans passer par le salon, sans saluer Mme Castelnau. Sur le trottoir, Noémie propose à Patrick de le déposer à son hôtel en taxi.

– Mais tu habites tout près.

– Il me faut un petit sas de décompression. Un petit détour, je peux pas ramener tout ça chez moi. Et faut que j'aille récupérer ma voiture à l'hôpital.

Ils s'engouffrent dans le taxi. Elle se colle subitement contre lui sur la banquette arrière. Il la laisse faire.

*

« Confidential. Noforn. CIA. Report. Patrick Fresco à Paris. Il a rencontré la fille du ministre Castelnau. La filature est en place. Il réside à l'hôtel Albion. Attendons les ordres. Coley. »

*

La voiture présidentielle file déjà à travers le Cotentin. Elle est devenue cellule de crise, alternance de procrastination et de conversations secrètes. La disparition du directeur de cabinet n'a pas été divulguée. Le bus de journalistes, derrière eux, n'est au courant de rien. Le patron du renseignement français vient d'informer le président qu'une équipe d'élite a été dépêchée sur place. L'ambassadeur s'est fait remonter les bretelles pour ne pas avoir déposé Scheffel au pied de son avion. Awolo a juré de tout mettre en œuvre pour retrouver le Français et de ne rendre l'information publique que lorsque son homologue le lui demanderait. Bien sûr la piste islamiste est envisagée. Et l'ouverture de la mine reportée.

– Ce type me porte la poisse, dit le président en raccrochant d'avec son homologue nigérian. Il envisage déjà la prise d'otage ! La décapitation !

– Il connaît pas Scheffel. C'est son genre de tout couper. Il s'est mis hors radars, tempère Doret qui s'est calmé. C'est pas la première fois que ça lui arrive. Il peut réapparaître demain.

Le président se renfrogne. Dans son dernier message, juste après l'inauguration, Scheffel disait pourtant que tout s'était bien passé, qu'il serait aux Invalides et qu'ils débrieferaient ensuite. Mais aucune trace. Aucune revendication.

Pendant ce temps-là, dans le brouillard de la Hague, ça se gâte. Les syndicalistes FO et CGT ont brandi leurs banderoles, « Non à la suppression de 4000 emplois dans la filière nucléaire », et ont vu grossir le petit commando écolo venu manifester de l'autre côté des grilles, contre les dangers que fait peser l'usine sur la région. Au moins la presse a de quoi s'occuper.

– Vous voulez foutre nos emplois en l'air ! hurlent les syndicalistes aux antinucléaires.

– C'est le gouvernement qui s'en charge ! répondent les écolos.

– Pédés, enculés ! crient les gros bras des syndicats.

Là-haut, les capitaines d'industrie se marrent derrière les fenêtres de leurs bureaux. Ils sont au grand complet, tirés à quatre épingles, prêts à recevoir le chef de l'État et des armées. Ils ouvriraient volontiers les fenêtres pour encourager ces employés que bientôt ils vont virer. Le plan social est prêt, déjà dans leurs tiroirs, il sortira au lendemain du second tour. Mais ils aiment leurs grosses voix d'ouvriers, leurs sales manières et leurs injures dès qu'il s'agit de la chasse aux écolos. Ils rejoueraient bien encore une fois le vieux scénario usé de l'union sacrée contre les fossoyeurs de l'industrie. Les syndicalistes du nucléaire n'ont pourtant pas besoin de leurs encouragements, ils finissent par balancer sur les barbus d'en face bouse, boulons, œufs et insultes réservés au cortège du président. Finalement, les forces de l'ordre repoussent les écolos avec tasers et matraques. C'est signe que le cortège présidentiel n'est plus très loin.

L'épais brouillard du Cotentin s'est levé depuis un moment quand l'escorte du président-candidat apparaît devant les grilles de l'usine de retraitement de déchets nucléaires de la Hague. Les manifestants ont épuisé leurs cartouches. La banderole syndicale flotte sans conviction. La direction au grand complet est descendue, s'est alignée devant le premier bâtiment, un sourire trop grand au milieu du visage.

Éric est accrédité Pool 1, soit ceux qui rentrent et raconteront aux journalistes du Pool 2, restés dehors, ce que le candidat a dit à l'intérieur. Il suit le mouvement, enfile charlotte sur la tête, surchaussures bleues et débranche son portable. Carnet de notes à la main, il suit la délégation qui passe le portillon menant vers les piscines de retraitement. D'emblée la foulée présidentielle se veut énergique, le chef de l'État n'a qu'une idée, en finir au plus vite. Doret reste à la traîne, le téléphone à l'oreille, il a été autorisé à garder le sien, le président ne peut être déconnecté. Les voilà sur le sol brillant du hangar à déchets, les pieds sur les silos enfouis, que signalent des cercles alignés et numérotés – C04, C05, C06. Le président discute mollement avec les ingénieurs, pied gauche sur C07, le droit sur B07. Éric est en A12 et B12, les chiffres lui font l'effet d'une bataille navale au-dessus du plutonium ou de l'uranium, là-dessous des siècles de radioactivité incontrôlable. Il y voit le décor naturel d'un film catastrophe dont Hollywood se régalerait. Il imagine la scène, les alarmes, les déchets à l'air libre, menaçant de détruire le pays et l'Europe tout entière, finalement sauvés par un Tom Cruise bondissant dans une énième mission impossible... C'est dire s'il s'emmerde, c'est sa troisième campagne présidentielle, il n'est qu'un modeste scribouillard du journalisme posté en A12 pour écouter le programme nucléaire du candidat, le même depuis soixante ans. Chienne de vie.

Le président enclenche la marche vers la sortie. Retour dans le hall où une minitribune a été aménagée. Le temps se rétrécit encore. Pas d'aparté avec le directeur de l'usine visiblement déçu qui l'avait probablement répété toute la nuit. Pas le temps, lui dit-on. Devant des salariés triés sur le volet, le président fait un bref discours. Il leur dit combien il se sent ici au cœur du savoir-faire français, l'importance de la filière nucléaire pour l'indépendance du pays et surtout qu'une telle puissance peut devenir dangereuse entre les mains d'un parti extrémiste aux portes du pouvoir. Doret, toujours en retrait, ne reconnaît pas complètement son œuvre : le président coupe des phrases, saute des paragraphes. Dommage pour cette promesse de ne pas toucher à un seul emploi de la filière du retraitement, quoique, ça évitera qu'on lui reproche de ne pas l'avoir tenue. Dommage aussi pour ce beau passage sur les ouvriers sauvagement assassinés au Nigeria la veille. En quelques phrases, Doret avait fait du nucléaire français l'ennemi juré du terrorisme et de l'intégrisme. Mais le président accélère. Et il fait bien. Aux dernières nouvelles, la disparition de Scheffel ne va plus rester longtemps secrète, on craint une fuite venant de l'hôtel. Doret fait signe au président qu'il va falloir y aller.

Le président sait prendre congé. La visite est enfin terminée, chacun récupère son téléphone. Éric trouve alors le message de Félix. « Pas encore officiel : Scheffel a disparu à Lagos. » Il lève les yeux vers la délégation présidentielle qui vient de claquer les portières. La nervosité des moteurs au démarrage semble valider l'information.

*

– Nanteuil a failli s'étrangler quand il a appris la disparition de Scheffel.

– Quel genre, ce Scheffel ?

– Neuf ans chez GMBC.

– Quel secteur ?

– C'est pas précisé. Ensuite il rentre en France. Il rejoint le cabinet Castelnau en 2013.

– Et c'est lui qu'on envoie inaugurer la mine quand l'autre se pend… Le soir même il disparaît dans une chambre d'hôtel payée par Finley.

– Non ?!

– Si. Qu'est-ce que tu as sur Finley dans les dossiers de Nanteuil ?

– Tout s'arrête en 2010. Des dossiers d'affaires. Plus rien ensuite.

– Épluche tout ce que tu as sous la main. Mais la suite, c'est Fresco qui l'a. Il a ton nom, il doit te contacter. Sinon Kay a intercepté ses échanges avec une certaine Noémie Gouat…

– Noémie Gouat ?

– Ouais, tu connais ?

– Elle était dans mon bureau il y a quelques jours ! C'est la fille de Castelnau, le ministre qui s'est pendu. C'est énorme !

– Génial. Alors, serre-la. Si Fresco a décidé de m'enfler, tu dois pouvoir le trouver par cette fille. Comment va Lira ?

– Ton info est son premier scoop depuis longtemps. Elle en a fait un blog en trois langues. Regarde et écris-lui. Ça lui fera plaisir.

Puis Félix ferme la petite boîte, ce compte WeChat commun à Nwankwo et Lira, messagerie chinoise, où ils échangent uniquement par brouillon, sans jamais rien envoyer, donc sans risque d'être interceptés. Une méthode de djihadiste, paraît-il, mais qui leur va bien. Il sourit. Ils ont enfin quelque chose. Deux ans qu'il moisit dans ce cabinet d'affaires à la demande de Nwankwo. Cette fois les choses s'accélèrent.

« Un hommage a été rendu ce matin au ministre français de l'Industrie Simon Castelnau dans la cour des Invalides. Son directeur de cabinet, Joël Scheffel, n'était pas là. Il n'était pas rentré comme prévu du Nigeria où il était parti la veille remplacer le défunt ministre à l'inauguration d'une mine d'uranium bientôt exploitée par la France. La délégation française a quitté le Nigeria le soir même. Joël Scheffel n'en était pas et n'a plus donné signe de vie depuis. Son absence inquiète en haut lieu à Paris comme à Abuja. Les services, la police et le gouvernement sont sur les dents. Après le "suicide" du ministre, la "disparition" de son bras droit. V.L.A.D »

VI

Nymex Comex UxC Uranium U308 Settlement 63

Félix s'est allongé sur le ventre. Il connaît la position, laisser pendre ses bras, détendre au maximum ses épaules, ses omoplates. Il cale sa tête sur la gauche, promène son regard vers les schémas médicaux, les photos de chair transpercée et la grosse paire de seins plastifiés incrustée dans le carrelage blanc, mamelons gauche et droit percés d'un anneau épais. D'un geste quasi médical, Emma passe son doigt sur les lettres tatouées une semaine plus tôt.

– La chair est moins enflée. Combien de mots aujourd'hui ? dit-elle, assise devant ses aiguilles stériles, tel un dentiste parmi ses fraises.

– Je dois être sorti dans trois quarts d'heure, fais ce que tu peux.

– J'attaque le D, dit-elle.

Il l'aime bien. Elle a les bras et les jambes tapissés d'hirondelles, de fleurs, de branches, qui ne laissent plus rien voir de sa peau de blonde. Elle a dans les deux lobes des écarteurs noirs de quatre centimètres et les seins percés comme sur le mur, à ce qu'elle dit. Elle prétend s'être infligé toutes les douleurs avant de les faire connaître à d'autres.

Il regarde l'heure, 8 h 45, puis ferme les yeux. Samedi, personne dans les bureaux. Dans une heure, il forcera les secrets de Nanteuil. L'aiguille pénètre sous sa peau. Puis l'encre. Il aime cette sensation de brûlure, ce remplissage des pores dilatés, il voit le cabinet vide, la porte de Nanteuil toujours entrouverte, ses tiroirs verrouillés, se répète les mots de passe de son ordinateur. L'aiguille d'Emma avance de haut en bas le long de sa colonne. Les lettres se dessinent, le message aussi. Il serre parfois les dents, elle applique sa main, exerce une légère pression pour atténuer la sensation douloureuse.

– Ça va ? demande Emma. On a un mot supplémentaire. Elle en finit pas ta phrase. Si t'étais pas gay, je croirais qu'elle est longue juste pour revenir me voir.

Elle n'a que des mots courts en tatouage. « Remède » est écrit sur son poignet gauche, « Poison » sur le droit. Un « Pourquoi » et un « Parce que » se promènent sur le haut du bras. Entre les deux seins, il est écrit « Glamort ». Le plus long, c'est dans le creux de son bras droit, il y a un verbe mal accordé et son complément, « a brûler sa maison ». Elle lui a raconté son histoire au fil des rendez-vous, celle d'une gamine qui n'était qu'un hasard, avait grandi sans père, fugua à 16 ans sans que sa mère prenne alors la peine de la chercher. Il comprit rapidement que la pointe encore chaude des mauvais souvenirs lui avait inoculé l'envie d'être visible, elle se colorie.

– Elle est longue, parce que je veux que ça se voie, qu'on s'y attarde. Je suis un peu comme toi.

– Ah non, rigole Emma, toi t'es un fils de bourgeois voulu par ses parents.

Il ne répond pas. Elle a raison. Il ne suffit pas d'être repoussé. Il a déçu son père, mais il en avait un et ça change tout. Sa longue phrase dans le dos lui paraît un peu trop savante tout à coup, à côté de ses mots à elle, tatoués comme des cris. Le grognement du chien, modèle poil ras et court sur pattes, le tire de ses pensées.

– Je l'avais oublié lui. Comment tu l'appelles déjà ?

– Jean Crespi.

– Comme un homme ?

– Je déteste être célibataire… Dis donc tu sais que ça y est, je déménage ?!

– Où ça ?

– Pas loin de tes bureaux, ton boulevard Saint-Germain.

– Les beaux quartiers !

– J'ai super envie de ça.

– Pourquoi ?

– Se faire accepter, ne pas laisser le choix aux gens.

Il ouvre les yeux, la pendule indique 9 h 20.

– Je pense que ça va aller pour aujourd'hui.

Alors elle lit :

– « L'homme qui sait n'éprouve pas de joie égale à celle… » Suite au prochain épisode !

Il s'assied sur le bord de la table, fait rouler ses épaules. Emma lui tend son tee-shirt, il l'enfile doucement, laisse le coton glisser sur sa chair boursouflée, tandis qu'elle range ses instruments. Ensemble ils quittent la pièce blanche et carrelée, descendent vers l'entrée de la boutique qui suinte l'underground. En bas c'est murs sombres et tags pour attirer candidats aux tatouages et piercings, en haut c'est carrelage blanc immaculé pour les rassurer une fois qu'ils sont allongés. Félix sourit en passant devant les tampax secs et usagés suspendus comme des clés sur un tableau de bois.

– Ce chef-d'œuvre, faut absolument que tu l'emportes dans le 6e arrondissement. Là, tu verras si tu es vraiment acceptée !

Elle sourit. Il lui fait la bise. L'épaule encore chaude, il quitte le 19e arrondissement, s'en va rejoindre les quartiers où bientôt elle s'installera. Envoie son message : « Suis sur place dans vingt minutes. »

*

– On est encore devant dans les sondages de ce matin, sourit Nanteuil.

Frontenac le regarde tourner sa cuillère dans la tasse pour y dissoudre le sucre. Il réalise qu'il l'a toujours vu faire ce geste, tourner longtemps, longtemps jusqu'à ce qu'il fonde. Il se demande s'il n'est pas en train de subir le même sort que le sucre. Nanteuil a demandé à passer chez lui ce matin. Il connaît le chemin. Ils ont fait leur droit ensemble, Frontenac a même été le témoin de son premier et stupide mariage. Quelques divorces et quelques engueulades mémorables plus tard, moins au sujet des femmes que de la politique, ils ont acquis une vieille habitude l'un de l'autre.

– Effet du deuil. Dans quelques jours c'est oublié, ricane Frontenac. Alors, qu'est-ce qui se passe ? enchaîne-t-il.

Une miette de croissant s'est incrustée à la commissure de ses lèvres. Ça vous défait immédiatement le portrait d'un aspirant au poste suprême, pense Nanteuil.

– Tu as entendu parler de ce terrible massacre d'ouvriers nigérians sur un site minier… ?

– Non, je t'avoue que les bains de sang des Africains à la machette, tant que c'est chez eux, je m'en fous un peu…

– Sauf que cette mine va être exploitée par la France. Et que le massacre est signé des djihadistes. On joue gros là-bas. Nos intérêts nucléaires. L'approvisionnement de nos centrales en dépend. Scheffel a fait le voyage pour l'inauguration, il est resté sur place. On est inquiets.

– C'est pour ça qu'il n'était pas aux obsèques. Je me demandais pourquoi je ne l'avais pas vu.

– Rien ne t'échappe. Mais on n'avait pas le choix. Certains essaient de déstabiliser la France là-bas.

– Des ouvriers, ça se remplace, c'est pas les bras qui manquent…

– Mais si le sujet monte, il faut une cohésion parfaite des deux candidats. Quel que soit le gagnant dimanche, toi ou lui, vous aurez ce dossier sur les bras. On a arraché ce marché de haute lutte, et s'ils sentent la moindre hésitation, les Nigérians iront négocier avec la Chine qui n'attend que ça.

– T'es vraiment un avocat d'affaires ! Tu as des parts là-dedans ? En tout cas c'est pas ton copain président qui t'envoie ! Lui il a tout intérêt à ce que je dérape, que j'aie pas l'air d'un homme d'État. Hier à la Hague il leur a fait le coup : « Vous le voyez, ce gars, avec le bouton nucléaire ? » C'est son dernier argument ! Pour le reste oublie les sondages ! Il est cuit.

– On ne s'est pas vus, ce café reste entre toi et moi.

– Ça fait beaucoup de choses que je sais sans avoir le droit de les dire…

– Et réciproquement… Tu as raison, c'est parce que tes chances ne sont pas nulles que je suis là, répond l'avocat, mâchoires serrées.

– Ne jamais insulter l'avenir hein ?!

– Te voilà prévenu, en tout cas. Maintenant faut que j'y aille, dit Nanteuil d'une voix qui trahit son regret d'être venu.

« HKEY-LOCAL-CLASSES-ROOTS... » Assis devant l'ordinateur de Nanteuil, Félix tape ce que lui dicte Kay, « MACHINE/SYSTEM/ », il ne comprend rien, il sait juste qu'il est en train de placer un mouchard. « SESSION-MANAGER... » Au bout de dix minutes, Kay doit voir quelque chose s'allumer sur son ordinateur au bout du monde.

– On dirait que ça marche ! dit-il.

– Une bonne chose de faite, répond Félix en se laissant aller contre le dossier du fauteuil. J'espère que ça servira à quelque chose.

– Reste à fouiller l'historique, lui rappelle Kay.

S'enfoncer dans les couches profondes de l'ordinateur à la recherche de Finley. Kay lui glisse quelques mots-clés à tester. Des noms d'entreprises ou de sociétés-écrans appartenant ou ayant appartenu à l'ennemi juré de Nwankwo. Félix entre les noms dans la machine. Kay lui donne les consignes de navigation.

Ils ne se sont jamais rencontrés, parlent une langue qui n'est pas la leur, un anglais informatique, langue froide et neutre, sans accent, ni montée ni descente. Félix finit par tomber sur de vieilles factures du cabinet, des ordres de virement, étrangers notamment, il voit apparaître certains des noms donnés par Kay, mais d'autres aussi qui sentent le pétrole. Il prend sans savoir, « Chemical », « Ud », « Iron », « Refining jay ». Pas le temps de déchiffrer ni de chercher à comprendre. Sa nuque et ses épaules chauffent. La tension grimpe dans ses cervicales. Mélange de tatouage et de peur.

Nanteuil sort du taxi qui le lâche juste en bas du cabinet. Il compose le code de la porte d'entrée, attend l'ascenseur, tout en découvrant un message d'Inga Gomont : « Toujours rien ? » Il répond par la négative, sûr pourtant qu'elle en sait plus que lui sur la disparition de Scheffel. Il l'a trop longtemps sous-estimée. Elle a toujours un coup d'avance. Il y a ceux que rien ne déloge, qui se remettent des faillites, des crises et des scandales, et il y a les autres, dont elle fait partie. Son intelligence, c'est de le savoir.

*

Fresco reste étendu sur son lit. Il a trois portables devant lui. Le premier c'était pour Greg mais Greg est mort, ou en tout cas neutralisé. Le deuxième c'était pour Noémie, mais elle vient de sortir de la chambre, ils ont couché ensemble, voyagé dans le temps, c'était bon mais ce n'était probablement pas une bonne idée. Le troisième, on verra bien. Étrange, tous ces téléphones sur son lit défait et plus d'amis dans cette ville où il a grandi. Il en est parti il y a des années, trouvant les gens trop petits pour lui. Ses parents habitent à deux rues de cet hôtel. Il n'ira pas les voir. Il allume la télé, l'info en boucle, ses jungles trépidantes, ses présentateurs lisses derrière lesquels s'ouvre une fenêtre qu'on referme vite, on dirait un volet qui claque. Il a eu droit à sa tête dans cette petite lucarne, le monde entier lui doit une séquence d'anthologie, un moment rare et pas près de se reproduire : il comparaissait devant une commission d'enquête sénatoriale américaine, un sénateur lui avait dit : « Ça ne vous gêne pas de vendre de la merde ? Vous êtes soumis à moins de régulation qu'au temps du Far West ! » Et lui avait eu ce sourire satisfait, cynique. On lui a raconté que Scheffel avait ri de la scène. Même ricanement que dans l'église probablement.

Un œil toujours sur la télé, l'autre sur l'ordinateur, Fresco pianote vers les écrans radar de la Bourse. Il rentre dans les profondeurs boursières et leurs codes opaques. Rien. GMBC est stable. Aucun ordre d'achat. Greg n'a pas pu agir. Machinalement Pat attrape son sac, il en sort le manga qu'il a rapporté de chez les Castelnau. La couverture est déchirée aux coins, il a circulé. Aux toutes premières phrases, Fresco sourit.

Le futur proche. Le monde est entré dans une ère d'information à outrance. Le vaste réseau corporatiste mondial recouvre la planète. Mais les pays et les groupes ethniques subsistent...

Il se rappelle l'excitation que lui procurait ce début, il y a vingt ans. Il tourne la page. « Newport City 2029. » Dessin d'une mégapole, de ses buildings de verre aux fenêtres allumées, derrière lesquelles forcément des puissants conspirent. Il va directement à la page suivante, il se met à chercher ce passage que récitait tout le temps Benjamin à Lagos, c'est là, au début.

– *Après tout, si une nation d'esclaves cesse de fournir ses services, la nation maître commence à mourir de faim*, lâche un gras du bide dans un costume rayé.

– *Et une pénurie chronique de main-d'œuvre relancera l'industrie de production d'esclaves*, répond un ministre falot.

La page d'après, premier coup de feu, le ministre glisse du canapé au tapis, il tremble, on dirait même qu'il va faire sous lui. Pat fixe son visage flasque et se rappelle ce que Benjamin disait : « On dirait mon père. » Lagos l'avait dépucelé. Ce qui devait être un emploi d'enfant gâté dans une entreprise amie de la famille avait fini en stage de rébellion. Benjamin découvrait l'univers paternel. « Ce n'est qu'une marionnette », disait-il. Pat ne voulait pas engager la conversation sur ces sujets-là avec lui, toutes ces affaires ne le choquaient pas. Rien ne le choquait. Il avait retrouvé l'ami d'enfance, ça lui allait. Alors, il esquivait.

– Et qui est le marionnettiste ? demandait-il façon devinette.

Benjamin avait mis une fraction de minute à comprendre.

– Le réseau numérique mondial ! s'était-il exclamé en riant, provoquant leur fou rire immédiat.

Le manga de leur jeunesse... La boîte était bruyante ce soir-là. Ils avaient beaucoup bu et ri ensuite. Et pour la première fois, ils avaient partagé Stella dans la chambre 121. Il revoit cette nuit à trois. Le corps ébène de Stella entre eux. Elle préférait Benjamin, il le sentait. Elle refusait les billets qu'il lui tendait, elle lui disait : « Emmène-moi déjeuner », et il l'emmenait sous le regard des autres en lui tenant la main.

Lorsque Castelnau, lors de son passage à Lagos, l'avait questionné, Benjamin était mort depuis un mois.

– Il n'était plus le même en rentrant. Qu'est-ce qui s'est passé ici ?

– Rien de particulier.

– Il était distant avec moi.

– Il n'était pas fait pour ce business, fallait pas le faire venir.

– Il tournait en rond, il cherchait sa voie…
– Il l'aurait trouvée ailleurs.
– Il ne t'a pas parlé de quelque chose ?

Pat avait secoué la tête, éludé tout le reste. Il secoue le manga, comme s'il y cherchait quelque chose. Rien n'en tombe. Pas le moindre message. Il soupire, contre lui-même et ses enfantillages. « Souviens-toi, les sentiments sont morts », disait le manga. Il ferme les yeux, revient à Stella. Son corps. Ce mot qu'elle pose sur le lit. Comme si elle savait des choses dont ils n'avaient jamais parlé ensemble.

*

– Tu sais les yeux continuent de vivre. Ceux qu'on a à l'intérieur, je veux dire ; ceux qui nous fabriquent des images quand on rêve, qu'on a peur ou qu'on souhaite quelque chose vraiment. Je sais ça maintenant. Je vois plein de choses avec mes yeux de l'intérieur. Et l'herbe n'y est pour rien.

Et elle rit, sans trop savoir si elle pense à voix haute ou parle vraiment. Tend son joint à Éric qui tire une longue bouffée puis le lui rend.

– Moi quand Félix m'a appelée et m'a dit : « Lira, on rouvre la boutique », poursuit-elle, je l'ai vu clairement, je l'ai peut-être vu plus beau, plus grand qu'il n'est, parce que j'étais heureuse, mais je l'ai vu. Tu le trouves comment mon blog alors ?

– Tu es sûre de ne pas être localisable ?

– Le système de brouillage que j'utilise dispose de milliers de relais connectés à Internet, il fait transférer tes données via une série aléatoire de relais avant leur destination finale. Donc si tu regardes mon adresse IP, ce ne sera pas la mienne, mais celle du dernier relais utilisé. Peut-être que le dernier blog de Vlad a une adresse à Hawaii. Le prochain à Moscou. Pour m'identifier, il faut donc remonter, relais par relais, avant d'arriver jusqu'à moi, ce qui est a priori impossible : le chemin change à chaque fois, aléatoirement. Cela dit, s'il fallait que je déménage, ton journal pourrait m'héberger ?

– Même sans torture, le directeur de la rédac te balancera, ricane Éric tout en rassemblant les pétales des pivoines fanés sur la table.

– Joli monde. J'adorerais retrouver une rédaction et pas tourner en rond ici toute seule. Le journal où je travaillais à Saint-Pétersbourg a disparu. Le gouvernement a envoyé ses nervis saccager la rédaction deux fois, chaque fois le journal s'est remis debout mais à la troisième, ils n'avaient plus les moyens et c'était fini. C'est étrange que Félix ne soit pas là, tu ne trouves pas ? Il n'est jamais en retard.

– Il sait que je suis avec toi. V.L.A.D., qu'est-ce que ça veut dire ? Virus des lanceurs d'alerte... déterminés ?

– Pas mal !!! En fait, je voulais aller vite, ça fait tellement longtemps que j'attends ce moment, alors j'ai simplement ajouté quelques points entre les lettres, pour qu'on ait l'air d'une organisation. On verra ce que ça devient, a dit Félix. Qu'est-ce qu'il fout ?

Béni soit le vieil ascenseur qui couine avant de s'arrêter. Félix est dans l'entrée quand Nanteuil ouvre la porte.

– Que faites-vous là ? sursaute-t-il.

– Je me suis engueulé avec Éric tard hier soir. Alors je suis venu finir la nuit ici, dit-il en indiquant le canapé qui sert de salle d'attente dans le grand hall d'entrée.

– Alors même deux hommes n'échappent pas à la fatalité du vieux couple, ricane Nanteuil.

Félix lui sourit en guise de réponse. Le moment de panique qui a précédé l'arrivée de Nanteuil a laissé quelques traces sur son visage, il a vraiment l'air chahuté. Nanteuil est à mille lieues du soupçon, du mouchard qu'il vient de déposer dans son ordinateur.

– Mais j'allais y aller.

– Aller où ? Vous engueuler encore ! Laissez passer un peu de temps. Prenons un café.

Il l'invite à s'asseoir et Félix ne se voit pas refuser.

– Quels sont vos projets ce week-end ?

La question pourrait paraître anodine mais elle ne l'est pas. Aujourd'hui c'est samedi, ils ne portent ni robe ni costume, le bureau est fermé, l'assistante absente. Félix sait ce que voudrait l'autre, il connaît son désir, son trouble, l'indicible qui bouillonne dans les profondeurs de son petit corps replet de ténor du barreau parisien. Et Nanteuil sait qu'il sait.

– Amusant que vous ayez pensé au bureau comme refuge. D'ordinaire on frappe plutôt à la porte des amis.

– Pas envie d'aller sonner chez quelqu'un et raconter mes problèmes. Nous avons beaucoup d'amis en commun avec Éric.

– Je suis heureux que vous vous sentiez bien ici en tout cas. Je me sens bien avec vous. Vous savez.

Félix ne répond pas. Il sent son dos qui le lance.

– Avec vous je n'ai rien à dissimuler. Vous savez tout de moi.

Jamais Nanteuil n'a été aussi clair dans la conversation. Il se rapproche.

– Pour être plus précis, au début je me sentais bien avec vous au cabinet. Mais c'est de plus en plus difficile, car vous me plaisez vraiment, Félix.

La phrase tatouée brûle depuis sa nuque et le long de sa colonne. Elle le lance, s'invite, Félix voudrait s'y enrouler comme dans une couverture chaude, s'y réfugier, tout y est tellement plus beau, elle sort de ces livres qu'on lit un jour et qui semblent écrits pour vous, la phrase, extraite de *La Confusion des sentiments* de Zweig, de cette page où un vieux professeur avoue son amour à son étudiant. Félix, lui, ne veut rien savoir des pulsions de Nanteuil. La vie est si vulgaire, parfois.

– J'ai conscience de la difficulté pour vous d'avoir à vous cacher. Mais je ne veux que des rapports professionnels, maître, se raidit Félix.

– Ne voyez pas la fonction, voyez l'homme !

Justement, se dit Félix, l'homme ! Tu me fais pas envie, vieux pourri ! Une partie de lui cherche l'issue rapide, l'autre a envie de rire. C'est nerveux. Une étrange association d'idées. Il vient de poser un mouchard alors qu'il pourrait coucher avec son patron et lui soutirer tous les aveux.

Vingt minutes plus tard, après quelques scènes tendues comme au théâtre – on se lève, on s'excuse, on promet d'oublier, de faire comme si rien ne s'était passé –, Félix défait l'antivol de son scooter. Il sent les yeux de Nanteuil qui le regarde depuis les fenêtres du cabinet. Mais le scooter ne démarre pas. Deux fois, trois fois, il essaie, impossible. Il renonce, s'en va à pied sous l'œil de son patron.

– Qu'est-ce qui s'est passé ? demande Lira.

– Je fouillais le bureau de Nanteuil et il est arrivé.

– Merde ! Et qu'est-ce que tu lui as dit ?

– Qu'on s'était disputés et que j'avais passé la nuit là.

– Au moins nos disputes auront servi à quelque chose..., soupire Éric. Il t'a cru ?

– Qu'est-ce que j'en sais ? Il a voulu me sauter dessus.

– Prends ça pour te détendre, propose Lira en lui offrant son pétard finissant.

Il refuse. Le verre de vin aussi. Il jette un regard glacial sur la bouteille déjà entamée. Il s'assied.

– C'est quand la prochaine livraison ? demande Lira.

– Pour ta came, compte pas sur moi, lâche Félix.

– Je me débrouille sans toi de ce côté-là, merci. Je parlais d'infos pour Vlad.

– D'ici deux jours d'après Nwankwo...

– Comment il va ?

– Demande-lui.

L'atmosphère est tendue. Félix est froid. Il supporte mal Lira aux pétards et à l'alcool alors qu'il est à peine midi.

*

Un petit ventilateur bourdonne sans dissiper l'odeur de la femme qui vit là, ses parfums, sa transpiration, la poussière qu'elle laisse rentrer par la fenêtre toujours entrouverte. Elle a la tête penchée sur l'épaule gauche, les cheveux blonds épars sur le visage. La fleur tatouée qui déborde sur son épaule semble pousser sous elle. Elle a les yeux ouverts et terrifiés... Kay ferme ses paupières. La radio joue P-Square, machine à tubes d'une jeunesse avide de réussite. Il serre vigoureusement la main de Butchi, revoit son sourire le matin, cette assurance qu'elle avait, ce clin d'œil qu'il ne lui a pas rendu. Il aurait dû. Il s'en veut de l'avoir insultée, abandonnée au service d'ordre de l'hôtel et de l'ambassade de France. Ses genoux trempent dans le sang qui s'est échappé de son ventre. Deux coups de couteau, deux plaies rouges béantes. Il caresse maintenant son visage comme il n'aurait plus osé le faire, comme ne le faisait aucun des hommes qui s'offraient son corps et ses talents. Les doigts de Kay longent ses pommettes et vont dans ses cheveux, plongent dans ses racines, tellement plus belles, plus douces, lorsqu'elles sont noires. Elle fut une gamine enragée, mais en grandissant elle n'avait plus cru en sa force et n'avait joué que de ses charmes. Elle aurait pu devenir autre chose qu'un appât, elle avait du caractère, elle méritait mieux que les caresses poisseuses et l'attention superficielle des mâles de passage.

Soudain la musique s'arrête. Nwankwo vient d'arriver essoufflé et il a coupé le son. Il reste loin du corps, adossé au mur de l'entrée, il affecte une sorte de détachement clinique, mais tous ses muscles sont tendus. Il balaie du regard cet appartement qu'il ne voulait pas voir lorsqu'il venait en pleine nuit, découvre le dénuement de celle qui roulait des mécaniques parce qu'elle allait d'hôtel de luxe en marina dans les nouveaux quartiers d'affaires. Son sac à main est par terre, à moitié vide, plus un seul billet. Elle avait fait quelques courses. Une boîte de lait malté et quelques fruits gisent sur le sol. Les deux policiers qui ont trouvé le corps ont conclu à un crime crapuleux, à de pauvres types qui ont fait les poches de la pute en fin de journée.

Les yeux de Nwankwo se posent à nouveau sur Kay à genoux, qui souffre comme lui-même a souffert devant les cadavres de ceux qu'il aimait, il regarde ses tempes qui battent, sa bouche tordue, il le voit comme il ne l'a jamais vu. Kay, le solitaire, le hacker amusé, qu'aucune famille, qu'aucun amour ne semblait promettre à la douleur. Et enfin il regarde Butchi. Elle a la posture de ceux qui ont rencontré la mort violente. Toujours la même. Les bras écartés, qui n'ont rien pu empêcher. Elle devient alors l'un des innombrables cadavres qui lui ont été donnés de voir. Et c'est presque un soulagement de la savoir morte, savoir qu'il ne reviendra jamais dans cet appartement. Il fait signe aux policiers de laisser à Kay un peu de temps encore, leur ordonne quelques relevés d'empreintes supplémentaires, il sait bien qu'avec le plus grand zèle on arrêtera un pauvre type sans jamais remonter à ceux qui l'ont payé, mais il veut qu'on ratisse tout jusqu'aux poubelles.

Dix minutes plus tard, Kay s'est relevé et laisse emmener le corps. Il ramasse quelques affaires, des bricoles sans valeur qu'il a toujours connues à Butchi, des photos, des bijoux aussi. Il ne lui faut pas beaucoup de temps pour trouver l'endroit où elle cachait ses économies, il met le tout dans un sac plastique, puis s'en va, sans dire où. Nwankwo le laisse faire.

Kay marche jusqu'à l'embarcadère, là il cherche la pirogue et la silhouette silencieuse de Kela qui va pousser sur sa godille et le conduire à la famille de la femme qu'il aimait. Il repart vers Makoko ou ce qu'il en reste, les affaires de Butchi sur ses genoux. La pirogue frôle les bois morts qui pointent encore à la sortie de l'eau et soutenaient naguère sa maison. Il y a longtemps que Kay n'est pas revenu, sa famille s'est dissoute ailleurs, dans d'autres coins pauvres de la ville. La pirogue pénètre maintenant les canaux du bidonville. Au bout d'une dizaine de minutes, Kela stoppe son bateau devant une cahute à toutes les autres semblable, avec son toit de tôle, ses bouts de bois qui tiennent on ne sait comment et sa grande bâche bleue sur le sol. Kay sent sur lui le regard des enfants qui habitent là, les jeunes frères et sœurs de Butchi. Il débarque. La mère est assise parmi les bassines où trempent du linge et des fruits. Elle lève la tête, laisse voir son visage qui a transmis la beauté à sa fille et puis s'est fané. Elle le reconnaît tout de suite, s'inquiète de le voir là, surtout avec un sac plastique entre les doigts, et puis lève les bras au ciel et gémit, mais doucement, presque sans faire de bruit. Kay baisse les yeux pour ne pas voir les larmes qui s'annoncent sur les joues de la vieille dame.

– Butchi est morte, dit-il.

La mère porte les mains sur son visage et on dirait que les enfants ont cessé de bouger sur les planches, que même l'eau sous leurs pieds s'est figée. Puis la mère se ressaisit sans demander de détails. Il y a un moment qu'elle sait sa plus grande fille partie dans un monde qui lui est étranger, un moment qu'elle a compris comment les jeunes filles y survivent. Elle finit par prendre le sac que lui tend Kay, elle regarde à l'intérieur, s'attarde longtemps sur une photo de Butchi, l'embrasse puis compte les billets. Elle se lève, s'en va par les planches et fait signe à Kay de la suivre.

Dans le coin d'une pièce au sol humide, elle attrape une enveloppe dans un coffre, une enveloppe pleine de photos qu'envoyait Butchi. Butchi en maillot de bain, Butchi qui sourit devant une coupe de champagne, Butchi en robe du soir, elle posait pour des castings de pub qui n'aboutissaient pas. La mère les fait défiler très vite pour les montrer à Kay et y ajouter la dernière. Parmi toutes ces images, Kay en remarque une qui n'a rien d'une pose, c'est une vraie photo : Butchi a la tête posée tendrement sur l'épaule d'un homme blanc qui l'appelle peut-être Stella. Kay demande à voir l'image de plus près, il la fixe mais ne reconnaît pas le type.

– Je peux la garder ? demande-t-il à la mère.

– Non, fait-elle de la tête en la lui reprenant. *Obi Ocha*, dit-elle en tapotant de son doigt le visage radieux de sa fille.

Elle veut dire qu'elle aime Butchi sur cette photo, qu'elle avait le cœur clair, le regard brillant, ce jour-là. Sur toutes les autres, elle ne la reconnaît pas.

VII

Nymex Comex UxC Uranium U308 Settlement 63

La tractopelle a buté là où le sable est encore humide, tout juste vainqueur sur la lagune. Son conducteur a aperçu une tache bleue, il a déblayé autour, puis il est descendu de son engin : c'était un corps enroulé dans du plastique, ce qui l'a immédiatement rassuré, ça ne pouvait pas être un gars du chantier, parce qu'ici on meurt d'un coup sans laisser aux autres le temps de vous envelopper. Il s'est bien gardé de remonter le cadavre et s'est dépêché d'appeler la police. Elle a envoyé deux hommes, dont un commissaire, ce qui a étonné le conducteur qui ne sait pas qu'on recherche activement une huile française. Le temps d'extraire le corps des sables, la nouvelle d'un mystérieux cadavre emballé a fait le tour des polices, jusqu'à la financière.

– Qu'il crève ! peste Kay les pieds sur son bureau.

– C'est peut-être déjà fait, lui répond Nwankwo, ses lunettes de myope sur le front.

Il est en train d'éplucher toutes les données que Kay aspire dans l'ordinateur de l'avocat parisien. Félix avait raison : plus aucune trace directe de Finley après 2010.

Mais Nwankwo connaît presque chacune des filiales et sociétés-écrans qu'il a montées, localisées dans des paradis fiscaux ou simplement dans des banques qui choisissent de fermer les yeux. Il peut détecter sa présence partout. Les versements de Lusting and Co au cabinet de Nanteuil, c'est Finley, même si son nom n'apparaît jamais. Il y a quelques années, rien qu'avec ce qu'il a sous les yeux, Nwankwo aurait fait des bonds, tel le chercheur d'or devant le filon. Plus maintenant. Il sait qu'en grattant, qu'en enquêtant un peu il risque de trouver une procédure bidon pour laquelle Lusting and Co aura rémunéré son avocat parisien, il croit même avoir une petite idée de la destination de tout cet argent, une idée toute bête dans sa tête qui en a trop vu, une idée vieille comme le monde : cet argent s'en va financer la politique française.

En deux heures, Nwankwo vient de voir passer 5 millions d'euros d'honoraires factices. Ça ne l'étonne même pas. C'est pourri. Illégal. Mais tellement banal. Et protégé par le secret de la défense qu'invoquent les avocats d'affaires. Ça peut faire quelques vagues en France, un joli scoop pour le blog de Lira, mais Finley s'en tirera sans une égratignure. Nwankwo l'a déjà vu, pris en flagrant délit avec une mallette pleine d'argent sale dans le bureau d'un juge britannique, libéré dans l'heure qui suit, par un simple coup de fil des services du Premier ministre. Le document rejoint les brouillons de la petite boîte. Tout ça finira comme le type dans son plastique bleu, enfoui quelque part, profondément.

– Je parie qu'ils vont tomber sur un pauvre type du chantier ou sur un macchabée de la mafia, marmonne Kay.

– Parie quoi ? dit Nwankwo en levant les yeux.

Kay ne répond pas. Comme il a changé, pense Nwankwo. Il dégage un oppressant sentiment de solitude depuis la mort de cette fille. Il ne sait plus esquiver, plus faire ses pirouettes. Nwankwo connaît bien cette nervosité, cette rage qui lui serre les poings et lui vide la poitrine, cette envie de hurler qu'il contient comme il peut. Kay a fini par lui ressembler.

– Si je gagne, tu rentres chez toi, tu prends une douche. Parce que tu fouettes, boss ! dit Kay en se levant.

Nwankwo n'est pas passé chez lui du week-end, il n'a même pas laissé un message. Il continue de regarder défiler les chiffres énormes. S'il les additionne, peut-être tombera-t-il sur le prix payé par Finley au gouvernement français pour être blanchi ? Un clignotement de la messagerie interne indique que le corps a été sorti du sable. Deux images circulent. Sur la première, on devine les paumes roses d'un homme noir.

– Qu'est-ce que je te disais ! dit Kay. Ils vont le rejeter à la flotte aussi sec.

La seconde est plus précise, le visage apparaît. Nwankwo fixe l'écran un long moment.

– Cette tête-là me dit quelque chose. Vérifie qu'on l'emmène à la morgue. J'y vais de ce pas.

– OK. Je te retrouve là-bas, un petit truc à faire avant.

Un quart d'heure plus tard, Kay franchit l'entrée de l'hôtel Victoria Palace avec l'envie de casser la gueule à tout le monde. C'est ici l'antichambre de la mort pour Butchi, ici qu'elle est devenue le jouet et le témoin gênant d'histoires qui ne la concernent pas. Tous complices, pense Kay. À part les femmes de chambre. Et encore, elles devaient la mépriser, lui envier ses liasses de billets froissés au fond de son sac tout en la toisant pour sa façon de les gagner. Je préfère salir les draps que les laver, disait Butchi. Kay avance vers l'accueil orné de trois pendules indiquant l'heure à New York, Pékin, Londres, comme si le temps d'ici n'avait aucune valeur. Il flotte dans son polo trop grand, mais tout de suite l'employé le reconnaît. Kay sort son téléphone et montre l'écran.

– C'est qui ? dit-il.

L'employé attrape le téléphone, plisse les yeux et dit :

– Benjamin Castelnau.

– Il est venu ici ?

– Oui, régulièrement pendant quelques mois. Puis il est reparti.

– Il est mort, figure-toi.

L'employé le regarde, incrédule.

– Je savais pas. Stella l'aimait beaucoup.

– Tu veux dire qu'il se la tapait gratis.

– Je ne sais pas.

– Quoi d'autre ?

– Rien. C'était le fils d'un ministre, il me racontait pas sa vie.

– C'étaient qui ses copains, ses relations ici ?

– Ben l'autre Français, là, Fresco. Ils se connaissaient d'avant, ces deux-là, ça se voyait. Parfois, la fille, elle montait avec les deux. Il est pas mort, Fresco ?

– Ça ne saurait tarder.

Le sous-directeur de l'hôtel finit par s'approcher. Il murmure quelque chose à l'employé, qui se lève et disparaît dans les bureaux.

– Besoin d'autre chose ? dit-il à Kay, mais sur un ton qui sent la fin de l'entretien.

– Ben j'avais pas fini avec votre collègue.

– Il est occupé maintenant. Je peux vous renseigner ?

– Vous le connaissez aussi, vous, celui-là ? dit-il en remontrant la photo dans son téléphone.

– Nous garantissons la discrétion à nos clients. Et vous avez posé suffisamment de questions.

– Celui-là n'en a plus rien à foutre de ta confidentialité, il est mort. Et la fille à côté de lui, tu la connais, hein ?!

En deux secondes, Kay l'a attrapé par la cravate et a plaqué sa tête sur le comptoir de l'accueil.

– Bien sûr que tu la connais ! Quand elle est sortie de ton putain de palace, elle était seule ou quelqu'un l'a ramenée chez elle ?

– Je ne sais pas. Je ne peux pas vous répondre, étouffe l'autre.

Kay serre de plus en plus fort.

– Tu sais pas ou tu veux pas répondre ?! crie-t-il.

Deux agents de sécurité arrivent, l'attrapent par le col, le jettent en arrière et le maintiennent au sol, un genou sur la poitrine, l'autre sur la gorge. Kay manque d'air, il écarquille les yeux et les reconnaît, ils étaient là la dernière fois où il a vu Butchi vivante, coincée dans une chambre, harcelée de questions sur les heures passées avec Scheffel. À peine ont-ils desserré leur pression que Kay prend un bol d'air et hurle :

– C'est vous qui l'avez ramenée chez elle ?!

Walter Fox, prévenu, observe la scène. Lève le menton. Une minute plus tard, Kay est éjecté de l'hôtel.

*

– Rien, répète le dircab en raccrochant. J'ai eu la présidence, rien du tout. Aucune piste à Lagos ni dans le reste du pays.

– Awolo, il m'appelle plus maintenant ! Il fait plus le beau, hein ! ricane le président Jacquemin en s'affaissant dans son fauteuil. Mais enfin, si quelqu'un a tué ou kidnappé Scheffel, il a intérêt à le faire savoir ! À l'heure qu'il est, j'adorerais qu'on le retrouve défoncé dans un bar à putes.

– C'est vrai que Scheffel défoncé c'est plus crédible que Castelnau suicidé, lâche le directeur de campagne.

Le dircab le foudroie du regard. Ces deux-là ne s'aiment pas beaucoup. Un directeur de trop.

– Scheffel kidnappé serait encore mieux. Empathie populaire. Cohésion nationale, dit le second.

– Et climax au moment de la décapitation !

– Vos gueules, coupe le président.

Scheffel n'a pas beaucoup d'amis dans la pièce.

– En tout cas, ça a filtré sur le Net, finit par ajouter le directeur de cabinet. Va bientôt falloir dire quelque chose.

– Peut-être un communiqué très bref pour reconnaître qu'on n'a plus de nouvelles, dit le directeur de campagne.

– Non, pas encore. Ce n'est pas un personnage de premier plan et ça buzze pas tant que ça, intervient Doret. Rien encore sur les grands sites d'info. Y a juste un blog qui a lancé la rumeur.

– Quel blog ? demande le président.

– Un petit blog repéré par les services, dit Doret tout en cherchant dans son téléphone.

– Le renseignement s'est mis dessus. Ils devraient le localiser rapidement. Mais il suffit de pas grand-chose pour que la famille Castelnau fasse du bruit là-dessus, reprend le directeur de cabinet.

– La fille tu veux dire ?

– Oui.

– Et si tu l'appelais ? dit le président à Nanteuil qui a été invité à rejoindre l'équipe informelle chez le chef de l'État.

– Elle m'écoute plus. Elle n'y verra qu'une preuve supplémentaire de l'assassinat de son père. Doret peut-être ?

– Elle peut plus me sacquer, décline Plume Dorée.

Il tend son téléphone au président :

– C'est ça.

Ainsi Vlad fait son entrée au sommet de l'État. Et personne ne songe à demander à Doret pourquoi Noémie ne peut plus le sacquer.

*

La voix de Scheffel dans l'église le hante encore. « J'ai l'intention de vivre longtemps... » Vivre longtemps. Fresco n'y a jamais pensé. Il a toujours fait comme si c'était une évidence, vivre. Jouir. Ça ne l'est plus. Il est dans une chambre d'hôtel, il écoute l'eau qui coule dans la chambre voisine comme un bruit suspect. Il se lève. Son visage dans le miroir de la salle de bains ne fait rien pour le rassurer : barbe de plusieurs jours qui blanchit avec la fin de la trentaine, regard fatigué, joues creuses qui grossissent son nez qu'il n'a jamais aimé. Il n'a plus rien de l'homme qu'on croisait à New York ou à Lagos, plus rien de sa superbe, de son sourire en coin, il est en train de dégringoler. Subitement le téléphone réservé à Greg affiche un message. De Greg.

« Bouge, ils t'ont repéré. »

« T pas mort ? » tape spontanément Pat en se rasseyant sur le bord du lit.

« C mon dernier message. Bouge !!!! »

Fresco se redresse, hésite puis ramasse ses affaires. Scheffel a dit que Greg était mort. Et voilà qu'il réapparaît. Et si c'était un autre, quelqu'un qui utilise son téléphone pour le faire sortir de sa cachette ? Et si c'était lui ? Ses gestes sont saccadés. Il repousse le plateau-repas, attrape ses affaires en vrac sur les draps, plie sa tablette, récupère ses téléphones. Il hésite encore un instant, debout, figé dans la chambre, et finit par sortir. Sur le trottoir, il lève les yeux comme s'il s'attendait à voir quelque chose lui foncer dessus, puis il tourne la tête à droite, à gauche, ils sont là qui le surveillent, mais où ? Il marche sans savoir quelle est la bonne direction. Il prend à droite, puis encore à droite, juste histoire de voir s'il y a quelqu'un derrière lui, il est dans le quartier de son enfance, le voilà même dans la rue de son enfance, ses parents sont au 23, il ne les a pas revus depuis des années, n'a même pas écrit, téléphoné, il approche, il connaît tout de l'avenue, il pourrait sonner, s'engouffrer chez ses géniteurs, sa mère pleurerait un peu, beaucoup même, son père ferait mine de pardonner, mais non, revenir tel un fuyard, pas question. Il traverse, passera sous leurs fenêtres, pas sur le trottoir d'en face où sa mère dans un moment d'oisiveté pourrait l'apercevoir. La bouche du métro un peu plus loin semble l'aspirer. S'y engouffrer. Les semer. Il y a si longtemps qu'il n'a pas pris le métro. Ses odeurs. Ses souris, petites reines des rails. Ses pauvres avinés tels des morts-vivants habitant sur le quai. Trois minutes, dit le signal de la ligne 10. Trois minutes, c'est long. Le temps de dévisager les gens sur le quai. Quelle blague, ce clochard qui trimballe son fatras dans un grand sac promettant « Monoprix une vie bien remplie ». L'homme voûté un peu plus loin dans un long pardessus noir pourrait être son père. Pat s'approche, se tient raide tout près de lui, l'homme ne réagit pas, ce n'est pas son père. Le métro arrive. Pat ne s'assied pas. Il veut pouvoir sortir au dernier moment, prendre de court celui qui le suit. Mais où est-il ? Il n'a vu personne encore à ses trousses. Il devrait se détendre. Il laisse passer quelques stations, regarde autour de lui, puis le portable de Greg, plus rien. Le dernier message de Greg date de jeudi. Le même jour Scheffel était à Lagos, il l'entend encore qui marche dans l'église, lui annonce que Greg est mort d'une overdose. Pourquoi Scheffel a-t-il pris la peine de le coincer pour lui annoncer la nouvelle ? Pourquoi se fait-il escorter par les services américains ? La conclusion est évidente. Scheffel travaille encore pour la banque.

Puis il le voit. Dans le reflet de la vitre alors que le métro passe sous un tunnel. Il le voit qui le surveille à distance, depuis l'autre extrémité du wagon, parmi d'autres gens. Il le reconnaît à son regard fuyant et froid : son poursuivant est là. À Lagos, Pat n'aurait pas eu peur, il y a pourtant plein de chantiers et de terrains vagues où on peut t'achever et jeter ton corps sans que ça ne gêne personne. Mais là-bas, il jouait ; là-bas, ce n'est pas chez lui. Il ne bouge pas quand les portes s'ouvrent. L'autre non plus. Idem à la station suivante. Sur le plan de la ligne au-dessus des portes, les points lumineux s'éteignent un a un. Plus que six stations avant le terminus. Le compte à rebours est lancé. Brusquement, Pat décide de s'approcher, de s'accrocher à la même barre que celui qu'il fuit. Il lui fait face puis glisse ses écouteurs dans ses oreilles et pousse sa musique à fond. Ça produit l'effet recherché, les gens s'éloignent de lui, se collent à son ennemi, y compris ceux qui rentrent à la station d'après, alors

Fresco bondit hors du wagon au moment où les portes se referment. Il ne se retourne pas, il court. Il perçoit une deuxième sonnerie des portes qui se ferment. Ça veut dire que l'autre a réussi à sortir. Fresco grimpe les escaliers, fait mine de suivre les flèches de la ligne 4, puis s'arrête un instant, collé au mur, espérant voir son poursuivant passer sans se retourner. Mais rien, plus personne derrière lui, il l'a peut-être semé. Il marche d'un pas presque normal et soudain le reconnaît qui vient parmi la foule dans l'autre sens, il fait volte-face trop rapidement, il est aussitôt repéré, accélère, avance sans voir où il va, arrive devant les portes de sortie, les franchit, bouscule les gens dans l'escalator, les entend râler encore, comme un écho, c'est que l'autre les bouscule aussi, il court. Faut-il rester sur les grandes artères ? Disparaître dans une petite rue ? Il transpire. Il marche comme il n'a plus marché depuis des années. Cette ville l'écrase, elle l'a toujours écrasé. Elle le rend tout petit. Un môme. Il la déteste.

Plus personne derrière lui. Mais à sa gauche, de l'autre côté du boulevard, oui, il est là. Fresco tourne à droite. Une petite rue plus résidentielle qui promet une école et quelques boulangeries plus ou moins recommandables. Le volume sonore diminue. Mais le silence est aussi effrayant que le bruit. Il marche vite, l'homme est forcément derrière lui. C'est pourtant dans l'estomac que vient la première sommation. Sortie d'on ne sait où, une nouvelle tête lui fait face et pointe discrètement son flingue à travers sa veste, ils sont rejoints par l'autre qui arrive du boulevard.

– Avance connard, dit-il entre ses dents.

Fresco est censé marcher entre eux comme s'ils étaient ensemble. C'est l'heure creuse du matin, les cafés sont quasiment vides, les voitures rares mais à la première qu'il voit venir, Fresco se jette sous ses roues, obligeant le chauffeur à piler. C'est un taxi. Ses pneus sont à quelques centimètres de Fresco allongé sur la voie. Le conducteur ne sort pas, il a un passager à l'arrière et craint probablement une mise en scène qui finirait en car-jacking. Les deux nervis secouent Fresco, tout en lançant de grands sourires au chauffeur :

– Excusez-le, on s'en charge ! Allez Pat, lève-toi !

Ces salopards l'appellent par son prénom comme s'ils étaient allés à l'école ensemble. Fresco se raidit, il fait de son corps un poids lourd, tandis que sa main levée tape sur le capot. Le conducteur furieux sort, sur l'air bien connu de « Ma bagnole ! ». Rien de tel pour galvaniser les deux hommes qui en veulent à Fresco, ils l'attrapent chacun par un bras et le traînent violemment vers le trottoir.

– Appelez la police ! souffle Fresco.

Mais on dirait que l'autre n'entend pas.

– Appelez la police ! lâche Fresco plus fort encore.

Le chauffeur fronce les sourcils tout en regagnant son véhicule, mais son passager, qui a baissé sa vitre depuis quelques minutes, finit par sortir à son tour.

– Qu'est-ce qui se passe, demande-t-il, c'est un ami à vous ?

– Oui, font les deux hommes.

– Non ! crie Fresco, ils veulent m'abattre.

– Il est dérangé, en pleine crise, disent-ils avec un accent qui n'est pas d'ici, et semble valider la thèse de l'homme à terre. Allez, cool Patrick !

Ce simple échange a suffi à ramollir leur poigne. Fresco se redresse et se met à détaler à nouveau. L'un des types part illico sur ses talons, tandis que l'autre boucle sa phrase face au passager déboussolé. Pat est déjà sur le boulevard. À la première station de métro, il replonge et passe le portique. L'autre ne tarde pas à faire de même. Mais quand il arrive sur le quai, Pat n'y est plus.

Il court sur les gros cailloux du ballast. Il doit quitter Paris au plus vite, il n'a plus de raison de rester. Si ce qu'il avait laissé à Benjamin est entre les mains de Scheffel, tout a été détruit. Scheffel ne laisse aucune trace. C'est d'ailleurs comme ça qu'il a entendu parler de lui la première fois à la banque. Un Français régnait dans les étages du management, connu pour sa politique du *no email*, (« pas d'e-mail ») ; il hurlait sur celui qui, par réflexe, lui envoyait un dossier ou l'historique d'une transaction. Pas de traces écrites ! répétait-il. On ne craignait pas d'afficher son illégalité là-bas, c'était plutôt un talent.

Des pas résonnent. L'autre l'a suivi sous le tunnel et pourrait bien le tuer cette fois. Ici pas de témoin. Pat se met à courir, il est rapide, ses jambes se rappellent les obstacles, les câbles emmêlés, les bouts de bois, les morceaux de fer, rien n'a changé. Ils venaient là à quelques-uns au temps du lycée, de courtes descentes d'abord, comme des shoots d'adrénaline, puis des virées de plus en plus longues. Il reconnaît l'odeur, les alcôves dans les murs, rassurantes mais pas assez profondes pour se protéger des métros qui passent. En voilà un qui vient. Pat se souvient de la voix de Benjamin : « Sois prêt à te jeter entre le mur et le troisième rail quand le métro arrive ! » Il se rappelle la distribution des rôles, Benjamin devant, qui surveillait le train d'en face, et lui qui regardait derrière. Il plonge. Se méfier des boîtes électriques aussi, des protubérances sur le mur, se baisser, ne pas s'assommer, ne pas finir grillé. Le métro passe. Pat reste plaqué contre le mur, mais les wagons ralentissent et s'immobilisent.

Pat voit les passagers qui le regardent, le maudissent, ils sont pressés, ils n'ont pas le temps, personne n'a le temps. Il avance le long du mur en sens inverse. Le métro est doucement reparti, il l'entend qui freine dans la station, ouvre ses portes et libère les gens pressés. Plus de pas derrière lui. L'autre a peut-être abandonné. À moins que ce ne soit lui qui se soit fait repérer sur les rails. S'ils te chopent, les chauffeurs de la RATP n'hésitent pas à te filer une raclée avant de te foutre dehors. Voilà ce qu'ils se racontaient, lui et ses copains, lui et Benjamin, il y a longtemps, une éternité. Un court instant, Pat se sent chez lui dans les boyaux du métro parisien et il imagine le gars de la CIA entre deux gros bras syndiqués de la RATP. Il sourit presque. Il court encore, il n'y a plus personne à ses trousses, mais il ne faut pas traîner. Il émerge sur le quai de la station Mabillon. Appeler Noémie ? Il essaie. Pas de réponse. C'est un dimanche en famille. Il imagine un bel appartement. Un mari élégant, de grande taille, médecin comme elle. De jeunes enfants qui font du bruit dans une chambre au bout du couloir. Le café servi sur la table basse du salon. La vie dont il n'a pas voulu. Il imagine mal, évidemment. Il marche au grand air maintenant.

Lorsqu'il pousse la porte de l'immeuble, il regarde encore une fois derrière lui. Interphone numéro 7. Il sonne. Il a sous les ongles la fine couche de crasse dont il était si fier les toutes premières fois dans le métro. Pas de réponse. Il sonne encore. Après un moment, une voix faible demande :

– Qui est là ?

– C'est Patrick, dit-il.

Il regrette déjà d'être venu. Mais il est trop tard pour reculer, il monte, prend l'escalier plutôt que l'ascenseur pour ne pas annuler trop vite près de trois ans de silence. À l'étage, la porte est entrouverte, son père juste derrière. Ils se regardent sans rien se dire.

– Entre, dit finalement le vieil homme.

– Maman n'est pas là ?

– Dans sa chambre.

Ils suivent le long couloir tapissé d'affiches d'expositions auxquelles Patrick allait tout jeune avec sa mère, les femmes de Picasso au Grand Palais, les corps rouages de Fernand Léger à Orsay, ou les ciels de Chagall à Pompidou. Ils ne s'arrêtent pas à la première porte, celle des parents. Ils vont plus loin vers ce qui fut sa chambre à lui. Son père ouvre. Une lumière blanche vient de la fenêtre, qui contraste avec l'obscurité du couloir. Sa mère est là, au milieu de la pièce, dans une chaise roulante. Elle sourit comme elle n'a plus souri depuis longtemps. Elle lui tend les bras sans bouger.

– Elle ne marche plus et ne parle plus depuis deux ans, dit son père.

Patrick s'approche doucement. Elle attire son visage contre elle avec une force inouïe. Une faim terrible de mère qui fait se détourner le père. Les deux bras maternels ne sont qu'amour, reproches, attente, elle le pétrit, comme si elle pouvait le remodeler, recommencer, faire sortir de ses mains, comme naguère de son ventre, un nouvel enfant. Fresco se laisse faire, telle une poupée molle, mais sans pouvoir donner autant en retour. Il lui parle doucement, l'embrasse, puis se dégage, incapable de la regarder en face. Elle engraisse à ne plus bouger tandis que du fond de sa gorge sort un long râle. Il s'échappe, repasse au salon.

– Qu'est-ce qui s'est passé ? demande-t-il.

– C'est à moi de poser cette question. Pourquoi un fils qu'on a aimé, éduqué, auquel on a tout donné, traite ses parents de la sorte ? Je vais te dire ce qui s'est passé ici. Ta mère a fait une attaque il y a deux ans. Son fils était au cœur d'un scandale, il donnait des nouvelles par journaux interposés, mais pas une lettre ! Rien ! On a eu des visites étranges, des coups de fil anonymes, des menaces de mort et des appels dans la nuit nous annonçant ton décès ! Voilà ce qui s'est passé ! Et pas un mot de toi, pas un ! Je t'aurais pardonné, si ta mère n'était pas dans cet état-là. Mais là je ne peux pas.

Et tandis qu'il crie, elle écoute, pousse sur les roues de son fauteuil, sur les meubles autour d'elle pour avancer, longe le couloir aux affiches et s'installe devant la porte d'entrée, pour que son fils ne s'enfuie pas encore. C'est pourtant ce qu'il voudrait faire. Sur le moment, le sort que lui réservent ses poursuivants paraît moins pénible que ce qui l'attendait chez sa mère et son père. Vient un moment où il est trop tard pour renouer. Il s'assied dans un fauteuil du salon, regarde sa mère et son père communiquer entre eux, elle qui écrit sur une ardoise, son mari qui répond oralement, mais qui parfois se met à écrire aussi, d'où quelques post-it en pagaille dans l'appartement. C'est à lui que sa mère écrit maintenant.

– Que deviens-tu ?

– Je vis en Afrique.

– Pourquoi là-bas ?

– Je suis tranquille.

– Tu es marié ?

– Non.

– Alors tu n'as pas d'enfants ?

– Non.

La sonnerie de l'interphone retentit. Les yeux du père, habitué à ne plus voir personne, s'inquiètent. Fresco lui fait signe de ne pas répondre. Il pense à ses poursuivants. Aux flics. Sonnerie à nouveau. Non, fait Fresco de la tête. Puis silence. Un père, une mère et leur fils se dévisagent, ils ne laisseront personne assister au crépuscule familial. Pourtant, un court instant, l'appartement a failli renouer avec le passé, voir monter Noémie dans la cage d'escalier où l'on n'entend rien, ni cris d'enfants, ni bruits de cuisine ou de tuyauterie, ni les pas qu'étouffe le tapis rouge sur les marches. Pat a refusé. Ses parents lui ont obéi. La suite en aurait peut-être été changée.

Noémie rebrousse chemin. Elle regagne le jardin du Luxembourg où elle a donné rendez-vous à Félix. Il est déjà là, installé sur les grandes chaises en fer autour du bassin. Il a replié l'une de ses jambes sous l'autre, comme si toutes ces chaises étaient les siennes. On devine ses habitudes ici.

– Alors ? demande-t-il.

– Personne. Comme à l'hôtel. Visiblement même la police le cherche. J'ai reçu la visite de deux inspecteurs hier. Ils voulaient savoir ce que je savais. Ils regardaient par-dessus mon épaule comme si je cachais quelqu'un chez moi. Ils m'ont fait comprendre qu'ils nous avaient vus ensemble vendredi.

– C'est quoi votre lien avec lui ?

– Ici, le quartier, l'école. Il a longtemps été en classe avec mon frère, jusqu'au lycée et même quelques années supplémentaires.

– Moi aussi j'ai grandi ici, dit Félix après un instant. Je raffolais des balançoires.

– Moi des poneys. Ça paraissait tellement plus grand alors. Vous habitiez où ?

– Rue Vavin. Mon père était magistrat, le genre qui aurait adoré étouffer toute cette affaire.

– Nos pères auraient pu être amis…

Nous aurions pu être amis, pense Félix. Un court silence s'installe. Ce jardin, ces allées, ce père, ces pères dont ils parlent ouvraient un chemin qu'il convenait de suivre. Ils sont maintenant de vieux gamins du quartier. Blancs, la quarantaine, elle médecin, lui avocat. Aujourd'hui c'est dimanche. Beaucoup d'enfants jouent un peu plus loin, comme eux naguère qui ne comprenaient rien, et savent tout désormais des mensonges de ce décor tranquille, prospère et raffiné qui ne tient que par la violence qu'on pratique ailleurs.

– Tout le monde se met à me croire maintenant au sujet de mon père, reprend Noémie.

– Oui, le doute s'installe. Mais dites-vous bien que plus on va fouiller, plus on risque de trouver des choses le concernant.

– Je sais. Mon père a eu une longue carrière. Je ne m'attends pas à un homme vertueux. Mais je ne pouvais pas laisser raconter qu'il s'était suicidé. Et Nanteuil, qu'est-ce qu'il dit ?

– Je ne lui ai pas dit qu'on se voyait, ça vaut mieux, je crois.

– Oui. De toute façon, je n'attends plus rien de lui. Mais vous, qu'est-ce qui vous intéresse dans cette histoire ?

– Comme je vous l'ai dit, je dois rencontrer Fresco. Il doit me remettre un document important pour un ami magistrat au Nigeria.

– C'est étrange comme coïncidence.

– Ça n'en est peut-être pas une.

– Qu'est-ce que vous voulez dire ?

– On revient à la case départ, répond Félix, évasif.

– Et c'est ici la case départ ?

– C'est ça... L'aire de jeux des mômes aux parents haut placés, lâche-t-il.

Son visage s'est tendu.

– Ne soyez pas si dur avec nous..., sourit-elle tristement.

– Ne dites pas nous. J'étais dans votre classe à l'Alsacienne. Mais vous ne vous souvenez pas de moi.

– Pourquoi ne pas me l'avoir dit plus tôt ?!

– Ça changeait quoi ?

– Je ne sais pas.

Il voit bien qu'elle cherche, se repasse les photos de classe, les petits copains, les autres garçons, mais rien ne vient, Félix ne figure pas dans ses souvenirs. Il était hors de son champ d'attraction. Il n'avait plus l'âge de jouer aux balançoires, plutôt celui où l'on traîne en laissant monter ses désirs, il sentait alors son trouble et ses conséquences, il ne freinait rien, laissait son regard se poser là où ça lui chantait, il savait qu'il allait devenir une brebis galeuse, un pédé quoi. Et ce qui était bon, avant même d'y avoir goûté, c'était le sentiment de désobéissance.

– Vous vous souvenez de mon frère ? demande-t-elle.

– Oui mais vaguement, c'était une ou deux classes en dessous.

– Et de Patrick ? Je suis sortie avec lui pendant quelques mois...

– Vous n'êtes pas la seule, sans vouloir vous offenser. C'était un vrai petit connard de cour de récré. Il collectionnait les filles et a dû me traiter de pédé des centaines de fois. J'avoue que quand je l'ai vu sombrer avec son pognon vingt ans plus tard, je jubilais. Que fait-on pour le retrouver maintenant ?

– Finalement, je suis contente de ne pas avoir à faire les présentations…

– Va bien falloir pourtant.

– Il m'a demandé de ne pas l'appeler. Et la visite des flics m'a convaincue qu'il avait raison.

– Il faut espérer qu'il vous recontacte. Dans ce cas, vous me faites signe. C'est important.

– Il y a autre chose, dit Noémie tout en fouillant son sac.

Elle en sort les agendas de son père.

– Je les ai pris dans son bureau, comme ça, instinctivement. Il notait tout. Je les ai épluchés ce week-end mais je ne comprends pas les deux tiers de ce qu'ils contiennent, c'est bourré d'initiales. Peut-être qu'il n'y a rien à y trouver d'ailleurs. À qui les donner ?

– À moi.

Quelque chose tombe de son sac et roule par terre en même temps qu'elle sort les derniers agendas. Félix le ramasse et écarquille les yeux : un émetteur est posé au creux de sa paume.

– Quittons-nous tout de suite, dit-il en le jetant le plus loin possible dans le bassin. Ne m'appelez pas ! Changez de portable ! Numéro compris. Sortez la batterie de l'ancien. Je me débrouille pour vous contacter !

– À l'hôpital ! lance-t-elle sans vraiment comprendre ce qui se passe.

Il marche sans s'arrêter. Il sort la batterie de son téléphone. Ils ont probablement capté son numéro s'ils surveillent Noémie depuis plusieurs jours. C'est comme ça qu'ils ont su qu'elle avait rencontré Fresco. Pour ça qu'il a eu des problèmes et quitté l'hôtel prématurément. Mais qui ils ? Il fonce au bureau. Le cabinet est quasiment vide, tout le monde est sorti déjeuner. Il s'assied dans le fauteuil de l'assistante, Hélène, décroche son téléphone et appelle Lira. Elle ne répond pas. Il cherche Nwankwo par Skype. Par chance, le visage fatigué et mal rasé du Nigérian s'affiche.

– Nwankwo, je fais vite. Fresco a disparu. J'ai vu Noémie, mais elle a découvert un émetteur dans son sac alors qu'on était ensemble. Je suis peut-être repéré. Lira pas encore je pense.

– Ils vont finir par remonter jusqu'à elle. D'après Kay, le brouillage ça n'a qu'un temps. Il faut penser à la faire bouger.

*

– Paulina, j'ai fait un affreux cauchemar cette nuit. Il faut que tu m'apportes quelque chose de plus fort pour me changer les idées. S'il te plaît. Je t'aime.

Elle passait la main dans ses cheveux, cette nuit, ils tombaient tout seuls, et au bout, à la racine, il y avait de vraies racines, fines, blanches, sorties de la terre, comme sous les fleurs, les plantes, pleines de bestioles et de vers, comme si elle était morte, déjà en dessous. Elle s'en est souvenue au réveil. L'image la poursuivait et elle n'en avait aucune autre à lui opposer. Elle a cherché pourtant, parmi ses plus beaux souvenirs, les rues de Saint-Pétersbourg, les fous rires de sa mère, les premières années de Paulina, et même ses derniers reportages, cette ferveur en elle de démonter les complots, ce plaisir des réunions et des débats sans fin autour de la grande table de rédaction. Mais toujours, elle revenait à son cauchemar, à ses cheveux couverts de terre et de vers, puis la voix du médecin, il y a des années, s'en est mêlé, « Madame, la nécrose est profonde, il faut envisager une extraction des globes, ensuite c'est comme vous le désirez, soit nous y plaçons des yeux de verre, soit vos paupières vont se refermer. » Alors elle s'est levée, elle a fait ce qu'on fait dans ces moments-là, même quand on n'y voit plus rien. Elle a ouvert la fenêtre, les volets, pour écouter le bruit de la rue en bas de chez elle, le bruit semblable à celui d'hier, qui dit : le jour s'est levé, tu es encore là, à la même adresse, dans ta vie de merde, mais en vie.

Puis elle a branché Vlad qui lui a débité les informations de sa voix synthétique, donné l'heure aussi, il était tôt, 6 heures du matin. Mais ça ne suffisait pas, ses cheveux grouillaient encore de bêtes, elle a attrapé un élastique pour les nouer. Puis elle a cherché la petite boîte métallique. Selon ses calculs, il lui restait deux des pétards préparés par Paulina. Elle a fumé le premier et quand elle a entamé le second, elle a laissé ce message à Paulina. Il lui en faut encore.

Car doucement, enfin, elle commence à se détendre. Elle ferme les yeux. Vlad lui livre les derniers commentaires sous son blog d'hier. Toujours ce 2SCARED qui semble devenu un fidèle : « Bien joué, V.L.A.D. On compte sur toi. On a besoin d'infos comme les tiennes. » Elle écoute à peine ces mots de soutien qui reviennent chaque jour. Ça devient une triste ritournelle. D'autant plus triste que les complotistes de tout poil s'en mêlent, répandent la haine, saccagent son travail de leurs névroses illuminées. Ils mélangent tout. Même les connards sont sincères, soupire Lira. L'herbe fait son effet. L'apaise. Maintenant Vlad lui lit ses e-mails. Et elle sourit. Un message de Nwankwo dans la petite boîte. Un autre scoop pour Vlad, dit-il. Mais rien de plus, rien de personnel, rien qui déborde. Nwankwo est aussi raide et lointain qu'un phare dont le faisceau balaie le monde.

Vlad relève maintenant son autre messagerie électronique et lui fait part d'une invitation intéressante.

« Chère Lira Kazan

« Grettings from Washington DC. Mon nom est Dan Lambert et je travaille pour Creative Associates International. Je vous contacte pour vous parler de notre projet, qui consiste à former de jeunes étudiants et futurs leaders du monde à la lutte contre la corruption. Nous organisons ces sessions dans plusieurs pays, les conférences sont assurées par des acteurs locaux et différents experts internationaux et nous serions très honorés que vous les rejoigniez. Tous les frais seraient bien évidemment à notre charge.

« Je serais très flatté de pouvoir vous en parler plus précisément, je serai à Paris très prochainement. Nous pourrions discuter des détails et des sujets qui vous sont spécifiques. Dites-moi ce que vous en pensez. Cordialement.

« Dan Lambert

« Program Specialist Election, Education and Integrity. »

Elle dicte à Vlad une réponse intéressée à ce Lambert. Puis elle relit les informations de Nwankwo et passe à son blog. À 9 heures, elle est habillée, elle laisse quelques mégots sur le bord du cendrier, la voix de Vlad récitant seul la corruption du monde, elle prend sa canne, son téléphone et sort. Dehors, elle se sent mieux, suffisamment floue pour oublier sa peur de marcher seule. Elle s'abandonne au tracé et au mouvement des rues, elle a la sensation d'être nulle part, en tout cas pas entre quatre murs, la sensation aussi d'échapper à l'obligation de penser, d'agir. Elle avance sur le boulevard Jourdan, ses perceptions ne sont pas comme d'habitude, les masses, les bruits sont moins distincts, elle a trop fumé, mais elle devine le passage du tramway, le grand parc de l'autre côté de la rue plein de cris d'enfants, elle va aller se poser sur la terrasse du café à l'angle de l'avenue. Tant mieux si d'ici là on la bouscule. Tant mieux si les voitures freinent. Tant mieux si sa canne cogne les poteaux, les poubelles, les trottoirs, les gens. Tant mieux si elle a peur. C'est qu'elle est vivante. Il n'y a plus de bestioles dans sa tête. Elle veut sentir le risque autour d'elle, sentir battre sa poitrine avant et après chaque obstacle. Elle respire profondément tandis que Paulina entre chez elle. Vlad parle tout seul. Paulina traverse le deux-pièces de sa mère. Elle trouve sur le bord du lavabo de la salle de bains la paire de ciseaux et les longues mèches blondes de Lira.

*

– Aucun papier d'identité sur lui ? demande Nwankwo.

– Aucun.

– Cause de la mort ?

L'employé de la morgue baisse le drap. Gorge tranchée.

– À quand remonte-t-elle ? demande Nwankwo.

– Deux jours maximum.

Le tiroir glisse, le cadavre disparaît. Nwankwo quitte la chambre froide. Kay l'attend dans le hall.

– Qu'est-ce qui t'est arrivé ? l'interroge Nwankwo qui voit tout de suite sa lèvre enflée et fendue.

Kay montre la photo sur son téléphone. Nwankwo fixe le sourire de Butchi. Il a l'impression de n'avoir jamais vu cette fille. Ce n'est pas celle qui négociait dans son bureau à coups d'œillades, pas celle à qui il rendait visite honteux au petit matin, c'est une autre, une fille heureuse.

– Quoi ? dit-il.

– Le beau gosse, là, c'est le fils du Français qui s'est pendu, lâche Kay.

– Qu'est-ce qu'il foutait ici ?

– À ce qu'on m'a dit à l'hôtel, c'était un grand pote de Fresco. Ils se connaissaient de longue date. Il a pas donné de nouvelles d'ailleurs ?

– Rien.

– Il nous a enflés, ce salopard. Il disparaît et elle meurt. Tu trouves pas ça louche ? On dirait que cet enculé efface ses traces.

– C'est à l'hôtel que tu t'es fait exploser la lèvre ? Pourquoi tu m'en as pas parlé, on y serait allés ensemble. Ne joue pas solo ! Je veux pas me retrouver à genoux dans ton sang ! s'énerve Nwankwo en faisant un pas vers lui au point de se retrouver à quelques millimètres. Je ne veux pas ouvrir un tiroir d'ici et y regarder ta belle petite gueule, je veux pas ça ! Tu comprends ?

Il sent la morgue. La mort ne cesse de lui tourner autour. Il pourrait tout aussi bien prendre Kay et le serrer dans ses bras que lui fendre la lèvre de l'autre côté. Subitement essoufflé, il dit :

– Le macchabée, c'était un employé de l'hôtel. Celui qui nous a dit qu'il n'y avait pas de facture, l'autre jour. Je me disais bien que je le connaissais. Cet hôtel pue.

Ils sortent et marchent sans avoir décidé où ils vont.

– Tu connais l'histoire du puits ? demande Nwankwo sans attendre de réponse, celle qui dit que si on regarde au fond d'un puits, on peut voir le soleil et la lune s'y refléter, et que si l'on tombe au fond du puits, il n'y a plus ni soleil ni lune, juste la vérité.

Kay ne réagit pas. Il suit le pas rapide de son patron. Nwankwo n'a plus la démarche africaine. Il l'a peut-être perdue en Europe ou aux États-Unis. Il marche trop vite.

– Dis donc, Kay ? dit-il sans ralentir.

– Oui.

– T'es pas en train de torturer le Français au fond d'un de tes conteneurs ?

– J'adorerais.

« Lagos ou les coulisses de l'élection présidentielle française ?

« C'est là qu'a disparu Joël Scheffel, ancien directeur de cabinet de Simon Castelnau. Deux jours déjà sans nouvelles.

« Est-ce là aussi que le président-candidat Jacquemin remplit ses caisses de campagne ? Ci-joint les transferts d'argent de l'ancien gouverneur James Finley vers le cabinet de Me Bertrand de Nanteuil, ami du président de la République. Finley est un gouverneur déchu, accusé de corruption et de meurtre au temps de la dictature, mais un homme toujours riche et puissant qui possède de multiples sociétés-écrans. Il a manifestement fait transiter plus de 5 millions d'euros ces dernières années vers le cabinet parisien sous forme d'honoraires, en échange de conseils et de procédures dont on a bien du mal à retrouver la trace.

« Y a-t-il un lien entre cet argent et la disparition de Scheffel ?

« Un lien entre cet argent et le fait que toutes les procédures contre Finley viennent d'être annulées au Nigeria ? V.L.A.D »

VIII

Nymex Comex Uxc Uranium U308 Settlement 61

« Confidential. Noforn. CIA. Report. Disparition du Français Scheffel. Un blogeur du nom de V.L.A.D vient d'évoquer la disparition du directeur de cabinet Scheffel à Lagos alors que la nouvelle n'est pas encore officielle. Rien sur l'identité de ce blogueur. De toute urgence le localiser. Coley. »

*

Une nuit sur le canapé du salon. Étrangement, Patrick Fresco a bien dormi.

– Tu vas rester ? a écrit sa mère.

– Pas longtemps, maman.

Il a dit maman, comme se rallume une vieille ampoule qu'on croyait morte. Pour meubler le silence entre eux, il a ouvert les cartons où elle a rassemblé ses affaires, il y retrouve toutes ces choses dont les familles normales font des vide-greniers mais qui ont acquis le statut de relique au fil de son absence. Sa mère le regarde. Parfois, il tombe sur des photos, les lui montre, elle sourit.

En début d'après-midi, alors qu'elle dort, il donne le signal du départ.

– Vous recevez encore des menaces ? demande-t-il à son père.

– Tu es en danger ?

– Ne t'inquiète pas. Si tu lis ou entends quoi que ce soit sur moi, tu n'es pas obligé d'y croire. Et surtout, ne lui dis pas.

– Tiens.

Il lui tend une arme enveloppée dans un mouchoir.

– Il te fallait une bonne raison pour te retrancher ici.

Il n'a pas refusé. Il repart. Ses téléphones éteints, vidés de leur batterie. Il n'entend rien des appels pressants de Noémie. Rien des larmes de sa mère qui vient de découvrir qu'il n'est déjà plus là. Il est indétectable. Pour quelques heures au moins.

Et tandis qu'il marche, Inga Gomont sourit face aux dernières cotes du Nymex sur l'écran de sa tablette, elle se laisse aller contre le dossier de son fauteuil, écarte ses orteils fraîchement vernis, se rappelle la foule ivre de champagne la veille au soir, chez elle fêtant ses 54 ans. De temps en temps, elle presse sur son oreillette, mais sans rien dire et sans qu'on lui parle.

– Bidding, dit-elle au bout de cinq minutes. Bidding, répète-t-elle encore seule dans sa salle à manger.

C'est un ordre lancé vers Sotheby's à Londres et ça veut dire qu'elle renchérit. Une licorne dans du formol bleuté est mise en vente. *Dream*, c'est le titre de l'œuvre de Damien Hirst, plus de deux mètres sur trois, l'animal vous jette un regard doux qui vous ramène à l'âge des contes de fées. Bidding. Les prix montent. Dans la salle des ventes, quelqu'un la représente et lève une pancarte dès qu'elle lâche son « Bidding ». Elle veut la licorne.

Mais visiblement à Hong Kong une autre ex-petite fille gâtée, aux ongles probablement aussi impeccables que les siens, la veut aussi.

– Bidding, renchérit-elle, la voix moins légère, c'est son anniversaire, c'est pour elle. Mais Hong Kong monte plus vite que prévu. Bidding, dit la veuve en repliant le pied sur sa chaise. Bidding ! Elle s'accroche mais Hong Kong aussi. Elle triture nerveusement l'un de ses orteils. Bidding ! Le vernis saute. Bidding ! L'ongle a sauté aussi. Elle saigne. Elle n'entend pas le cri du domestique qui s'effondre sous le coup de crosse. Bidding ! Fresco est devant elle une arme à la main.

– Dites-leur que je veux un deal, dit-il.

– Il était temps, répond-elle sèchement, la main scotchée à l'oreillette. Greg, tu les lâches pas, je le veux ce *Dream*.

– Greg ?

– Ah mais oui, c'est vrai que vous vous connaissez ! Il t'en veut beaucoup d'ailleurs d'avoir pensé que tu pouvais le baiser de la sorte. Moi tu m'as juste déçue. On vend, Pat, on vend ! On n'achète pas !

Fresco lui arrache son téléphone. Son arme reste pointée sur elle.

– Greg ! dit Pat dans le téléphone. Greg, tu es là ? c'est Pat ! c'est toi ?

– Putain raccroche et dégage. T'as rien compris ou quoi !

Et c'est Greg qui raccroche.

*

A probablement vécu en Russie. N'a pas travaillé dans les médias. N'a pas de compte Twitter. Adresse IP inaccessible grâce à un système de brouillage. Autant dire qu'on ne sait ni qui il est, ni où il est. Voilà grosso modo la fiche de Vlad que résume Doret en descendant les quelques marches du perron.

– Mais les systèmes de brouillage, ça se désamorce, non ? éructe le président.

– Ça prend du temps.

– On n'a pas le temps ! Il faut l'arrêter tout de suite. Ça va crescendo, on ne contrôle rien et Frontenac se régale !

Il se glisse dans la voiture et claque la portière avant même que l'huissier ait eu le temps de s'en charger.

– Pas de panique non plus, on a encore un peu de temps, dit le directeur de campagne qui s'installe à côté de lui. C'est encore sous le radar, tu verras que dans l'avion aucun journaliste ne t'en parlera.

– J'ai envie de parler à personne. Qui est là ?

– Clarettini. Riquin. Et Sonnet.

– Un ami, un aigri, une idiote. Ça nous laisse une heure, pas plus.

La voiture file vers l'aéroport du Bourget. Sur les kiosques, Frontenac défie le célibat de son rival en posant avec sa troisième femme en couverture du dernier *Paris Match*. Doret est à l'avant. Le directeur de campagne assis à côté du président. Les visages sont fermés, les silences interminables. Les conseillers à court d'inspiration. Un secret ou une magouille révélés, ils connaissent, c'est désagréable, mais ils savent organiser la réplique, en attendant de voir si ça prend dans l'opinion. Mais cette fois, le pouvoir ne comprend pas et ne contrôle rien. À qui ça profite ? Qui balance ? Ça vient de chez nous ? De chez Awolo ? Finley et Awolo se réconcilient sur notre dos ? Où est Scheffel ?

– Et si Castelnau ne s'était pas suicidé ? lâche soudain le président.

Silence encore.

– En tout cas il est vivant, dit Doret.

– Castelnau vivant ? Manquait plus que ça !

– Non je veux dire Scheffel, bien sûr. J'ai fait consulter le serveur de son pacemaker, il est actif.

– Ah ! Ça sert d'avoir un toubib à bord ! sourit enfin le président.

Au Bourget, un avion pour Rennes attend le candidat. Les trois journalistes sont déjà là. Le directeur de campagne glisse au président :

– Trois ou quatre banalités et tu t'isoles pour ton discours. Pour le reste, tu fais comme on a dit : tu démens.

– Fait chier !

Avant, il aimait bien la compagnie des journalistes, leur parler en off, leur envoyer des textos à pas d'heure et mesurer son influence dans les papiers du lendemain. C'est ainsi qu'il est monté dans l'appareil du parti, par eux et avec eux. C'était l'ère bénie, tout était devant lui. Pour la première fois, il a le sentiment qu'il peut perdre. Perdre face à l'extrême droite. Il offre sourires et poignées de main mécaniques, s'installe face à eux dans l'avion, leur parle de son vieux penchant pour la Bretagne, du débat télé du lendemain, de la cérémonie aux Invalides, de ses souvenirs avec Castelnau, il les regarde griffonner ses phrases creuses aux faux airs de confidences, et étouffe ainsi d'éventuelles questions.

– Monsieur le président, vous avez des nouvelles de M. Scheffel ? demande l'idiote moins idiote que prévu.

– Et après on s'étonne que la presse s'effondre ! Choisissez mieux vos lectures, lui lance-t-il, cinglant.

Il se lève, s'éloigne, va s'asseoir, fulminant à l'avant de l'appareil. À l'arrivée, il y aura dix fois plus de questions comme celle-là. Sans compter les chômeurs, le fumier et les pneus des agriculteurs. Quand ce salopard de Scheffel sera de retour, il va l'entendre, il peut l'oublier son ministère ! Quelques secousses agitent l'appareil à l'atterrissage. Les journalistes descendent les premiers. Doret s'approche du président.

– Bonne nouvelle. Les services américains sont sur Vlad.

– Ils peuvent faire mieux que les nôtres ?

– Disons qu'ils peuvent remonter plus vite le système de brouillage. C'est eux qui l'ont inventé.

Nouvelle voiture. Toujours l'état de crise. Le téléphone de Doret sonne. C'est Éric qui voudrait écrire un avant-papier à la veille du débat télé, évoquer l'ultime semaine de campagne, l'impact du suicide de Castelnau. Doret branche le haut-parleur pour faire entendre au président les rituelles demandes de la presse, c'est la routine, tout va bien. Il répond tranquillement au journaliste, tout en lançant quelques coups d'œil complices dans le rétro en espérant que le président se déride et l'approuve.

– Pourquoi Scheffel a-t-il disparu de la campagne, alors qu'il est si proche du président ? demande Éric dont la voix et la perfidie emplissent la voiture présidentielle.

Dans le rétro, on peut voir un profond sillon se dessiner entre les sourcils du président.

– Il gère les affaires courantes du ministère de l'Industrie, répond sèchement Doret.

La conversation s'arrête vite. Éric regarde l'horloge. L'équipe va bientôt tourner. Il est de desk 1, il va abattre de la dépêche et ne pensera plus à Scheffel. Peut-être verra-t-il passer son cadavre, mais c'est bien connu quand t'es au desk, t'es police secours, tu vas voir un cadavre, tu constates et tu passes à autre chose. Étrange comme il parle à cet homme une fois par semaine depuis quelques années mais pourrait écrire froidement sa nécro. Qui pleurera Scheffel ? A-t-il femme et enfants ? Il s'en fout. Drôle de métier qui crée des proximités qui n'en sont pas.

Luc est assis à côté de lui, plusieurs documents se disputent son écran, dont le blog de Vlad et la bio de Scheffel.

– Au moins la nécro sera courte à faire, dit-il. Né en 1963 à Versailles. Diplômé de sciences politiques et d'économie en France et aux États-Unis. Après quelques années à l'étranger dans le secteur financier, il rejoint le cabinet du ministre de l'Industrie en 2012.

– Rien de plus sur ses années aux États-Unis ?

– Non.

– On n'en est pas là de toute façon, soupire Éric, l'air blasé.

Deux heures plus tard, pas un mort important dans le flot de l'actualité. Éric traite le flux, le sondage qui resserre les prétendants à la présidentielle, le plaidoyer du président pour les éleveurs dans une sous-préfecture bretonne, le dernier bulletin de santé de Fidel Castro, les exploits sportifs du jour, dont un record de saut à la perche, sport qui l'a toujours fasciné. Cinq à dix minutes par article, plutôt dix pour lui, il aime bien réécrire un peu les dépêches, leur trouver une phrase d'attaque, quelques formules, une chute, des vieux restes d'avant, lorsqu'il n'écrivait que pour demain.

E-mail de Luc, toujours assis à côté de lui :

« T'as vu le blog de Clarettini ? »

« Je le lis plus. »

« Notre ami Vlad, lui, les lit. Il le dézingue ! Un vrai bonheur ! »

Éric file sur le blog du directeur de la rédaction. Commentaire de Vlad :

> « Un ministre est mort, mais officiellement suicidé. Son directeur de cabinet disparaît, mais vous n'en parlez pas. Votre pays ressemble de plus en plus à la Russie et vous à la *Pravda*. »

Juste en dessous, un dénommé 2SCARED applaudit : « Et t'en connais un rayon sur la Russie hein Vlad ? »

– Oh putain ! Frontenac attaque via l'AFP ! annonce Luc.

Éric revient sur le fil de l'agence. « Demain, jour du grand débat télévisé, avec la France pour témoin, je demanderai au président de la République des explications : est-ce que la disparition d'un haut personnage de l'État au Nigeria n'a pas à voir avec les magouilles de son parti là-bas ? »

– Trouvez ce Vlad ! Pulvérisez-le ! rugit le président Jacquemin dans sa voiture en excès de vitesse sur les routes de Bretagne.

*

– A, C… F.

– Non E.

Lira passe un doigt sur le dos boursouflé de Félix en suivant les nouvelles lettres tatouées sous la peau qui pèle.

– Tu écris quoi ?

– Une phrase. Longue.

– Qui dit quoi ?

– Tu le sauras quand ce sera terminé.

– Un message pseudo-philosophique, j'imagine. Tu l'as inventée ?

– Non, c'est tiré d'un livre.

– Tu n'as pas peur de le regretter ? C'est si beau les épaules d'un homme… ça ne servirait à rien moi que j'écrive sur ma peau.

– Pourquoi ?

– Parce que je ne le verrai pas et que personne ne me caresse plus.

Félix se lève. Reboutonne sa chemise. Il s'en veut d'avoir cédé aux insistantes demandes de Lira. Elle boit trop, fume trop, lui confie trop.

– Tu sais que tout le monde parle de toi aujourd'hui ? Tu es au cœur de la campagne présidentielle maintenant !

– Tout le monde parle de Vlad, rectifie-t-elle.

Vlad est bavard. Le robot annonce des commentaires. « CELAFOTAQUI : Ce Scheffel il est juste parti chercher d'autres valises de biffetons et il a oublié de rentrer ? » « 2SCARED : Le ministre et son sbire ont trouvé plus fort qu'eux en Afrique. Juste retour des choses. »

– J'y comprends rien, dit Félix.

– Tu veux que je te le programme en français un instant ?

– Non merci. Va falloir que j'y aille. Tu devrais baisser le volume. Tu devrais le couper même de temps en temps, dit Félix. On entend que lui dans la cage d'escalier. Vaut mieux faire la morte par les temps qui courent.

Il regrette aussitôt sa dernière phrase. Mais il étouffe dans ce petit appartement mal aéré, il étouffe de ne pouvoir faire plus pour elle. S'ils savaient, ceux qui ne parlent que de Vlad, s'enflamment pour lui, le craignent, le cherchent, ce que cachent ces quatre lettres : une femme emmurée.

– Si ton nom apparaît, tu risques d'y perdre ton statut de réfugiée. Il ne faut en parler à personne, n'avoir confiance en personne. Et il faut que tu te réconcilies avec Paulina, je ne pourrai pas la remplacer et passer tous les jours.

– Elle a 20 ans et me parle comme ma mère ! J'en ai marre de passer mes journées ici, je suis pas cul-de-jatte. Quant à toi, tu viens si tu en as envie. Je veux pas de ta pitié ! Merci quand même de m'avoir laissée caresser tes épaules, ajoute-t-elle en se radoucissant. Tu sais que Nwankwo est le dernier homme qui m'ait touchée ?

Silence. Elle rigole. Il soupire.

– Je sais, dit-elle, t'as pas envie d'être ma meilleure copine ! Mais désolée, j'ai que toi !

Il l'embrasse, part vite. Il sent monter en elle cette douleur, chaque fois que la porte claque. Il sait qu'elle va chercher un pétard puis crier à Vlad d'écrire quelque chose. On entend Vlad sur le palier. Mais qui comprend cette machine qui parle russe et lui lit le dernier e-mail qui vient de tomber ?

« Chère Lira Kazan

« Merci pour votre réponse. Il se trouve que, par un changement de programme, je serai à Paris dès demain pour quelques jours. Si cela vous est possible, dites-moi où je peux vous rencontrer. Nous parlerons de notre prochaine session de formation. Cordialement.

« Dan Lambert

« Program Specialist Election, Education and Integrity. »

Lira s'est effectivement allumé un pétard. Elle se rappelle Nwankwo plus maigre, plus osseux sous ses mains.

C'était fugace pourtant cette nuit à Londres, comme un accident, le corps à corps de deux êtres traqués. Elle eut peur, ensuite, de deviner son dégoût et sa tristesse. Nwankwo a voulu tout oublier. Elle non, accrochée à l'odeur même passagère du dernier homme, puisqu'il n'y en a plus.

*

– Mais c'est le dernier à l'avoir baisée ! hurle Kay dans le téléphone.

Non, pense Nwankwo. Le dernier c'est moi, le dernier pour lequel elle retire sa culotte, s'offre sans plaisir, pour trois pauvres billets, c'est moi. Je suis le dernier. Il se tait.

– Tu m'entends ? Il faut pas qu'on le laisse repartir, insiste Kay. Il est là, je te dis, je le tiens d'un gars qui bosse à l'Intérieur. Il a réapparu, il est dans sa chambre, il va filer et pas revenir de sitôt. Il faut qu'on le chope avant !

– On n'est pas en charge de cette affaire, Kay. Jamais j'obtiendrai une commission rogatoire.

– Qui est en charge ?

– Personne, Kay. Personne.

Silence.

– Il n'y aura pas d'enquête, c'est ça ?

– La mort d'une pute de deux coups de couteau dans le ventre, c'est comme la mort de l'ouvrier sur son chantier. Une mort naturelle.

Nwankwo entend la respiration courte de Kay. Elle se mélange aux mots qui le hantent. Je suis le dernier. Le dernier des pauvres types. Alors soudain, il réagit :

– Écoute. On a le dossier Finley, les fonds vers le cabinet de Nanteuil. Scheffel financé par Finley ici. On peut peut-être l'entendre à titre de témoin. Attends...

Il lève les yeux au bruit de la porte de son bureau qui s'est ouverte.

– Qu'est-ce que tu fais là, Tadjou ?

– Papa, pourquoi tu rentres pas ?

– Regarde tout ce boulot, je m'en sors pas.

– Tu dors où ? Maman dit n'importe quoi, et moi j'en ai marre de vos histoires.

– Je dors là. Je travaille sur des dossiers très sensibles en ce moment.

– Maman dit que tu es parti.

– Bien sûr que non. C'est elle qui t'envoie ?

– Non.

– Je vais revenir, dis-le-lui.

Tadjou se retourne et s'en va aussi raide qu'il est arrivé, la tête dans les épaules. Il a atteint la taille de son père. Il est grand. Il lui ressemble. Nwankwo n'a pas bougé de sa chaise. Il l'a reçu derrière son bureau. Il s'en rend compte alors que Tadjou a la main sur la porte. Il se lève, repousse sa chaise.

– C'est bon, bouge pas, lui dit Tadjou d'une voix qui a déjà mué.

Nwankwo se rassied. Pourquoi n'est-il pas capable d'insister et de courir derrière son fils, de le prendre dans ses bras, de lui promettre l'amour et l'attention qu'il attend ? Parce qu'il pue sa dernière nuit. Il s'est égaré dans la ville, ses bars, il a trop bu, laissé des filles tarifées lui tourner autour sans les suivre, avant d'échouer à l'aube sur son fauteuil éjectable de patron de la brigade financière. Son corps est le dernier à être entré dans celui de Butchi, le dernier juste après cette ordure de Scheffel. Est-il en train de briser une bonne fois pour toutes l'homme qu'il était, de se débarrasser de lui, de sa bonté comme d'une peau morte, de basculer ? Kay a raccroché. Nwankwo reste un moment immobile, incapable d'agir, de savoir s'il rentrera vraiment chez lui ce soir ou demain. Mon fils, voudrait-il dire, je sombre, j'ai tant lutté contre la corruption du monde qu'elle m'a contaminé et me gangrène. Avant je croyais aux frontières, aux lignes de partage, au début et à la fin, au bien et au mal, comme au jour et à la nuit, je croyais au vent des idées, comme aux lendemains. J'étais un autre homme, celui qui t'a désiré, conçu et aimé, qui rêvait du meilleur pour toi, comme mon père avant moi, mais cet autre homme n'est plus.

Subitement, Nwankwo soulève les papiers sur son bureau, appelle son assistante.

– C'est pas ce soir le discours d'Awolo devant le barreau ?

– Si, dans les salons du Victoria Palace. Vous êtes en retard. Et on n'a même pas confirmé votre présence.

– Pas grave !

Nwankwo enfile sa veste, fonce aux toilettes, se passe de l'eau sur le visage, tire sur sa chemise pour la défroisser et la boutonne jusqu'en haut. Il appelle Kay :

– Je te retrouve là-bas, jure-moi de bien te tenir.

Lorsqu'ils entrent dans l'hôtel, vingt minutes plus tard, les vigiles les fusillent du regard mais ne disent rien. Le protocole est en place et la presse est là. Kay les fixe droit dans les yeux, collé à celui qui est encore le chef de la lutte anticorruption. Walter Fox posté à l'entrée des salons les voit venir les dents serrées. Nwankwo prend le temps de le saluer.

– Vous connaissez Kay, mon adjoint ?

Le président vient de commencer à parler. Il exhorte les avocats à aider le gouvernement dans la lutte contre la corruption qui est sa priorité, qui ronge ce pays dont l'essor économique ne profite pas encore suffisamment à la population.

– Le pays a besoin d'avocats qui ne sacrifieront jamais leur intégrité à l'appât du gain. Nous devons remettre nos tribunaux en état de marche, faire cesser l'impunité, j'ai besoin de vous !

Le ricanement de Nwankwo reste intérieur, étouffé par les applaudissements nourris. Awolo lui a adressé un léger sourire lorsqu'il l'a aperçu, comme pour le remercier d'être là alors qu'il était au bord de la démission. Sa présence le ramène probablement aux premières heures de son mandat, les plus belles. Nwankwo est resté de marbre, il balaie la salle du regard, un mélange de costumes traditionnels, de trois-pièces européens et de quelques uniformes militaires. Fox n'est plus sur le seuil. Il est probablement occupé par Scheffel quelque part. Nwankwo décide de ne pas bouger jusqu'à la fin de l'allocution présidentielle. Dès qu'il sent monter les dernières phrases, il fait signe à Kay qu'ils vont bientôt s'éclipser et profiter des applaudissements, des accolades et des poignées de main pour disparaître dans les étages. Trois minutes plus tard, ils sont dans les escaliers. Kay a le numéro de la chambre. Personne n'en surveille l'entrée, mais des voix s'échappent de l'intérieur, celles de Fox et Scheffel qui semblent régler les derniers détails du départ.

– Une voiture t'attend dans dix minutes en bas. Avant cela Awolo veut te voir. Ça se passera dans mon bureau.

La voix de Fox se rapproche, il doit être sur le point d'ouvrir la porte. Nwankwo et Kay retournent se cacher dans la cage d'escalier. Une fois la voie libre, ils toquent et entrent. Le store est tiré, Scheffel assis sur son lit. Il aboie :

– Qui êtes-vous ?

Nwankwo dit la vérité et, sur le moment, Scheffel semble rassuré. Il a les traits tirés. Nwankwo prend le fauteuil. Kay reste adossé à la porte.

– Vous allez bien ? demande Nwankwo.

– Mieux, répond Scheffel.

– Vous vous êtes perdu dans Lagos ? Vous connaissez pourtant bien la ville.

– Qui vous dit que je m'y suis perdu ?

– Rien, c'est vrai. Vous étiez peut-être tout simplement chez votre ami James Finley. Il s'est toujours montré très hospitalier ici avec vous.

Scheffel lève les yeux vers lui. Ce n'est donc pas la visite respectueuse d'un officiel du régime, mais une menace.

– Qu'est-ce que vous voulez au juste ?

– Je suis en charge de la lutte contre la corruption dans ce pays. Autant vous dire que je veux tout.

– Et moi je rentre à Paris. Il vous reste deux minutes, faites-vous plaisir, lâche Scheffel, sarcastique, qui rassemble ses dernières affaires.

– Vous avez passé ici quelques heures en compagnie d'une prostituée appelée Stella, avant de disparaître. C'est exact ?

– C'est exact, dit Scheffel avec le détachement d'un homme qui ne s'embarrasse pas de sa réputation.

– Elle a été retrouvée morte chez elle le lendemain matin. Assassinée.

– Je n'en savais rien. Je suis ici en mission pour le gouvernement français. D'ailleurs je m'en vais, s'agace Scheffel tout en composant le 0 sur le téléphone.

– N'oubliez pas de régler vos nuits. À moins que James Finley ne s'en soit chargé.

– Votre temps de parole est terminé. Je fais appeler la direction de l'hôtel.

– Stella m'a parlé avant de mourir. Elle était dans mon bureau il y a quatre jours.

Kay verrouille la porte.

– Elle m'a dit avoir été payée par Finley pour combler toutes vos attentes, tous vos caprices, et il paraît que vous en avez beaucoup. Elle m'a dit que vous vous connaissiez bien à force, que Finley la questionnait ensuite, sur vous, vos désirs, ce que vous lui disiez. Il riait devant elle, il disait qu'elle devait être très gentille avec vous, car il vous devait beaucoup, il devait beaucoup aux Français qui l'avaient sorti d'affaire. Elle n'a pas bien compris ce qu'il voulait dire, une pute n'est pas dans le secret de vos magouilles. Mais j'en ai déduit que vous avez fait pression sur Awolo pour faire annuler toutes les poursuites contre Finley. Vu tout l'argent qu'il vous a donné, c'est un juste retour des choses…

Scheffel reste figé le combiné en main. Kay n'en croit pas ses oreilles. Tout est bidon. Il était là ce jour-là, il revoit Butchi jouant de son sourire, de son décolleté, de ses jambes, il revoit son clin d'œil en sortant. Nwankwo invente, ou plutôt imagine, et ça sonne juste, car c'est toujours la même histoire.

– Elle m'a beaucoup parlé ce jour-là, Stella. Elle avait changé. Quelques mois plus tôt, elle était tombée amoureuse du fils de votre ministre Castelnau, il la traitait bien, alors allez savoir ce qui leur passe par la tête à ces filles-là, elle n'a plus voulu faire la pute, même si le fils du ministre était mort. Elle est devenue bavarde.

Il avait pensé inventer des aveux de Fresco mais Fresco est encore vivant. Butchi ne craint plus rien. Ils l'ont tuée pour qu'elle ne parle pas. Alors c'est une autre Butchi que dessine Nwankwo, celle dont rêvait Kay, qui se serait réveillée, relevée, aurait tout fait pour s'en sortir, Butchi courageuse qui a la force de trahir et même pas peur de mourir. Nwankwo brode avec une facilité qui l'étonne lui-même. Ainsi il efface le passé, force l'admiration de Kay qui a pourtant toutes les raisons de le détester. Et fait savoir à Scheffel que les intouchables n'ont aucun mystère.

La porte de la chambre s'ouvre brusquement. Les agents de sécurité font irruption, suivis de Walter Fox. Kay est projeté sur l'épaisse moquette et Scheffel sort, sous bonne escorte, le doigt tendu vers Nwankwo qu'il menace de toute la puissance nucléaire française.

Une fois dehors, Nwankwo dit :

– Kay, disparais maintenant. Nous ne sommes plus rien. Retourne dans tes conteneurs, où tu veux. Planque-toi.

– Demain soir où tu sais, répond Kay.

Puis il s'éclipse. Une heure plus tard, Nwankwo reçoit un SMS du président Awolo :

« Tu es allé trop loin. Ils vont me demander ta tête. »

« Laisse-moi quatre jours. Protège les miens. C'est peut-être la seule des promesses que tu m'aies faites que tu tiendras, mais c'est la plus importante. »

« Efface ces messages. »

*

Il faut partir. Vingt minutes qu'il est là. Rester plus longtemps devient dangereux. Inga Gomont lui parle comme si elle pouvait tout dire, tout lâcher, comme s'il était déjà mort. Elle sait que le temps joue pour elle. Il s'approche, le pistolet toujours tendu vers elle. Il s'approche encore, effleure ses lèvres du bout du canon puis remonte le long de son visage, elle tremble, il a le doigt sur la détente, tandis que le canon frôle sa tempe, soulève sa frange.

– C'est vrai que t'es vieille, souffle-t-il. Dis-leur bien, c'est ma mort qui déclenchera tout.

Puis il s'en va brusquement. Dévale les escaliers de l'appartement. Il court. Sort l'un de ses téléphones et appelle Noémie. Pas de réponse. Il rappelle plusieurs fois sans laisser de message, elle finit par le rappeler, s'excuse, elle est à l'hôpital.

– Je dois te voir tout de suite, dit-il.

– Je suis de service.

– Prends une pause, une courte pause, je t'en prie. Dans vingt minutes, le temps que j'arrive.

Il hèle un taxi, lui indique la rue de Sèvres. Le chauffeur est branché sur une radio qui passe une musique des Caraïbes, il doit être des Antilles ou d'Haïti, ça lui rappelle New York.

– Ça va, monsieur ? demande-t-il en regardant dans le rétro.

– Ça va, répond Pat.

Il doit avoir une sale mine pour qu'un chauffeur de taxi parisien se préoccupe de son sort. La voiture suit le métro aérien, puis longe l'hôpital, Fresco aperçoit Noémie, une veste de laine sur sa blouse blanche, un gobelet de café entre les mains, qui l'attend. Elle sourit lorsqu'elle le devine dans le taxi qui ralentit. Ce sourire, c'est le même que celui de Benjamin. Ils se ressemblent, c'est la première fois qu'il le remarque autant. Il a aimé que Noémie l'embrasse, aimé refaire l'amour avec elle, même s'il l'a regretté aussitôt. Il ne veut plus de lien. Pourtant, il a reconnu son corps, ses gestes d'il y a quinze ans, et là, en la regardant devant l'hôpital, il pense pendant une fraction de seconde que ça aurait pu être sa vie, ils seraient restés ensemble, se seraient peut-être mariés, il serait venu la chercher à l'hôpital, d'où sortirait-il à cette heure ? De quel bureau, de quelle banque ? C'est idiot de penser à la vie qu'on n'a pas eue.

Pat lui fait signe. Il tend un billet au chauffeur, sort de la voiture, et s'effondre instantanément au bruit de la première détonation. Une seconde retentit. Deux coups. Noémie hurle, lâche tout, court vers lui. Il s'est effondré face contre terre, touché au dos, la portière encore ouverte. Noémie appelle au secours, hurle au chauffeur d'entrer dans l'hôpital pour chercher de l'aide tandis qu'elle retire sa blouse, en fait une boule, la glisse sous la chemise de Pat et exerce une pression sur ses plaies. Il perd trop de sang. Elle est à genoux, penchée sur lui, l'oreille contre ses lèvres, il vit encore, il gémit, il est vivant. Les secours arrivent. Noémie délivre les premières constatations. Pat est allongé sur la civière, soulevé, tandis que les sirènes hurlantes de la police se rapprochent. Il est emporté vers les urgences, Noémie court à ses côtés, mi-amoureuse, mi-médecin, le visage en larmes.

– Tiens bon, je t'en supplie !

Les lèvres de Pat semblent dire quelque chose mais aucun son ne sort de sa bouche. Elle l'accompagne, elle est d'ici, personne ne lui demande rien. Ce n'est qu'arrivée aux portes du bloc chirurgical qu'elle s'arrête, donne quelques indications sur les blessures au chirurgien et les laisse l'emmener sur la table d'opération. Son bip n'en finit pas de sonner. Le petit de la chambre 8 a des poussées de fièvre. Elle doit remonter. Elle se résout à quitter les urgences, traverse les allées de l'hôpital et marche vers le pavillon où on l'attend. On entend encore le bruit des sirènes et des klaxons sur le boulevard devant l'hôpital, la circulation est bloquée, le sang encore chaud. La police est là, elle interroge probablement le chauffeur de taxi, tous les témoins, bientôt ce sera son tour. Soudain lui reviennent ces hommes qui ont sonné chez elle ce week-end, en se présentant comme des policiers, leur regard par-dessus son épaule, leurs questions vides pour faire durer la porte ouverte, ils cherchaient Fresco. Alors elle fait demi-tour. Elle a de l'avance sur eux. Elle pressent maintenant ce que dessinaient les lèvres de Pat. Elle ignore le bip dans sa poche, l'enfant de la chambre 8. Elle retrouve l'infirmière des urgences, lui explique qu'elle voudrait les affaires de son ami, retrouver son portable pour prévenir ses parents qu'elle connaît bien. L'infirmière lui rapporte le blouson de Pat, ainsi qu'un sac. Noémie fouille. Elle trouve son téléphone et fait mine de dérouler le répertoire, mais l'infirmière est trop occupée pour surveiller quoi que ce soit, alors elle explore ses poches, son sac, en sort papiers, ordinateur, clés USB. Bientôt elle entend le pas des policiers qui arrivent. Ils voudront parler au médecin, demanderont à voir ses affaires. Procédure normale. Mais plus rien n'est normal ou logique pour Noémie. Elle laisse le portefeuille de Pat, son sac, glisse téléphone et clés dans sa poche, l'ordinateur sous sa veste, et entre dans une petite salle pleine de linge sale. Une fois les agents passés, elle sort discrètement et s'enfuit avec les secrets de Pat, vers les fièvres des enfants.

IX

Nymex Comex UxC Uranium U308 Settlement 63

10 h 15

– Vas-y raconte.

Le docteur Grinberg s'adosse à la fenêtre avec lassitude.

– Je sais pas, j'étais dans le bureau du PR, j'avais débarqué d'Afrique deux heures plus tôt. Et là, une douleur horrible dans la poitrine, comme une brûlure.

– Et avant dans l'avion ?

– Ça allait.

– Et encore avant ? Paraît que tu étais sorti des radars.

– Je t'avoue que je ne sais pas trop. Mon dernier souvenir, c'est le bar de l'hôtel, quelques verres, des inconnus. Ensuite, ma piaule, la pute.

– Combien de grammes ?

Scheffel tourne la tête sur l'oreiller. À travers le verre poli de la porte de sa chambre, il distingue la silhouette de l'agent de sécurité qui veille sur lui.

– Dis-le putain ! Je suis ton toubib, pas le président de la République ! Je te rappelle que t'as une pile à la place du cœur !

– Ouais quelques rails mais pas plus que d'habitude. À part que quand je me suis réveillé, trois jours avaient passé.

– Je te l'avais dit quand on a opéré : la dope, la baise, tu ralentis ! Ou plutôt la baise tu ralentis et la dope tu arrêtes ! Tu te fais vieux. La prochaine fois, ça peut lâcher d'un coup. D'autant que cette fois, on t'a filé du lourd...

– On m'a piégé tu veux dire...

La porte s'entrouvre. Doret apparaît. Grinberg s'assombrit et s'efface devant la politique.

– À plus tard.

– Tu m'apportes les amitiés du PR ? dit Scheffel avec un rictus.

– C'est ça.

Ces deux-là ne s'apprécient pas. Doret semble avoir oublié son premier métier de médecin, il ne pose aucune question sur sa santé. Étranger aux odeurs et aux préoccupations de la clinique, il prend la chaise et s'assied à côté du lit.

– Écoute. Moi, la vérité, je m'en fous. Ce soir, c'est le débat. On ne sait pas ce qui peut encore sortir sur le Net. Je veux quelques éléments de langage et une version béton. Donc tu étais à Lagos, où tu représentais le gouvernement pour l'inauguration de cette mine qui va être exploitée par la France. Un malaise cardiaque t'a envoyé à l'hôpital. Mais ton état est resté secret pour des raisons de sécurité évidentes. Les terroristes s'en étaient pris aux ouvriers de la mine le matin même. Ça te va ?

– Ça ira. Je parlerai au PR d'ici ce soir, dit-il en se redressant contre la tête de lit.

– S'il a le temps. Il est sur les dents.

– Faudra qu'il le trouve, le temps, j'ai des choses à lui dire, insiste-t-il tout en mettant une main sur sa poitrine. Où en sont les sondages ?

– Ça se resserre. Quasi-égalité. Faut absolument marquer des points ce soir. Et entre toi et moi, je vois pas avec quoi. Castelnau n'avait pas tort en envisageant la défaite.

– C'était bidon. Je l'ai inventé pour les journalistes. Je me suis dit que les derniers mots d'un mort, ça pouvait mobiliser.

– Dire que tu as failli rester banquier… Un requin comme toi aurait manqué à la politique.

– Dire que t'as failli être toubib…

*

– Nom, prénom ?

– Mais je l'ai déjà dit, soupire Paulina.

Une heure déjà qu'elle est dans cette salle minuscule du commissariat du 11e arrondissement. Une table, un ordinateur, une chaise de part et d'autre. Deuxième interrogatoire. Un agent costaud a remplacé la jeune policière métisse.

– Nous avons interpellé un certain Victor Jube, dealer bien connu de nos services, et nous avons trouvé vos coordonnées dans son téléphone.

Paulina sait qu'il faut reconnaître, que le dealer les intéresse plus que le consommateur. Elle a donc reconnu il y a une heure lui acheter régulièrement un peu d'herbe. Et voilà que ça recommence.

– Nom, prénom ? répète-t-il avec autorité.

– Paulina Nikov.

– Profession ?

– Je suis étudiante.
– Étudiante en quoi ?
– Anthropologie et ethnologie.
– Nom des parents ?
– Ils ne sont pas d'ici, ils sont en Russie.
– Nom des parents ?
– Boris Nikov et Lira Kazan.
– Pourquoi mentez-vous ?
– Je ne mens pas.
– Lira Kazan n'est pas en Russie.

C'est alors que Paulina commence à s'inquiéter.

– C'est vrai, ma mère est réfugiée ici, mais je ne mens pas, elle est russe.
– Où habite-t-elle ?
– Paris.
– Son adresse ?
– Je suis majeure. Je ne relève plus de ma mère. Et ce serait beaucoup mieux pour elle qu'elle n'apprenne pas que je fume. Elle est aveugle et handicapée. Elle a assez de soucis comme ça.
– Son adresse ?
– 7, boulevard Jourdan, soupire Paulina.
– Où retrouvez-vous Jube ? demande l'agent.
– Porte de Saint-Ouen.
– Il est tout de même question à mots couverts de consommation importante et régulière. C'est pour vous seule ?
– Oui.
– Vous ne revendez pas ?
– Non.
– Vous ne partagez pas ?
– C'est pas revendre.

– Jube nous dit pourtant que vous êtes une associée. Vous lui trouvez des clients ?

– C'est totalement faux.

– Vous couchez avec lui ?

– Mais putain c'est quoi vos questions ?! J'ai le droit de garder le silence.

– Tu regardes trop de séries américaines.

Midi

Nwankwo finit par ouvrir les yeux. Il y a bien longtemps qu'il n'avait pas autant dormi. À vue de nez, il est tard. Il passe la main sur le drap froissé à côté de lui, Ezima est levée. La veille au soir, lorsqu'il a poussé la porte de la maison après des jours et quelques nuits d'absence, elle l'a regardé sans colère, sans même cette lueur victorieuse dans les yeux de celle qui récupère son mari. Il a compris qu'elle n'attendait plus rien de lui. Elle a remarqué le col sale de sa chemise, ses mains aux ongles trop longs, elle le détaillait comme un enfant. Baina et Ima ont déboulé dans des cris de joie et ont sauté au cou de leur père. Elles ont ainsi facilité les retrouvailles confuses de leurs parents, ou bien les ont empêchées, qui sait ? Tadjou n'était pas là, il était de sortie. Nwankwo a pris une douche. Ils ont ensuite mangé tous ensemble un ragoût de riz et de poulet merveilleusement épicé, ses filles faisaient tinter leur rire aigu à ses oreilles, elles racontaient que Tadjou avait un rendez-vous amoureux, mais que ça ne marcherait pas car sa petite copine n'était pas une Igbo, comme eux.

Elles avaient grandi, compris beaucoup trop de choses, et même qu'on a du mal à s'aimer quand on n'est pas de la même ethnie. Nwankwo a chassé la pensée de son fils étreignant le corps d'une femme. Une fois le repas terminé et les enfants sortis de table, il a dit :

– Je vais sûrement perdre mon poste.

Comme pour l'aider à déballer son histoire, la télé allumée dans l'autre pièce laissait entendre les actualités et le discours d'Awolo au congrès des avocats du pays. Sans un mot, Nwankwo a laissé sa tête tomber entre ses mains.

– Mais Awolo vous protège. Vous ne risquez rien. Il me l'a juré.

Ezima est venue derrière lui, a posé ses mains sur ses épaules en disant :

– Devance-les. Retire-toi et choisis les mots.

Elle lui parlait, comme l'étudiante dont il était tombé amoureux il y a bientôt trente ans, lorsqu'ils palabraient des heures au lit. Ils se sont éveillés au sexe et à la politique ensemble et en même temps. Puis la vie, les enfants, mais surtout l'exil, la mort qui rôdait autour d'eux ont changé Ezima en une mère protectrice, ont endormi l'étudiante radicale, l'alliée qu'elle était. C'est en tout cas comme ça que Nwankwo l'a perçue sans comprendre que ses cris, ses reproches n'étaient que la peur de le perdre.

Il regarde la chambre dans la lumière du jour, rien n'a bougé ici depuis des années. Il repousse le drap, sort ses longues jambes maigres du lit, et reste assis au bord. Que faire en attendant la réplique ? Lorsqu'il descend, Tadjou est installé dans le canapé. Il pianote sur son ordinateur. Grève à la faculté, comme d'habitude.

– Tu as vu ? dit Tadjou sans lever la tête, comme s'il avait toujours été là.

– Quoi ?

– Le gars que tu détestais, il s'est fait tirer dessus hier soir à Paris.

Nwankwo bondit par-dessus l'épaule de son fils et fixe l'écran : Fresco touché de deux balles dans le dos hier soir à Paris. Quelques lignes, peu d'informations, sinon le rappel du scandale, ses manœuvres de trader quand il travaillait à la banque.

– Connecte-toi sur Viber, s'il te plaît, dit Nwankwo.

Tadjou obtempère. Son père déjà lui récite un numéro. Félix décroche. On l'entend qui marche.

– Où en est Fresco ? demande Nwankwo.

– Plus près de la mort que de la vie.

– Tu as pu le voir ?

– Non.

Tadjou sent l'haleine chaude et chargée de son père qui s'agite derrière le canapé. À l'autre bout de la ligne, il entend les mots essoufflés d'un homme qui marche vite.

– Scheffel a réapparu. Je l'ai coincé juste avant qu'il n'embarque hier à Lagos, dit Nwankwo. Je vais sauter dans la journée, ils vont avoir ma tête.

Tadjou tressaille. Ça recommence… Il se souvient de cette nuit où ils s'enfuirent, du conte igbo qu'on racontait aux petits pour les tenir éveillés, d'Ima qui pleurait sans cesse. Il se souvient de la belle maison d'Oxford où ils ont atterri, du froid qui ne le quittait pas, mais aussi des disputes incessantes de ses parents là-bas, qui ne se sont jamais réconciliés depuis. L'exil avait brisé leur famille.

On frappe à la porte. Plusieurs coups. Tadjou se lève et va ouvrir. On entend la voix de Félix à des milliers de kilomètres.

– Je ne comprends rien, dit-il. Pourquoi tu vas sauter ? Tu m'entends ? On dirait que la ligne marche mal. Qu'est-ce qui se passe pour toi ?

– Bonjour. Police. Ton père est là ?

Nwankwo se redresse.

– Félix, je raccroche. Je te rappellerai. Je ne sais pas quand. Ici, les ennuis commencent.

Il ferme l'ordinateur de son fils. Se lève et rejoint la porte.

– Je suis là.

– Nous avons quelques questions à vous poser.

Le flic reste flou devant Tadjou mais il s'adresse à Nwankwo comme s'il avait déjà été démis de ses fonctions. Nwankwo entraîne les deux policiers vers la cuisine, ferme la porte coulissante sans leur proposer de s'asseoir.

– Vous avez été vu entrant chez une prostituée du nom de Butchi il y a trois jours dans la nuit, dit l'un d'eux après s'être raclé la gorge. Vous êtes le dernier à avoir été vu sur les lieux avant qu'on la retrouve morte.

Nwankwo n'en croit pas ses oreilles.

– Vous divaguez. C'est après sa mort qu'on m'a vu chez elle, je suis venu avec mon adjoint relever les indices dans l'appartement. Cette femme nous donnait parfois des informations.

Tadjou écoute de l'autre côté de la paroi. Il ne sait pas qui il déteste le plus. Les flics ou son père qui les entraîne toujours vers le fond. À travers la moustiquaire, il aperçoit sa mère qui arrive avec sa sœur. Il va au-devant d'elles.

– N'entrez pas dans la cuisine. La police est là.

– Vous avez été vu avant, vers 3 heures du matin, entrant seul chez cette femme.

– Elle travaillait pour nous, je vous dis.

– Vous reconnaissez donc avoir été présent chez elle à cette heure-là ?

– Je ne reconnais rien du tout ! crie Nwankwo en faisant valser les bols sur la table. Je ne suis pas l'un de vos suspects ! Vous savez à qui vous parlez tout de même !

– Vous estimez être au-dessus des lois ?

– Les lois ? Mais quelles lois ! explose Nwankwo. Depuis quand on applique les lois dans ce pays ? Depuis quand on s'intéresse aux putes qu'on poignarde ? Ici on blanchit les salopards qui ont ordonné la mort des flics qui font vraiment leur travail. Toutes ces enquêtes, toutes ces preuves dont on ne fait rien ! Depuis quand la loi intéresse quelqu'un dans ce pays ?! JE SUIS LA LOI ! La loi c'est moi ! Et c'est pour ça que tu m'accuses !

Sa femme ouvre la porte et entre dans la pièce.

– Ça suffit, calme-toi ! exige-t-elle, les dents serrées.

Nwankwo ne dit plus rien. Bientôt les policiers repartent en précisant qu'une convocation va suivre.

– Appelle Awolo, murmure sa femme.

– Tu vas encore partir ? demande la petite Ima.

Nwankwo est incapable de répondre à cette question. Un pli se creuse à la commissure de ses lèvres.

– Je n'en sais rien, répond-il tout en se relevant.

– Appelle Awolo, répète-t-elle.

– Ça ne sert à rien. Il est complice de tout ça. J'ai été trop con de le croire.

Félix monte la rampe du commissariat. Les bribes de sa conversation avec Nwankwo le hantent. Comme ce texto de Paulina, qu'il a lu des dizaines de fois : « Suis coincée au commissariat du 11e arrondissement. Ne dis rien à Maman. » Il prend son tour dans la file d'attente avant le guichet d'accueil. Une policière trop fardée enregistre les plaintes avant de donner un ticket. Un homme devant le guichet essaie de parler discrètement.

– Je veux voir un agent. Je suis en probatoire et j'ai un peu secoué ma copine hier, je préfère vous le dire, plutôt que ce soit elle.

– Secoué comment ?

– Ben secoué quoi, elle râlait, elle criait, alors je lui en ai mis une. Mais ça va, elle va bien. Mais je préfère le dire, parce que je suis en probatoire.

Félix tend une oreille curieuse tout en se demandant ce qu'il va bien pouvoir dire quand son tour viendra. Je suis avocat, et j'ai une amie entre les mains d'un de vos policiers ? Il n'a aucun droit à l'heure qu'il est. Ses yeux s'égarent sur un énorme cube sombre criblé de lettres lumineuses. T O U S L E S H O… Il lui faut quelques instants pour comprendre que c'est le début de la Déclaration universelle des droits de l'homme sans aucune ponctuation ni espace entre les mots. Plus qu'une personne devant lui. Un beau gosse aux cheveux châtains en bataille et yeux bleu foncé.

– Ma petite copine a été convoquée il y a un moment, et je n'ai plus de nouvelles.

– Comment s'appelle-t-elle ?

– Paulina Nikov.

Ainsi donc Paulina a un petit copain. Félix du coup s'approche et signale qu'il vient pour la même chose. Les deux se retrouvent, sans aucune nouvelle de Paulina, condamnés à attendre face à l'étincelante Déclaration des droits de l'homme, sans même un numéro à guetter, puisqu'on ne leur a rien volé et fait aucun mal d'après la nomenclature policière. Le petit copain s'appelle Joachim, il est étudiant en histoire et raconte que Paulina a été convoquée par un coup de fil pour une histoire de fumette. Le temps passe. D'autres plaignants, d'autres coupables aussi. Félix échange quelques messages avec Noémie. Joachim s'énerve : libres et égaux en droits, c'est ça !

À quelques mètres d'eux, mais de l'autre côté du mur, la situation se tend pour Paulina.

– Personne à contacter ?

– Félix Lacaze. 06 89 65 43 52.

L'officier de police judiciaire saisit les dernières informations. Un document de deux pages sort de l'imprimante quelques minutes plus tard, qu'il tend à Paulina.

– C'est un procès-verbal d'entrée en garde à vue pour trafic de stupéfiants. Signez là.

– Et si je refuse ?

– Ça ne change rien.

Elle saisit le document. Vérifie que les coordonnées de Félix y figurent. Mais ne signe pas.

– OK, dit l'officier.

Il ouvre la porte derrière lui.

– Il y en a une ici qui fait la maligne pour gagner du temps ! Vous la mettez en cellule.

Deux policiers conduisent Paulina un étage plus bas. Son téléphone, son sac, ses affaires sont confisqués. On lui demande d'ôter ses lacets et sa ceinture. Elle entre dans une cellule exiguë et puante, avec tapis de sol et couverture à la propreté douteuse. En levant les yeux, elle voit une caméra accrochée au plafond. Elle la regarde longuement et rageusement. Si elle hurlait, Félix l'entendrait-il ? Il bouillonne à l'étage du dessus, il se lève, s'adresse à l'accueil et exige des nouvelles, la policière assise derrière le guichet lui fait comprendre qu'elle n'est tenue à rien du tout. Félix revient vers Joachim.

– Écoute, je te laisse là, Joachim, mais je ne t'abandonne pas. Voici mon numéro, s'il y a quoi que ce soit tu m'appelles. Je suis avocat. Je vais voir sa mère.

15 heures

M. Fresco s'est assis sur une chaise dans le couloir, le dos bien droit contre le mur, les yeux dans le vide. Noémie le rejoint, s'assied, pose sa main sur la sienne. Il y a entre eux des souvenirs flous de gamins qui vont les uns chez les autres.

– Il est venu. Il est venu et il est reparti trop vite. Il a dit qu'il ne fallait rien croire de ce qu'on disait sur lui. Et voilà qu'il meurt. Comment l'annoncer à sa mère ? Je ne lui ai rien dit quand vous m'avez appelé, je suis parti de la maison en inventant n'importe quoi.

Noémie ne le contredit pas. Patrick a été opéré, il est stabilisé mais le pronostic vital est engagé. Les poumons et la moelle épinière sont touchés. Un long silence s'installe. Puis comme si le père avait pris sa respiration, il dit :

– Vous savez ce que je lui souhaite ? C'est de finir dans un fauteuil, comme elle. Qu'il comprenne enfin ce qu'elle endure, qu'il voie ce que c'est. Je le pousserai, comme je pousse sa mère. Je les installerai tous les deux, côte à côte, et il ne pourra plus l'éviter, ni l'oublier après tout le mal qu'il lui a fait.

– Ne dites pas ça, monsieur Fresco. C'est le chagrin qui vous met en colère.

– Il était intelligent, drôle, il réussissait tout... Il est notre seul enfant... Quand il a commencé à travailler, je n'ai pas aimé ce qu'il devenait. Il était arrogant. Je l'appelais « le jeune loup », ça mettait sa mère en colère. Après tout, les parents veulent que leurs enfants réussissent et il réussissait. Quand il a dégringolé, je n'ai pas été surpris, il avait perdu tout repère, tout sens des choses, de la réalité, toute humanité même. Nous ne l'avions pas élevé comme ça. D'ailleurs quand il est passé avant-hier, il n'était pas venu pour nous voir, nous embrasser, ça non. Il n'en ressentait plus le besoin depuis longtemps. Ça n'avait plus de sens pour lui. Même l'état de sa mère ne l'a pas poussé à rester, il n'a pas eu pitié d'elle. Il cherchait quelque chose, peut-être ce que votre mère nous avait apporté.

– Ma mère ? sursaute Noémie.

– Oui, votre mère. Elle a sonné il y a plusieurs mois. C'était juste après la mort de votre frère. Je lui ai proposé d'entrer mais elle préférait rester sur le pas de la porte. Elle m'a dit qu'elle avait trouvé une enveloppe au nom de Patrick dans les affaires de votre frère, parmi ses livres, à ce qu'elle m'a dit. Elle me l'a donnée et puis elle est partie.

Chaque mot entre doucement dans la tête de Noémie. Comme s'il fallait forcer des portes verrouillées, laisser passer sa mère là où elle ne l'imagine pas. Mais M. Fresco s'effondre doucement à côté d'elle, ne lui laisse pas le temps de recoller les morceaux.

– Je lui ai donné une arme pour qu'il se défende. Je ne veux pas qu'il meure, sanglote-t-il doucement. Mais je l'ai haï pour ce qu'il nous a fait. Et je me hais de n'avoir rien pu réparer, de n'avoir pas protégé sa mère.

La nuque du vieil homme fléchit, ses épaules s'arrondissent. Noémie pose la main sur son avant-bras. Elle n'arrive pas à lui promettre que son fils vivra. Et ils restent ainsi de longues minutes dans ce couloir où résonnent tous les engins de la réanimation.

– Qu'avez-vous fait de cette enveloppe ? murmure-t-elle enfin. Patrick cherchait quelque chose, il était venu avec moi dans la chambre de Benjamin. C'est sûrement ça qu'il voulait.

Bientôt un homme au pas pressé s'approche, se plante devant eux, et sort son insigne de policier. Il demande à Noémie s'il peut lui poser quelques questions. Elle se lève, promet au père de Patrick de revenir dans quelques minutes, et s'éloigne avec l'agent manifestement irrité. Elle sait pourquoi.

– Il semble que vous ayez fouillé les affaires de M. Fresco tout de suite après le crime, lui dit l'enquêteur.

– Oui, excusez-moi, dit-elle tout en fourrant la main dans sa poche. Voici son portable. Je l'ai pris pour prévenir ses parents. Je les connais bien. Nous étions ensemble au lycée. C'est son père qui est là, ajoute-t-elle en tendant le bras.

– Rien d'autre ?

– Non, j'ai simplement pris son téléphone et ensuite je suis remontée. J'étais de garde, un enfant n'était pas bien.

Étrangement, dans ce champ dévasté qu'est sa vie, mentir lui fait du bien, elle a le sentiment de reprendre un peu le contrôle des événements. Ce policier ne peut rien contre elle : elle est l'amie de la victime et de son père, elle est aussi médecin de cet hôpital pour enfants. Elle ment et c'est bon. C'est ce qu'il faut faire. Elle protégera Patrick, y compris ses coups bas. Elle pense à sa mère qui sonne chez les Fresco. Elle se rassied et demande à nouveau :

– Qu'avez-vous fait de cette enveloppe ?

Il ne répond pas.

20 h 45

– Dix, neuf, huit, sept, six, l'antenne dans cinq secondes ! crie la régie. Générique. Fond bleu, couleur primaire de la télé. Deux silhouettes se découpent au premier plan, Jacquemin et Frontenac face à face. L'un d'eux gouvernera la France pendant les cinq prochaines années. Dans les ambassades, on a une fiche sur chacun car il y a longtemps que la psychologie est une arme diplomatique comme une autre. Le premier, on l'a déjà pratiqué, friand des médias et très rond quand il faut négocier. À noter qu'il a été quitté par sa femme, ce qui est rare en politique. Le second effraie les capitales étrangères et les milieux financiers comme toujours l'extrême droite, mais c'est aussi un homme d'affaires qui pourrait s'avérer pragmatique et moins populiste s'il gagnait. Entre eux, deux journalistes, un homme, une femme, service public, service privé. C'est lui qui commence.

– Bonsoir, bienvenue. C'est ce soir une tradition de la République, un moment important de la vie démocratique.

Devant eux, les chronomètres sont prêts à tourner. Le tirage au sort a désigné le président pour commencer. C'est donc Frontenac qui conclura.

21 heures

L'image bouge, elle est mal cadrée. Une femme est filmée à son insu dans sa salle à manger luxueuse. On la voit qui presse sur l'oreillette de son téléphone : « Greg, tu les lâches pas, je le veux ce *Dream* ! » Personne ne sait qui elle est, ni Greg d'ailleurs. Qu'importe, il y a dans sa voix l'arrogance et la tessiture des tout-puissants. Elle n'a peur de rien. Elle veut une licorne dans du formol, elle est prête à lâcher 800 000 euros.

La nouvelle bombe de Vlad vient de tomber. Une vidéo pirate. On y entend aussi la voix d'un homme : « Greg ?

– Ah mais oui, c'est vrai que vous vous connaissez. Il t'en veut beaucoup d'ailleurs d'avoir pensé que tu pouvais le baiser de la sorte. Moi tu m'as juste déçue. On vend, Pat, on vend ! On n'achète pas ! »

Sa voix résonne, révèle un appartement trop grand, trop vide, qu'elle voudrait remplir, d'œuvres ou de gens qui la confortent dans ce qu'elle veut être. Son regard oscille entre mépris et séduction, elle pourrait l'écraser tel un insecte, comme elle pourrait l'embrasser, ce qui ne serait qu'une autre forme de contrôle.

« Pourquoi veux-tu qu'il soit mort, Greg ?

– Scheffel me l'a dit à Lagos.

– Tu l'as vu là-bas ?

– Vu, c'est un bien grand mot. Je l'ai entendu m'annoncer la mort de Greg et la mienne aussi.

– Que veux-tu..., soupire-t-elle. Tu avais tout pour toi, Pat, tu étais jeune, tu maîtrisais les innovations comme personne, tu pouvais doubler tout le monde. Mais ce n'est pas toi la vedette, c'est eux, ils peuvent te rendre riche à condition que tu sois leur esclave. Moi aussi d'une certaine manière je suis leur esclave... » Elle triture ses bagues. « Je ne sais pas ce que je peux faire pour toi, tu sais... Ils sont dingues, on ne les contrôle pas, ils fonctionnent à la nanoseconde, en affaires comme en tout... Tu es déjà mort pour eux !

– Je ne pense pas, ils ne mettraient pas autant d'acharnement à me poursuivre.

– Disons que la décision est prise. Le reste relève de l'exécution.

– Ben va falloir qu'ils changent d'exécutants. Dis-leur que j'ai un flingue pointé sur toi. Que j'ai aussi des informations à leur laisser en échange de ma vie. »

Elle sourit puisque la négociation est ouverte.

– « J'ai eu peur que tu me déçoives, que tu fasses à ton tour le numéro du trader repenti. On en a marre de ces types qui viennent se goinfrer puis qui, sous prétexte qu'on les renvoie, dénoncent les dérives du système. Mais quel gâchis tout de même, regarde-toi... OK, alors quel genre d'informations ? Et puis baisse ton flingue si tu veux qu'on cause... Cela dit il est un peu tard pour négocier. Et je ne veux pas rater cette vente par ta faute. Rends-moi mon téléphone ! »

Fin de la séquence. Quatre lettres s'affichent sur l'écran noir, V.L.A.D. Vingt minutes que le face-à-face a commencé à la télé. Combien de temps avant l'explosion ? Premier tweet. Luc retweete illico à ses cent douze mille followers, tout en hululant depuis le desk 1 : « Youahhhh ! » Et il retweete encore. « lv@l'autre c'est Inga Gomont. #. » Éric, le pouce levé, lui fait signe qu'à l'étage supérieur, chez Clarettini, ça doit être la panique. C'est parti. Internet s'enflamme pour Vlad, son vengeur masqué.

21 h 06

« Cela dit, monsieur le président, intervient l'homme tronc du service public, avant d'en venir aux problèmes concrets des Français et à vos réponses respectives, il est une rumeur qui ne peut pas ne pas vous être soumise, c'est la mort de Simon Castelnau. Je vous pose la question franchement : M. Castelnau, selon vous, s'est-il réellement suicidé ?

– Je comprends que le doute se soit installé. Simon Castelnau était un vieux compagnon, je n'aurais pas cru ce geste possible de sa part. Mais comme vous le savez, il avait perdu un fils, et croyez-moi, il était inconsolable.

Nous sommes des pères, et souvent des pères absents pour nos enfants car les affaires publiques nous volent à nos familles. Alors laissons-les en paix, lui et les siens, ne remuons pas tout cela indéfiniment. »

– Connard, lâche Noémie dans le poste de garde.

Dans les chambres, les lumières s'éteignent progressivement. Les enfants mettent du temps à trouver le sommeil, les parents s'attardent, certains vont dormir là, dans le fauteuil ou sur un lit d'appoint, ils vont venir vers elle, chercher la parole rassurante du médecin. Noémie serait bien en peine de rassurer qui que ce soit.

« Mais la disparition de son directeur de cabinet pendant quelques jours avait de nouveau alimenté la rumeur ?

– Nous savions où il était. Joël Scheffel était parti au Nigeria pour l'inauguration d'une mine d'uranium qui sera exploitée par la France en accord avec le gouvernement nigérian. Il était censé rentrer le soir même pour assister le lendemain matin aux obsèques de Simon Castelnau dont il était le directeur de cabinet. Mais il a fait un malaise cardiaque. Joël Scheffel a le cœur fragile, il ne m'en voudra pas de le préciser ici, il n'a jamais tiré parti de son état pour limiter ses efforts à représenter et à défendre les intérêts de la France. Il était intransportable. Il a été hospitalisé dans le plus grand secret. Car dans ces contrées dangereuses, il vaut mieux rester discret. Le matin de l'inauguration, les islamistes avaient massacré sauvagement la cinquantaine d'ouvriers qui devaient travailler sur le site, des hommes courageux prêts à travailler dur pour nourrir leur famille. »

– Il va faire un tabac en Lorraine, ricane Éric au desk 1.

« … Et les terroristes auraient pu aller plus loin. La menace est partout. Quand je pense que certains se sont rués sur sa disparition pour raconter n'importe quoi, juste pour salir l'honneur de la République et de ses serviteurs. »

– Connard, murmure encore Noémie.

21 h 10

La porte de la cellule s'ouvre. FOUILLE ! Dix minutes que l'équipe de nuit est en place. Une policière entre, demande aux trois détenus de se lever, de se tourner jambes écartées mains contre le mur. Paulina s'exécute. La policière la palpe de haut en bas, plus longuement que dans un aéroport, et comme pour les autres, retourne son tapis de sol crasseux, sa couverture, rien à signaler, sinon les punaises qu'elle vient de déranger.

– Je veux voir mon avocat, dit Paulina.

La policière sort sans répondre.

– HÉ, LA PUTE ! Je veux pisser, crie le détenu d'à côté. Reviens, la pute ! Je veux pisser.

21 h 30

Vlad c'est donc Fresco ? se demande Nanteuil, abasourdi. Son téléphone sonne.

– Je dis rien, j'ai réécouté deux fois, dit Inga Gomont.

– Tu dis tout et rien. Légalement, c'est flou. Politiquement, c'est très clair.

– Je ne fais pas de politique moi.

– Pour l'instant tu ne bouges pas. Vous avez parlé longtemps ?

– Une petite demi-heure.

– Y a même pas une minute là..., soupire-t-il. Essaie de te souvenir de ce que tu as dit, faut qu'on anticipe et que le flingue change de main rapidement.

Il garde un œil sur la télévision. Frontenac, qui a du temps de parole à rattraper, promet un retour de la production en France et l'arrêt de TOUS les flux migratoires. Pendant ce temps, la veuve Gomont se massant l'orteil à l'ongle arraché et la voix du trader traitant Scheffel d'assassin se répandent comme une traînée de poudre.

Nanteuil rappelle immédiatement Inga Gomont.

– Il y aura forcément d'autres vidéos. De quoi vous avez parlé ?

– Des Castelnau.

– Qu'est-ce que tu as dit ?

– Rien…

– Sûre ?

– J'ai peut-être évoqué le fait que je couchais avec Simon.

Nanteuil soupire. Et quoi encore ?

– Double appel, on dirait que l'Élysée cherche à me joindre.

– Réponds pas. T'as assez fait de conneries comme ça !

– Dis donc, tu me parles sur un autre ton !

Elle raccroche. Clarettini, ce lâche, n'a pas donné un coup de fil.

21 h 37

Le fond des verres vire à l'eau sale dans la loge du président. Les mégots trempent et se noient dans le champagne, laissant échapper goudron, fibres, cendres et tabac tandis qu'une autre cigarette s'allume contre le stress qui monte, le naufrage annoncé du président qui parle dans le poste. On dirait que la télé passe l'un de ces vaudevilles où le mari entre sur scène alors que le public sait l'amant dans le placard. Il doit se marrer, le public. Cherche-t-il seulement à comprendre ?

– Il faut le prévenir, dit le directeur de cabinet.

– Non, c'est impossible et ça le déstabiliserait. Il n'est pas si mauvais pour l'instant, dit le directeur de campagne, devenu comme les autres, une sorte d'hydre à deux têtes, l'une qui regarde la télé, l'autre l'écran de son téléphone.

– Mais il faut réagir, lui faire bouffer ses couilles, à ce Vlad ! Je croyais qu'on l'avait en ligne de mire !

– On attend. Pour l'instant, l'enregistrement, c'est entre Scheffel et la veuve, on n'y comprend rien, mais ça n'a rien à voir avec le PR.

– C'est peut-être ça le problème, justement. Que toi et moi, on comprenne rien…

Doret est en train d'injurier l'infirmière de garde à la clinique. Il veut qu'on réveille immédiatement Scheffel.

– Le cœur est fragile, nous avons décidé de le mettre sous somnifères, explique l'infirmière. Doret explose.

Dans sa chambre, Scheffel remercie Grinberg d'avoir consenti à ce mensonge. L'ordinateur ouvert sur le lit a joué et rejoué les extraits de la rencontre entre Gomont et Fresco. Son nom revient trop souvent. Il songe à ce qu'on ne voit pas, pas encore, à ce qu'ils ont pu se dire. Sa mâchoire est si serrée qu'elle émet une pulsation au bas de son visage blême.

– Ménage-toi, dit Grinberg, qui se refuse à poser trop de questions. Ménage-toi, répète-t-il.

Impossible, Scheffel est tendu comme un arc prêt à décocher sa prochaine flèche.

– J'ai besoin que tu passes chez moi, que tu me rapportes quelque chose.

21 h 40

« Qu'ils rappellent leurs chiens. Dis-leur que ma mort déclenchera un flot de révélations !

– Qui veux-tu que j'appelle ? De toute façon, c'est toi qui as mon téléphone. » La femme croise et décroise les jambes. « Vous étiez si beaux, Benjamin et toi, là-bas à Lagos, de vrais aventuriers. Pourquoi ne vous êtes-vous pas contentés de vous amuser, de profiter, vous êtes nés du bon côté… petits cons ! Que Benjamin se prenne pour un chevalier blanc, je peux comprendre, son père l'a toujours écrasé, mais toi, non pas toi ! Vous avez vraiment abusé des putes africaines, elles vous ont refilé des saloperies, de ces maladies que t'attrapes par la bite et qui te ruinent le cerveau ! »

21 h 50

C'est à Éric qu'a échu la tâche d'aller voir Clarettini. Il le trouve dans son bureau, mâchant frénétiquement sa Nicorette, la télé en boucle.

– On se calme, l'entend-il dire la porte à peine ouverte.

– Je suis très calme, répond Éric. Ce serait bien que tu descendes, qu'on se réunisse dans le bureau de Vincent pour voir ce qu'on fait. Maintenant je comprendrais très bien que tu te retires de la décision et nous laisses faire.

– Tu veux dire que je ne suis plus en état de prendre une décision, c'est ça ? dit Clarettini, l'œil noir.

– Je veux juste te faciliter les choses.

– Alors écoute-moi bien, je ne suis pas le seul à avoir un problème. Nous avons tous un problème. Tu sais qui te paie ? Qui a permis que je te sorte de Pôle emploi ? C'est elle. Alors on bouge pas pour l'instant.

– Si on fait ça, on est mort dans peu de temps et je retournerai au Pôle emploi. Alors tant qu'à y retourner, je vais faire en sorte de pas être la risée de toute la profession, ça m'évitera de poireauter trop longtemps là-bas la prochaine fois. Il faut parler de cette vidéo. On axe sur Scheffel, le reste on y comprend rien. Scheffel, c'est manifestement pas du tout l'histoire qu'a racontée le président.

Ils ont été des alter ego, des journalistes de moins en moins jeunes qui se dégarnissaient lentement en fréquentant les mêmes conférences de presse, les mêmes gouvernements. Et puis le temps passant et révélant la nature profonde des ambitions de chacun, ils ont pris des chemins différents, l'un a eu envie d'être visible, l'autre a décliné avec les journaux qui l'embauchaient. Clarettini est devenu un éditorialiste en vue, il fait ses chroniques à la radio le matin et a pris les rennes de Top News. C'est lui qui a embauché Éric au chômage depuis six mois.

– On attend encore un peu. Ce Vlad, on sait pas qui c'est, ce qu'il trafique, ni pour qui il roule. Il nous déteste, nous autres journalistes, ça se sent. C'est sûrement un raté, un frustré. Il pourrit mon blog de commentaires, c'est toujours le même truc, « vendu », « journaliste à la solde du pouvoir ».

– Pour un raté, il a quand même des infos.

– Toi, on dirait que tu t'en fous des élections, que t'as plus de convictions, lui lance le directeur de la rédaction, soudain grave. Tu veux que Frontenac soit élu ?

– Je m'en fous. Un parfait épouvantail pour faire élire les pourris d'en face ! Je fais mon boulot, c'est tout. Les gens ont le droit de savoir.

– T'étais de gauche quand je t'ai connu.

– Je le suis toujours. Ce qui te fait chier, c'est que je vais apprendre des choses sur toi que j'ai pas envie de savoir.

– T'adorais ça, avant, les élections.

– Jusqu'au jour où j'ai compris que je regardais la ligne d'arrivée comme un vulgaire commentateur du tiercé.

– Elle compte, tu sais, Éric, la ligne d'arrivée... Vaut mieux y être.

– Ben tu sais quoi, j'ai pas envie ! Démerde-toi pour me faire un licenciement à l'amiable que je touche quelque chose. Je me casse !

– C'est ça, martyr, dégage ! Et fais-nous une belle flambée sur le parking pendant que tu y es !

22 h 15

– La pauvreté augmente, dit Frontenac.

Le président opine, comme Doret et son directeur de campagne le lui ont suggéré. Ne pas chipoter sur ces chiffres-là, les reconnaître et attaquer ensuite.

– Je le sais, et c'est l'obsession de mon gouvernement qui cherche à tout prix à recréer les conditions de la croissance et de l'emploi.

Ensuite, ralentir l'élocution, laisser descendre la voix dans les graves, comme en séance de coaching cet après-midi.

– La pauvreté est une blessure pour ceux qui sont concernés et une humiliation pour la République. Nous avançons, les dispositifs sont insuffisants mais ils sont en train de donner leurs premiers résultats.

22 h 25

– Mais qu'est-ce que c'est que ça, rigole Lira. Une paire de nichons ?

– Oui, avec des mamelons rouges et des anneaux au bout, répond Félix. Ici c'est tatouages et piercings, pas le cœur du complot contre l'oligarchie internationale. Mais au moins on ne craint rien. Fais attention quand même, il y a encore du matériel.

– Je croyais qu'elle avait déménagé ?

– Oui, c'est en cours mais c'est pas fini. Bon... les réactions, c'est énorme ! Vlad a pris le pouvoir sur tous les réseaux sociaux ! Il est partout.

– Du coup, il est sans voix.

– Oui, je l'ai éteint. Ici c'est moi qui te raconte. Je préfère qu'on reste discrets.

– Vas-y raconte.

– La Gomont a été identifiée très vite. Lui pas encore, ça ne va pas tarder. Mais celui dont on cherche l'identité, c'est Vlad. C'est toi !

– Je ne suis qu'un émetteur. C'est ce pauvre gars qu'a tout fait. On a des nouvelles ?

Elle ne connaît pas cet homme dont elle a posté le film sous le nom de Vlad. Elle sait seulement comment il est tombé, et sa chute réveille la sienne, cette nuit pleine d'ombres à Londres il y a cinq ans, ses agresseurs qui surgissent, les coups de pied, de poing qu'elle donne, puis leurs mains sur sa gorge pour la maintenir sur le trottoir, l'acide versé dans ses yeux, et la douleur, la brûlure, le noir. Félix sait tout cela et il n'arrive toujours pas à lui dire pour Paulina. Joachim a envoyé un message : « Toujours pas sortie. » Félix sait ce qu'ils veulent.

– Rien de plus.

– Tu crois qu'à l'heure qu'il est, ils ont enfoncé ma porte ?

– Je ne sais pas.

– Elle sait que tu es là ?

– Qui ?

– Ben cette tatoueuse, Emma.

– Oui, enfin non. Pas vraiment. Elle m'a laissé un double des clés pour entreposer deux, trois choses. Pas pour dynamiter la République.

– C'est quoi ta phrase déjà ? « L'homme qui sait n'éprouve pas…

– … pas de joie égale à celle… »

Le téléphone de Félix sonne. On l'informe de la mise en garde à vue de Paulina.

– Je suis aussi son avocat, dit-il. J'arrive immédiatement. Elle ne peut être entendue sans ma présence. Quand sera-t-elle présentée devant un magistrat ?

– Tard ce soir ou demain matin.

– Je viens immédiatement, j'ai le droit de la voir.

– Nous connaissons la loi, monsieur.

Il raccroche et cogite à toute vitesse. Il doit éteindre ce portable, si la police le localise, elle pourra trouver Lira par la même occasion. Un nouveau message s'affiche. C'est Éric.

– Ça te pose pas de problème d'être maqué avec un chômeur ?

– Non, répond-il sans réellement comprendre.

Puis il démonte son téléphone.

– On dirait qu'Éric a perdu son boulot, dit-il en soupirant à Lira.

– Dis-lui de venir se faire tatouer « No future » sur son grand front de journaliste, ricane-t-elle.

Elle bouge à tâtons. Il la regarde tristement.

– Il faut que je te parle de Paulina.

Elle se raidit.

– Elle va bien. Enfin elle est chez les flics. Elle a été convoquée pour une histoire d'herbe, mais ils l'ont toujours pas laissée rentrer chez elle.

– Tu le sais depuis combien de temps ?

– On s'en fout. Elle m'a demandé de ne pas t'en parler. Mais maintenant ça dure trop longtemps. Ils m'ont appelé. Elle est placée en garde à vue.

– Cette herbe, c'est pour moi ! Pour me calmer ! Tout ça c'est ma faute !

Elle s'agite.

– Laisse-moi parler ! la coupe Félix avec autorité. Je pense que cette histoire de fumette n'est qu'un prétexte. Je pense qu'ils veulent remonter à toi.

– Ils savent où me trouver.

– Il faut que j'aille comprendre ce qui se passe. Elle a droit à un avocat. Je vais me présenter au commissariat. Et je vais demander à Éric de passer discrètement par ton immeuble pour voir si quelqu'un est entré dans ton appartement.

– Et moi je fais rien, j'attends ! Ma fille est dans la merde et je bouge pas !

– On n'est pas en Russie. Il ne peut rien lui arriver de grave. Je n'aurai droit qu'à une demi-heure avec elle. Je suis là au plus tard dans une heure et demie.

22 h 30 environ

Nwankwo n'a pas fait attention aux aboiements. Il compte : un, deux, trois, quatre, c'est la seule façon de ne pas se perdre parmi les conteneurs, le meilleur moyen aussi de ne pas trop se demander quoi dire au sujet de Butchi, car forcément Kay est au courant de ce qui se raconte. Maintenant il tourne à droite, compte cinq blocs comme dans une ville américaine et frappe enfin les trois coups habituels sur la tôle du conteneur de Kay. La porte est entrouverte, il la pousse. Kay lève à peine la tête.

– T'entends ? dit-il.

– Non, quoi ?

– Les chiens. Faut se barrer. Mais avant faut que je finisse ça, y a du lourd dans l'ordi de Nanteuil depuis tout à l'heure. Je finis le chargement. Encore quelques minutes et on fonce. Tu devrais filer devant.

– Non, je t'attends.

– La meute approche. Putain, putain, accélère, marmonne Kay à son ordinateur.

– Pourquoi tu penses qu'ils en ont après toi, ces clébards ?

Kay ne répond pas. Enfin il arrache le câble, rabat l'écran de l'ordinateur.

– On y va ! crie-t-il.

Et il s'élance, laissant derrière lui sa paillasse, deux teeshirts en boule et une paire de baskets. Les aboiements ricochent sur les conteneurs. Impossible de voir d'où ils viennent. Les chiens qui semblaient derrière paraissent maintenant venir face à eux. Kay regarde en hauteur. Seul le faisceau des lampes torches indique d'où viennent les poursuivants et leurs bêtes. Il hésite un instant sur le chemin à prendre.

– Par ici, dit-il finalement.

Ils courent dans une fine travée. On dirait deux petits hommes parmi des Lego géants. Bientôt Kay a disparu, il va vite, Nwankwo s'essouffle, avance au hasard, d'une foulée faible. Soudain il est tiré vers l'arrière, plaqué contre un conteneur bleu. Kay est à côté de lui. Il ne dit rien. Le halo d'une lampe de poche les balaie sans les voir. Les cris des hommes se mélangent maintenant à ceux des chiens.

– On tente les conteneurs réfrigérés, leurs chiens n'y sentiront plus rien. C'est pas loin.

Les crocs se rapprochent. Des torches les suivent. Kay s'échappe, il se retourne vers Nwankwo à bout de souffle.

– Fais des virages ! Tourne ! lui crie Kay.

Nwankwo, de la main, lui fait signe de s'en aller sans se retourner. Il continue d'avancer comme il peut, la main posée sur sa ceinture. Soudain, un grognement, puis une douleur vive qui lui transperce la jambe, les crocs d'un chien sont plantés dans son mollet. Ne pas tomber. Il dégaine. Tire. La bête hurle et le lâche. Il avance en traînant la jambe, son pistolet à bout de bras. Les autres sont à quelques mètres, il tente des virages, encore des virages, puis une porte s'ouvre, un courant d'air froid l'emporte, une nuée gelée sort de sa bouche.

– Combien de temps on peut tenir là-dedans ? demande Nwankwo.

– Quelques heures, j'imagine, répond Kay. Fais voir.

Il se penche sur la plaie de Nwankwo.

– Si j'ai perdu trop de sang, ils vont pas avoir de mal à nous retrouver.

– Pas tant que ça. Ton pantalon a tout épongé. Ça n'a pas l'air trop profond. Écoute, on dirait qu'ils s'éloignent.

Ils se recroquevillent contre les rangées de cartons posées sur des planches de palettes. Bientôt leurs yeux larmoient, leurs cils piquent, le froid les engourdit et atténue la douleur dans la jambe de Nwankwo.

– C'est pas vrai, hein, ce que j'ai entendu, grommelle Kay.

– Si même toi tu en doutes, je n'ai aucune chance de m'en sortir.

– Mais tu es allé la voir ?

– Mais non ! Je ne la voyais qu'avec toi. C'est toi qui la faisais parler, pas moi.

– Mais ce que t'as raconté l'autre jour dans la chambre de Scheffel ?

– Du bluff ! Tu la vois ta copine se confier à un flic ? Jamais !

C'est vrai que c'était pas le genre de Butchi. Le temps passe. Régulièrement Kay regarde l'heure sur son portable. Il n'a aucun réseau et la batterie se vide à toute vitesse à cause du froid.

– Une heure qu'on est là, dit-il.

– On tente une sortie ?

– Pas encore. Qu'est-ce qui va se passer ensuite ?

– J'en sais rien. Tu as vu que Fresco s'est fait tirer dessus à Paris ?

– J'ai vu. Mais avant ça, il a bien bossé, je dois dire. La messagerie de Nanteuil s'affolait ce soir. Tu vas aller à Paris ?

– Je ne servirai à rien là-bas.

– Tu n'as plus aucun pouvoir ici. Ils vont pas te lâcher.

– J'ai toujours les clés du bureau. Il faut mettre à profit le temps qui nous reste. Ce cadavre de l'employé qu'on a retrouvé, il faut remonter le fil. Ça mène à hôtel. À Scheffel.

Ils se taisent. Le froid engourdit même les mots. Kay promène son portable en bout de course le long des parois. La faible lumière laisse encore voir les cartons, les étiquettes.

– Peut-être bien de la viande.

– Ça pourrait intéresser les chiens.

Kay va d'un carton à l'autre, s'approche d'une étiquette posée sur la porte du conteneur.

– Gomont Africa Logistic, lit-il. J'avais jamais fait gaffe ! Je savais que ce port était aux mains d'une multinationale, mais je savais pas laquelle. Ce nom, Gomont, était dans l'ordinateur de Nanteuil.

– D'où les chiens... On nous trace depuis longtemps, soupire Nwankwo.

Quelqu'un l'a donc vu seul dans l'escalier de Butchi et en a gardé la preuve.

22 h 40

Félix est arrivé vite au commissariat du 11e. On lui a laissé lire le procès-verbal de garde à vue. Paulina vient d'être introduite dans la pièce. Elle a les traits tirés et ses vêtements sont déjà imprégnés d'une sale odeur.

– Tu n'es pas en trop mauvaise compagnie ?

– Ça va. Quelques toxicos et quelques cinglés. Tu n'as rien dit à Maman ?

– Si. Je n'avais pas le choix. Elle est morte d'inquiétude. J'ai vu le PV.

– J'ai pas signé.

– Tu as bien fait. Ils te chargent énormément. Tu n'en es pas là quand même ?

– Tu sais bien que non. Victor raconte que des craques. Ils m'ont posé des questions sur Maman.

– Je m'en doutais. Tu es leur appât contre ta mère. Ils ont dû faire un deal avec Jube pour qu'il te charge. En échange, ils abandonneront quelques enquêtes en cours.

– Va trouver les potes de Jube. Ils sont à Saint-Ouen. Cité Charles-Schmidt, c'est à huit cents mètres du périph.

Y en a un qui s'appelle Aziz. C'est lui qui fournit Jube. Dis-lui, à Aziz, que je le balance s'il n'arrive pas à convaincre Jube d'arrêter de dire n'importe quoi. Tu le trouveras facilement, là-bas, c'est quasiment fléché, un supermarché de la beuh. Et des mecs bien sapés dans ton genre, y en a plein.

Félix serre les mains de Paulina. L'embrasse.

– T'es un Spoutnik, sourit-il.

Dans le langage de Lira, il y a toujours eu les Spoutnik et les autres. Les courageux et les autres.

– Tu iras ? dit-elle.

– J'irai, mais pas ce soir. Je vais retourner auprès de ta mère.

– Qu'est-ce qu'elle a fait pour les mettre dans cet état ?

– J'ai rencontré ton mec, je crois. Joachim ? élude Félix. Beau mec, sourit-il.

22 h 47

Les ondes vertes sur l'écran du moniteur s'aplatissent pour ne plus dessiner qu'un trait. La machine vrille d'un bip aigu. Patrick Fresco est mort.

X

Nymex Comex UxC Uranium U308 Settlement 48

Éric pousse la porte entrouverte. Ce n'est plus que fils et plinthes arrachés, chaises renversées, coussins éventrés, ordinateurs volatilisés. Ils savent donc. Il reste un moment bras ballants dans l'appartement dévasté, soulagé que Lira se soit éclipsée à temps, mais figé par la violence qui s'est abattue là et qui forcément reviendra. Il ramasse quelques photos encadrées qu'il repose sur le bord d'une étagère : Paulina toute petite qui sourit, le cliché d'un été sur les bords de la Baltique, Lira, jeune, ses yeux bleus brillants, ses cheveux blonds qui caressent ses épaules nues, elle doit avoir 25 ans. Ces photos sont pour les autres, pour lui ; Éric n'a jamais connu Lira autrement qu'aveugle. Soudain un craquement dans son dos.

– Qui êtes-vous ? Et où est-elle ?

Éric se retourne. L'homme est grand, à la fois costaud et sec. Flic, barbouze ? Éric se présente comme un ami de Lira et dit ne pas savoir où elle est. Ce qui est vrai.

– Qu'est-ce qui s'est passé ici ? demande-t-il.

– Descente de police.

– Elle est aveugle ! Vous n'y allez pas de main morte !

– Je n'y suis pour rien, moi ! J'avais rendez-vous avec elle, je suis arrivé après. J'ai trouvé la même chose que vous et j'ai attendu que quelqu'un vienne.

– Et vous êtes ? lui demande Éric.

– Dan Lambert. Je viens de Washington. Je travaille sur des programmes consacrés aux nouveaux réseaux de la corruption. Nous avions proposé à Mme Kazan de rejoindre l'une de nos sessions. Elle m'avait donné rendez-vous aujourd'hui.

– Ici ?

– Non, au café en bas. Mais comme elle ne venait pas, je suis monté et je suis tombé sur cette porte ouverte. Je suis inquiet pour elle. Vous savez où la trouver ?

– Non.

Ils s'étudient.

– Vous n'avez vu personne ? demande Éric.

– Du café, j'ai vu sortir des types avec des gros sacs, mais sans y faire plus attention que ça.

– Ils ressemblaient à quoi ?

– Ces gars-là, quel que soit l'employeur, ils se ressemblent tous : des hommes de main.

– Plutôt français, étrangers ?

– Je dirais français.

Éric regarde encore l'appartement éventré de Lira.

– Vous m'excusez ? dit-il en s'éloignant pour appeler Félix.

Félix ne répond pas. Il est aux côtés de Paulina en face d'un vrai flic bien décidé à garder la jeune femme de longues heures encore, puisque la loi l'y autorise.

– Inspecteur, vous faites fausse route, objecte Félix. Paulina est peut-être une consommatrice de cannabis, mais elle n'a rien d'une dealeuse à grande échelle.

– Maître, j'ai là les aveux de Victor Jube dont elle nous dit qu'il est juste son fournisseur. Lui assure faire équipe avec elle. Et la régularité des appels entre eux va plutôt dans ce sens.

– Elle achète par petites doses. On ne fait pas un trafic avec si peu.

– Ce ne sont pas les chiffres de Jube. Il parle de deux cents grammes la dernière fois !

– Et c'est lui que vous croyez ! s'énerve Félix. Lui, c'est un récidiviste, ma cliente a un casier vierge !

– À la tête des réseaux, on ne trouve pas de petits délinquants récidivistes. Celui-là va de la fange aux beaux quartiers.

Croit-il seulement ce qu'il raconte, cet officier de police ? Il a dû recevoir l'ordre de charger Paulina. Félix cherche son regard, mais en vain, il fuit, obéit, parle comme il poserait des barrières, bloquerait les issues, alors que tout va de la fange aux beaux quartiers, de la périphérie vers le centre, tout circule, tout revient. La dope prend le même chemin que la musique qui naît dans les caves des cités et fait danser la jeunesse blanche et dorée, le même chemin que le pantalon tombant du taulard sans ceinture qui finit dans les vitrines chics. Mais pour faire carrière, il est préférable de voir le monde comme ce flic, c'est plus rassurant.

– Je réclame une confrontation avec ce Jube, dit finalement Félix.

– Nous verrons. La garde à vue est prolongée, dit le policier en se levant. Nous allons présenter Mlle Kazan devant le procureur.

Il sort un instant, laissant Paulina et Félix seuls. Félix pose le doigt sur sa bouche, s'assure que l'inspecteur s'est éloigné.

– Tu y es allé ? chuchote Paulina.

La perspective d'une prolongation de la garde à vue l'écrase sur sa chaise.

– Pas encore, j'y vais maintenant, mais je suis pas sûr que ça changera quelque chose.

Il sort. Une rage subite le saisit au ventre. Ils ont pris la fille pour obliger la mère à rendre les armes. Mais quelles sont les armes de Lira ? Il rallume son portable. Un message d'Éric s'affiche, photo de la grande table de travail de Lira vide et dévastée. Félix s'arrête un instant. Il a peur. Ici la police, là-bas les barbouzes. Qui tire les ficelles ? Il est peut-être lui aussi dans l'œil du cyclone. Instinctivement il ralentit et se retourne. Rien. Il éteint son portable, saute dans un taxi, lui indique une adresse, la première qui lui vient dans le centre de Paris, rue de Seine, les beaux quartiers, comme disait le flic et sa bonne conscience. Au moment de payer, Félix lui demande sa carte et laisse son portable sur la banquette arrière. Ainsi ceux qui tenteraient de le localiser vont faire un grand tour de Paris et sa banlieue. Lui s'enfonce dans le métro, direction porte de Saint-Ouen, imaginant Paulina menottée, dans une voiture de police, placée dans d'autres petites cellules, avec des voleurs à la tire, des camés, des prostituées, tandis que Lira est seule et sans repères, dans la pièce d'Emma.

*

Il a atterri très tôt à l'aéroport de Lagos, avec peu de bagages.

– Que venez-vous faire au Nigeria, monsieur Swansson ? demande le douanier.

– Des affaires, comme tout le monde, répond Greg en se disant que Pat aurait dit la même chose.

La nouvelle de sa mort lui a brûlé la poitrine. Il l'avait averti pourtant… Pourquoi Pat avait-il foncé chez Gomont ? Il entend encore sa voix en danger dans le téléphone, il y a deux jours : « Greg, tu es là ? C'est Pat ! C'est toi ? » Greg avait raccroché. Trop risqué. Dégage ! Ensuite, il avait quitté la salle des ventes d'un pas lourd, sans savoir pourquoi c'était lui que la banque avait chargé de venir acheter cette licorne, ni pourquoi Inga Gomont en personne l'avait dirigé. Depuis deux ans, la banque ne refuse rien à cette femme. Et maintenant, le voilà au paradis de Pat, mais sans pouvoir partager avec lui la folle vie qu'il promettait. Il marche d'un pas pressé, traverse le hall tandis que Finley avance vers l'embarquement.

– Ahmadu Bello Way, dit Greg au chauffeur de taxi.

Il y a de sacrés embouteillages au paradis. Des types qui en profitent pour vendre toutes sortes de camelote aux vitres des voitures. Et la voix de Pat qui plane, qui pèse, qui lui mentait, racontait son bonheur alors qu'il était aux abois. Greg ne tente pas de la chasser, elle est ici la seule chose qui lui soit familière. Il est là au nom de la prospection des marchés, c'est sa nouvelle affectation après cette fichue vente aux enchères, pas sûr qu'elle lui plaise et qu'il soit fait pour voyager. Vivement qu'il fasse le chemin en sens inverse, qu'il rentre à New York, qu'il retrouve son loft de la 21e Rue. Une heure plus tard, la presqu'île huppée de Victoria se dessine, de tout temps destinée à accueillir les fortunés. Les belles demeures coloniales qui naguère abritaient l'élite britannique voisinent avec les bureaux vitrés des banques fraîchement sorties de terre. Plusieurs palaces s'annoncent dans le périmètre, ils se ressemblent, palmeraie soignée, entrée lumineuse sous une avancée de béton. Le taxi s'arrête. « Une oasis de paix et de luxe », dit la pancarte plantée sur la pelouse.

– Combien de nuits ? demande l'employé à l'accueil.

– Deux.

Greg prend sa clé magnétique.

– Bienvenue, lui souhaite en souriant Walter Fox.

Au même moment, sur le port, la grue a stoppé son mouvement. La porte du conteneur frigorifique qu'elle vient de soulever est ouverte, le chargement foutu. En contrebas, on ramasse le cadavre d'un chien. Nwankwo et Kay sont partis avant l'aube, quand il n'y avait plus ni voix ni crocs autour d'eux. Il suffisait d'attendre. Engourdis par les heures passées dans la chambre froide, ils ont marché doucement pour réchauffer leurs muscles.

– Peut-être qu'on est déjà morts, avait dit Nwankwo en claudiquant.

– Putain j'espère que c'est mieux que ça là-haut, avait ricané Kay.

– On n'entre pas comme ça au royaume des esprits...

Il devait être 5 heures du matin. Ils sont passés par le bureau dont aucun ordre officiel ne les avait encore virés. Ils ont bu du café chaud, mangé tout ce qui traînait. Nwankwo a nettoyé sa plaie tandis que Kay allumait l'ordinateur. Ils ont ainsi appris la mort de Fresco, regardé les vidéos et compris l'onde de choc en France.

– Je l'avais sous-estimé, soupire Kay.

– Moi aussi. La femme avec qui il parle sur la vidéo, c'est celle qui possède le port.

– Alors c'est elle qui a envoyé les chiens ? Mais comment ils savent où je me planque. Ils t'ont suivi ?

– À mon avis, ça fait un moment que toi et moi on est tracés.

– Peut-être par les mêmes qui cherchaient Fresco ?

– Il parlait tout le temps des Américains.

– Mais pourquoi les Américains travailleraient pour cette Française pleine de fric ? lâche Kay, nerveux.

– J'appelle Félix.

Pas de réponse. Même pas de sonnerie.

– Putain ! s'écrie Kay.

– Quoi ?

– Il y a du lourd chez Nanteuil. Finley…

– Quoi Finley ?

– On dirait un rendez-vous.

– Où ça ?

– C'est pas dit. Ni le jour ni le lieu. C'est codé. Mais ça ressemble à un rendez-vous.

Félix ne répond toujours pas. Après quelques hésitations, Nwankwo compose le numéro sécurisé de Lira.

– Lira, c'est Nwankwo.

– Toi ! Que se passe-t-il ? Tu dois avoir une sacrée bonne raison pour m'appeler !

– Je viens de passer la nuit dans un conteneur frigorifique avec Kay, on nous avait lancé une meute de chiens au cul. J'ai la jambe en charpie. J'ai tenté d'appeler Félix et…

– Paulina est en taule. Félix est parti la libérer, il ne donne plus signe de vie. Et si ça peut te rassurer, je suis toute seule dans une cabine de piercing. Mon appartement a probablement été saccagé à l'heure qu'il est.

– Mais qu'est-ce qui se passe, putain ?

– On tire le même fil visiblement. Mais je ne sais pas lequel, je ne sais même pas ce qu'on cherche.

– Qu'est-ce que vous avez sur la veuve Gomont et son empire ?

– Sa principale activité, c'est le commerce de matières premières.

– Uranium ?

– Entre autres.

Nwankwo se tourne vers Kay :

– Il faudrait regarder si elle est partie prenante dans le contrat d'exploitation de la mine Mobi.

– Je vois rien. Pas trace de Gomont parmi les exploitants de la mine…, marmonne Kay quelques minutes plus tard.

– Qu'est-ce qu'elle dit exactement sur la bande, Lira ?

– Elle dit : « Il faut vendre, il faut vendre », soupire Lira.

La voix de Nwankwo l'envahit et la bouleverse.

– Nwankwo, écoute-moi ! Je vais pas rester ici enfermée longtemps, je suis pas chez moi, je craque. Félix a disparu et…

– Oui, je comprends, Lira, mais il va revenir. Elle dit « Il faut vendre », tu y connais quelque chose au marché de l'uranium ?

– Suffit de regarder les cours des derniers jours. Moi je peux rien faire. L'ordinateur est là, mais Vlad n'est pas branché.

– Vlad ?

– C'est avant tout le nom de mon lecteur vocal. Je peux rien sans lui. Mais ça me fait du bien d'entendre ta voix à toi.

– Écoute… Félix va revenir. Nous, il ne faut pas qu'on traîne trop par ici. Dans une heure ou deux, je serai peut-être démis de mes fonctions, je n'aurai plus le droit d'être dans ce bureau. Il faut qu'on file. Mais je te rappelle. C'est promis.

Il raccroche. Kay est sur les sites boursiers. Dans ce jargon opaque des transactions, il devine que beaucoup d'uranium s'est vendu ces derniers jours. Les cours sont hauts.

– Qui a vendu ?

– Je comprends rien.

– Allons-y, tranche Nwankwo.

Ils savent où aller. Ils ont eu le temps d'y penser pendant cette nuit frigorifique. Une demi-heure plus tard, ils sont dans un de ces microbidonvilles de Victoria Island, qui tolère les toits branlants des travailleurs et domestiques de ses palaces. La porte à laquelle ils frappent s'ouvre vite. Un regard inquiet et déçu les accueille. Ils comprennent alors que personne n'est passé signaler la mort de l'employé de l'hôtel qui habitait là. Nwankwo s'en charge froidement. Le regard de celui qui a ouvert se trouble, sa main se crispe sur la tranche de la porte. Il a sensiblement le même âge que le mort. Qui s'appelait Eyo.

– C'était mon cousin, dit-il en les faisant entrer.

Une forte odeur d'appartement où l'on se serre à plusieurs se dégage.

– J'ai vu son corps et ce n'était pas un accident, poursuit Nwankwo. Mais il n'y a plus de cadavre, ils ont fait en sorte que personne ne le réclame pour l'enterrer. Où sont ses affaires ? demande-t-il.

L'homme leur montre le coin d'Eyo tout en expliquant que leurs pères étaient frères. Kay soulève quelques vêtements, une paire de chaussures, un emploi du temps pour le mois, un livre de prières, quelques photos de famille.

– Il parlait de son travail à l'hôtel ?

– Il avait toujours peur d'être renvoyé. Je lui disais : « Tu iras travailler dans un autre hôtel, ils n'arrêtent pas d'en construire. » Mais ça ne suffisait pas pour le calmer.

– On a trouvé son corps dans la lagune. C'est pas la porte à côté. Il est allé quelque part ce soir-là ? On l'a appelé ?

– Non. En fait la dernière fois que je l'ai vu, c'est ce matin-là, il partait travailler. Ensuite il n'est jamais rentré.

– Vous n'êtes pas allé prendre de ses nouvelles à l'hôtel ?

– Si bien sûr. Mais pas le jour même, le lendemain soir. On m'a juste dit qu'il n'était pas revenu et qu'on l'avait remplacé. Je savais, moi, que pour rien au monde Eyo aurait été absent, même en retard. Alors je leur ai dit qu'il devait lui être arrivé quelque chose et que j'allais aller à la police. Je voulais pas qu'ils croient qu'Eyo c'était un fainéant, un type qui quitte son travail comme ça. Ils m'ont proposé d'appeler eux-mêmes la police, ils ont dit que ça aurait plus de poids. Et je me suis dit que oui, la police écouterait plus un directeur d'hôtel qu'un gars comme moi.

Et l'hôtel n'a jamais appelé la police. Un silence s'installe. Kay demande s'il peut garder l'emploi du temps. Le cousin dit oui, il leur donne aussi les coordonnées d'un collègue qu'Eyo aimait bien et avec lequel ils avaient bu quelques bières parfois, Obi. Puis ils s'en vont, le laissent voûté, seul et désemparé avec la nouvelle à porter au village.

Obi habite à deux pas. C'est la peur qui s'affiche dans les yeux de celui qui ouvre. Changement de méthode : Nwankwo et Kay entrent en le bousculant.

– Obi ?

– Oui.

– Tu connais Eyo ?

– Oui.

– Il est mort.

– Je savais pas.

– Assassiné.

– Je savais pas.

– Chez vous, les mauvais employés c'est comme ça qu'on les traite.

– C'était pas un mauvais employé.

– Si. Disons qu'il était un peu trop honnête aux yeux de M. Fox. Tu étais de service entre le 28 avril et le 3 mai ?

– Je travaille tous les jours.

– Tu as vu M. Scheffel ?

– Il est parti le 30.

– Et il a réapparu le 3 ?

– Oui.

– Entre ces deux dates, M. Finley est venu à l'hôtel ?

– Je sais pas.

La pièce est minuscule. D'un simple mouvement du coude, Kay menace de faire tomber la vaisselle, c'est sa façon de suggérer que toute la maison pourrait bientôt s'effondrer. L'homme sursaute. Il suffit manifestement d'un rien pour l'effrayer.

– Oui peut-être, reprend l'employé. Enfin je suis pas sûr des jours. Mais il est peut-être venu voir M. Fox.

– Tu les as servis ?

– Non. Ça se passe dans le bureau de M. Fox. Il a ce qu'il faut dans son bar. Il ne fait pas appel à nous.

– Ils ne sont pas montés dans les étages ?

– Non. Enfin je ne sais pas. Peut-être par le bureau de M. Fox. On peut accéder aux escaliers sans passer par l'accueil.

– À quelle heure tu prends ton service ?

– Dans deux heures. J'ai terminé tard hier soir.

Un rideau se soulève. Une gamine aux nattes hirsutes et aux yeux pleins de sommeil apparaît. D'une main nerveuse, le père lui fait signe de déguerpir.

– C'est ta môme ? demande Kay qui s'aime bien dans son nouveau rôle de brute.

– Oui, elle doit aller à l'école. Je dois l'emmener bientôt.

– Où est sa mère ? demande Kay qui se lève et soulève le rideau.

Il découvre alors une succession de petites pièces séparées les unes des autres par du wax tendu. Qui sait combien de personnes vivent là, quelle histoire flotte dans ces pièces ? C'est ici le toit des candidats au voyage, ils ont quitté un village soumis au rythme trop lent des saisons et des traditions pour la ville, ses générateurs et sa lumière électrique. Ils pourraient s'en aller plus loin encore. D'ici là ils se débrouillent. Kay devine dans les coins une pile d'affiches de films de Nollywood que ces types doivent coller en échange de quelques nairas, des portables hors d'usage, des câbles emmêlés, des restes électroniques qu'ils devaient écouler sur le marché d'Oshodi avant qu'il ne soit évacué par la force. Qui sait le pourquoi d'une gamine seule avec son père ? Quelle importance. L'homme est fragile. Kay joue les salauds.

– La petite a besoin d'une mère. Comment ça se fait qu'elle soit avec toi ? Tu sais que le gouvernement n'aime pas les divorces. L'imam encore moins.

Nwankwo embraie.

– Je veux que tu regardes dans les registres si toutes les chambres avaient un occupant et à quel nom, c'est clair ? Si une chambre était vide, tu notes le numéro.

– Très bien, opine nerveusement Obi.

– Et je veux les vidéos des caméras de surveillance de l'hôtel, parking, entrée et couloir des premier et deuxième étages.

– Ça j'y arriverai pas !

– Et à l'école, ils sont au courant qu'elle vit avec toi ? insiste Kay. Elle serait mieux avec sa mère.

– Je compte sur toi, dit Nwankwo en se levant. Tu fais ce qu'on a dit. Je repasse ce soir ou je t'envoie un de mes hommes. Si tu dois avoir peur de quelqu'un, c'est de nous, pas d'eux.

Une fois dehors, Nwankwo demande à Kay de chercher la vidéo de surveillance du chantier, où le cadavre d'Eyo a été transporté.

– Il y en a forcément une, dit-il. Pendant ce temps, je mets les gars du service sur le profil de Fox, je veux connaître son parcours sur les quinze dernières années, ses postes dans les différents hôtels, ses amis, ses appuis. Faut qu'on trouve aussi son compte en banque. Ça m'amuserait de voir qui le paie, pas que l'hôtel, j'en suis sûr. Mets tes copains hackers là-dessus, il y aura une récompense.

– Tu cherches quoi ?

– Il pue, cet hôtel. M'est avis que Scheffel n'en est jamais sorti. Pendant que tu fais ça, je file à Abuja. Faut que j'utilise le temps et l'autorité qu'il me reste.

– Qui dois-je annoncer ? demande l'homme de garde devant l'ambassade de France.

– Nwankwo Ganbo, directeur de la brigade financière.

Son titre agit encore, puisque l'ambassadeur accepte de le recevoir sans rendez-vous. Nwankwo est introduit dans une pièce agréablement aérée et saisit avec plaisir le jus de fruits frais qu'on lui tend sur un petit plateau argenté. Ce geste usuel lui semble le plus doux qu'il ait connu depuis longtemps. Il trempe immédiatement ses lèvres dans le verre. Le cri d'un oiseau le fait sursauter. «Ina Kwana», articule le volatile qui dit bonjour. C'est l'un de ces perroquets qu'on vous vend quand vous êtes coincé dans les embouteillages de la ville. Celui-là doit valoir dans les 100 dollars, c'est le prix si l'oiseau parle.

– Il s'est égaré et a atterri dans nos jardins il y a quelques mois. Et depuis il semble installé, explique l'ambassadeur en entrant.

C'est un homme charpenté qui a hérité d'un strabisme plutôt déroutant pour ses visiteurs.

– Un espion peut-être ? sourit Nwankwo.

Les deux hommes se serrent la main. Nwankwo sait qu'il a affaire à une pointure de la diplomatie française. L'ambassadeur était en poste en Irak avant de gagner Abuja, il est l'homme des guerres militaires ou économiques.

– Figurez-vous que j'ai fait vérifier. Il ne parle pas le français, plaisante l'ambassadeur. Alors, Ganbo, qu'est-ce que je peux pour vous ?

Nwankwo attaque. La dernière fois qu'ils se sont vus, c'était dans la chambre d'hôtel dévastée de Scheffel, face à Butchi.

– Monsieur l'ambassadeur, vous confirmez ce que votre gouvernement raconte, c'est-à-dire que Scheffel était hospitalisé ici en toute discrétion ?

– Depuis quand un diplomate désavoue-t-il son gouvernement ?

– Vous n'en saviez rien manifestement quand nous nous sommes rencontrés la dernière fois.

– Effectivement, certains des détails de l'emploi du temps de M. Scheffel m'ont échappé.

– Comme vous ne savez sûrement pas que la prostituée qui était dans la chambre a été retrouvée assassinée chez elle de deux coups de couteau.

L'ambassadeur accuse le coup. Nwankwo sait ce qu'il fait.

– Vous vous êtes rendu au chevet de M. Scheffel lorsque vous avez compris qu'il était à l'hôpital ?

– Non. Mais j'avais de ses nouvelles.

Il ment. Nwankwo le sait.

– Quand l'avez-vous vu alors ?

– Walter Fox, le directeur de l'hôtel, m'a prévenu dès qu'il a regagné sa chambre. Il m'a assuré que tout s'était passé dans la plus grande discrétion. Ce dont je l'ai remercié.

– Vous vous êtes rendu sur place ?

– Le temps de rejoindre Lagos, j'étais avec Joël Scheffel.

– Et ?

– J'ai trouvé Joël éveillé.

– Que vous a-t-il dit ?

– Vous comprendrez que je garde pour moi, et pour mon gouvernement, certains détails de notre conversation.

– Je ne crois pas à son hospitalisation, tous les hôpitaux de la ville avaient été fouillés. Il me reste à supposer qu'il venait d'être relâché par des terroristes, ou bien qu'il s'était égaré pendant plusieurs jours dans les bas-fonds de la ville…

– Je vous laisse supposer ce que vous voulez.

– Mais pourquoi repasser par l'hôtel s'il était à l'hôpital ? Il pouvait être évacué directement et discrètement depuis l'hôpital.

– Simple sas de décompression.

– Autre supposition : et si Joël Scheffel n'avait jamais quitté l'hôtel ?

– Je ne comprends pas.

– Je soumets juste cette idée à votre sagacité d'ambassadeur. Comme je vous le disais, la prostituée que Scheffel avait l'habitude de réserver à l'hôtel et que nous avons vous et moi interrogée a été retrouvée morte chez elle, tuée de deux coups de couteau. J'ajoute qu'un employé de l'hôtel a été assassiné, j'ai vu son cadavre à la morgue, il a depuis disparu. Il se passe de drôles de choses dans cet hôtel, monsieur l'ambassadeur. Comment expliquez-vous qu'un haut dirigeant français s'évapore comme ça, sans que sa protection ne se rende compte de rien ?

Nwankwo appuie là où ça fait mal, l'autorité bafouée du diplomate que Scheffel a toujours écrasé de son mépris.

– Ça peut vous paraître bizarre, commence l'ambassadeur en se raclant la gorge – bruit que Nwankwo interprète comme le signe qu'il va enfin parler. À moi aussi je l'avoue… Ses agents de protection n'étaient pas français quand je l'ai reçu ici. Ce n'étaient pas nos services.

– Américains ?

– Exactement. Tout à fait entre nous, Scheffel a toujours été un électron libre. Son ministre Castelnau s'en méfiait un peu. Il me l'avait confié à demi-mot, lors de son dernier passage. C'est l'Élysée qui le lui avait imposé.

– Que vous avait dit Castelnau ?

– Juste ça, que parfois il ne comprenait pas les réactions de Scheffel.

– Et son fils, vous l'avez connu ?

– Un peu. Il est passé deux, trois fois à l'ambassade. Un jeune homme à vif. Il n'était pas fait pour la vie d'ici.

– Quelle vie ?

– Celle des affaires. C'est pour ça qu'ils viennent tous. La France investit beaucoup ici. Elle sort enfin de son vieux pré carré colonial. Elle doit rattraper son retard en Afrique.

– Comme Patrick Fresco.

– Oui… enfin ce n'est pas un modèle.

– Vous avez vu les vidéos ?

– Bien sûr.

– Et ?

– J'ai vu passer tous ces gens entre ces murs. Patrick Fresco. Inga Gomont. Vous comprendrez que je ne fasse pas de commentaires.

– James Finley est aussi un convive habituel de l'ambassade ?

– Pas de commentaires non plus.

– Vous devriez vous intéresser à cet hôtel. J'ai peu de moyens contrairement à vos services.

– On dit que vous êtes le favori du président.

– C'était au temps des élections…

Le perroquet reproduit alors le bruit d'une sonnerie. Dring !

Vient un secrétaire.

– Paris, chuchote-t-il à l'oreille de l'ambassadeur qui fait signe à Nwankwo de patienter.

Il prend l'appel et s'éloigne sans quitter la pièce. L'interruption est brève.

– Qu'est-ce qui vous fait croire que Scheffel est resté dans l'hôtel ? demande l'ambassadeur en se rasseyant.

– Pure intuition. Je ne crois ni à l'hôpital, ni aux terroristes, ni aux bas-fonds de la ville. Je sais qu'à l'hôtel tout est fourni, même l'illicite. Alors pourquoi sortir, se salir, risquer d'être vu, reconnu, quand tout peut vous être apporté sur un plateau avec les compliments du directeur ?

L'ambassadeur est pensif.

– En tout cas, les troubles cardiaques de Scheffel sont confirmés, dit-il. Il est de nouveau hospitalisé.

La langue diplomatique referme ses écrous. Nwankwo sent qu'il doit partir, il n'obtiendra rien de plus. Et d'une minute à l'autre, l'ambassadeur peut apprendre que le patron de la brigade est lui-même accusé d'avoir tué cette pute dont il lui parle. Il se lève.

– Vous boitez ? remarque l'ambassadeur.

– Rien de grave. Une morsure de chien.

*

Il reconnaît leurs pas. Il est trop tôt pour les visites. Alors Scheffel recale l'oreiller sous sa nuque, lisse ses cheveux du bout des doigts et remonte la couverture sous ses aisselles. La porte s'ouvre, le président de la République entre. Sa rage est visible, à peine adoucie par la traversée des couloirs de la clinique et le spectacle d'un homme alité. Il n'a pas dû fermer l'œil de la nuit.

– Bon, ça va, Joël ? Alors c'est qui, ce Greg ? Et ce Fresco, c'est vrai que tu l'as vu à Lagos ? C'est quoi ces histoires de menaces de mort qu'il raconte ? Tu es sur la liste des suspects maintenant, et plus du tout sur celle du prochain gouvernement !

Scheffel regarde le président droit dans les yeux et articule d'une voix sourde :

– Ce Fresco, c'est un gars devenu totalement paranoïaque et incontrôlable depuis qu'il a dégringolé.

– Il avait l'air de savoir des choses que moi je ne sais pas ! hurle le président.

– Une vieille histoire, je te dis. Je fais partie de ceux qui l'ont recruté à la banque quand je travaillais à New York. On était nombreux, il a eu une vingtaine d'entretiens sans relâche avec différents directeurs et associés. C'est la procédure. C'était juste un petit connard avec un fort instinct de supériorité, c'est ça qui nous a plu quand on l'a engagé. Quand il a dévissé, il est devenu dingue. Il s'est terré en Afrique, mais il voulait sa revanche sur la banque, il voulait jouer au plus malin. Il était en train d'organiser une grosse arnaque, via son dernier pote là-bas, ce Greg, justement. Il voulait faire perdre de l'argent à GMBC, il était persuadé que la banque le poursuivait, qu'elle voulait sa peau, alors que tout le monde s'en fout de ce gars.

– Qu'est-ce que tu en sais ? T'es encore à la banque ? persifle le président.

– Tout se sait.

– Qu'est-ce que tu foutais dans cette église avec lui ?

– C'est bidon. J'ai jamais foutu les pieds dans cette église !

– Il peut plus te contredire. Il est mort hier soir. Tu étais au courant ?

– Non.

– Et c'est une bonne ou une mauvaise nouvelle ?

– Une bonne.

– Et Gomont, qu'est-ce qu'elle fout là-dedans ?

– Demande-lui.

– Elle répond pas ! On vend, elle dit, on vend, on vend quoi, bordel de merde ?!

Scheffel reste silencieux. Le président fait quelques pas et se retrouve de l'autre côté du lit.

– On vend quoi ? Il paraît que tu voulais me voir hier. Alors vas-y, je suis là. Et préviens-moi de tout ce qui va sortir. Ton avenir politique est derrière toi, mais si tu veux sauver ta peau, c'est maintenant !

– Que disent les sondages ce matin ? soupire Scheffel.

– Rien à foutre de ces putains de sondages, qu'est-ce que tu voulais me dire ?! On vend quoi ?

– De l'uranium, mais ça n'a plus d'importance.

Soudain, il grimace et porte la main à son cœur. Il suffoque. Sa respiration devient sifflante. Doret ouvre la porte.

– Un médecin ! Vite ! hurle-t-il.

*

Comme il aime sa femme, ce vieil homme, comme il la protège. Il voudrait refermer la porte, ne pas laisser entrer Noémie, il pousse, lui si bien élevé d'ordinaire, mais elle est plus jeune, plus vigoureuse, elle s'impose et entre.

– Je ne lui ai rien dit, s'effondre le père de Patrick Fresco.

– Voulez-vous que je le fasse ? demande Noémie.

Il fait oui de la tête. Il a besoin d'aide. Noémie longe le couloir tapissé d'affiches d'expositions. Elle toque et ouvre la porte de la chambre. La mère de Patrick est dans son fauteuil, pensive, un journal sur les genoux. Elle tourne la tête, lui sourit. Et Noémie, sans attendre, avec ce mélange de douceur et de fermeté qu'il lui faut chaque fois pour annoncer aux parents le dernier souffle de l'enfant, lui murmure que son fils est mort, qu'il s'est fait tirer dessus, juste sous ses yeux devant l'hôpital, qu'elle a tout fait pour le sauver et d'autres médecins avec elle, mais qu'il n'a pas survécu. Mme Fresco a attrapé ses mains, elle y plante ses ongles et Noémie la laisse faire. Elle ajoute qu'au moment où Patrick a compris qu'il allait mourir il lui a demandé d'aller embrasser sa mère pour lui. Elle pose ses lèvres sur les doigts de la vieille dame noués aux siens. Qu'importe la vérité, il faut réparer les vivants.

Elles restent de longues minutes silencieuses. La lumière du soleil faiblit dans la pièce. Le père entre à pas comptés. Noémie se remet à parler.

– Vous avez une clé informatique que Patrick avait confiée à mon frère Benjamin. Elle contient sûrement des choses importantes.

La mère lève les yeux vers son mari et, sans attendre de réaction, lâche Noémie, lui désigne un tiroir. La clé est là. Noémie la prend. Mme Fresco pousse maintenant nerveusement sur ses roues, indique ensuite le couloir, le salon, l'ordinateur. Son mari suit le mouvement, il s'affaisse tandis qu'elle se redresse. Le deuil, c'est mieux que l'oubli, la fuite, le mépris d'un fils. La mort a ramené Patrick du bon côté. Elle est la mère d'un héros. L'ordinateur s'allume doucement avec un ronflement de vieille machine sous les doigts du père. La clé apparaît sur l'écran, M. Fresco clique sans hésitation. Noémie comprend qu'ils ont déjà tenté de voir ce qu'elle contenait. Une page s'ouvre, l'écran se noircit de signes incompréhensibles sur des pages et des pages. Tout est crypté.

– J'y connais rien, soupire Noémie.

Les deux vieux espéraient peut-être qu'elle saurait déchiffrer ça pour eux.

– C'est la preuve que c'est de la plus haute importance. Il faut me la donner. Je sais qui la décryptera. Patrick l'aurait voulu ainsi.

– À supposer que Patrick ait un jour bien agi, murmure le père.

Sa femme le fusille du regard. Noémie doit partir. Les laisser. Fenêtres fermées. Pendules arrêtées. Les traces du fauteuil roulant sur les tapis. L'attente est finie pour eux. Elle dévale l'escalier tout en appelant Félix, mais il est injoignable. Dehors, l'air et la lumière lui font du bien. Félix ne répond toujours pas. Elle décide d'aller chez sa mère puisque c'est elle qui a apporté cette clé trouvée dans les affaires de Benjamin. Elle entre dans l'appartement de l'enfance sans prévenir, sans sonner, ouvre le tiroir du meuble d'entrée, en sort la clé de la chambre de son frère, dépose simplement sur le lit le manga que Pat avait gardé dans son sac. Il revient à sa place, chambre de garçon. Science-fiction. 2029, c'était loin, ça ne l'est plus. Sa mère la regarde depuis le couloir. Noémie se retourne.

– Patrick est mort, dit-elle.

– Assieds-toi, lui dit calmement Mme Castelnau en l'entraînant vers le salon.

– C'est toi qui avais apporté ça à ses parents, dit Noémie, la clé USB au creux de la main.

Sa mère s'approche, regarde en silence.

– Ce n'était pas une question, l'interrompt Noémie. Je sais que tu l'as apportée.

– C'était dans les affaires de Benjamin.

– Tu as regardé ce qu'elle contient ?

– Non.

– Vraiment ? C'est de l'explosif, ment Noémie.

– Raison de plus. De toute façon, je ne comprends rien à toutes ces histoires.

– Ne te fais pas plus idiote que tu ne l'es. Benjamin était mort. Patrick à l'autre bout du monde. Pourquoi leur rapporter ?

– Pour faire le vide.

– Tu l'avais montrée à Papa ?

– Non.

– Et pourquoi n'avoir rien dit quand je suis passée avec Patrick. C'est ça qu'il cherchait !

– Tu étais tellement méchante. Toujours sur ton piédestal.

Les mots sont secs. Comme d'habitude, elles ne parviennent pas à se parler, mère et fille, qui se ressemblent, assises sur la même branche noueuse. Sa mère la fixe de cet air sévère qu'elle a toujours craint, qu'elle redoute encore et auquel elle n'échappe qu'en claquant la porte. Mais elle veut tenir cette fois, la faire craquer, être la plus forte.

– Tu te souviens du jour où Benjamin est mort ?

– Tais-toi.

– Nous sommes allés là-bas.

– Tais-toi.

– Nous n'avons pas vu les rapports. Seul Papa les a vus.

– Mais tais-toi donc !

– Nous n'avons pas posé de questions. Pas fait le lien entre son retour d'Afrique et sa mort.

– Va-t'en !

– Arrête de mentir, de fermer les yeux, regarde un peu la vérité en face ! Benjamin savait trop de choses. Cette clé le prouve.

Silence. Noémie poursuit.

– Je t'ai épargné la description de son cadavre. De son visage détruit. Il était méconnaissable, ton fils. Il avait la joue arrachée. Un œil vide. Lui si beau, tellement beau ! Méconnaissable ! Il n'était plus rien. Et tu sais quoi ? Sur l'autre joue, ils ont prélevé des larmes séchées. Pleurait-il en roulant ? Pleurait-il en mourant ? Combien de temps a-t-il passé encore conscient, dans son sang, désarticulé, avant de rendre son dernier souffle ? A-t-il pensé que nous l'avions laissé tuer ?

– Mais tais-toi !

– Et tu n'as pas voulu le voir ! Tu n'as jamais rien voulu voir !

Le silence qui suit semble annoncer l'orage. Mais c'est doucement que monte enfin la voix maternelle.

– Qu'est-ce que tu crois ?

Elle monte de loin, comme si elle s'était préparée depuis longtemps à cette scène, comme si elle s'était purgée de toute larme, de tout pathos.

– Qu'est-ce que vous croyez, tous autant que vous êtes, parce que vous êtes ministres, médecins, que vous brillez tandis que je moisis avec les boiseries de cet appartement ? Je sais, j'ai compris dès que j'ai épousé ton père. Les magouilles, je les ai entendues, raconter par le menu. On ne se taisait pas en ma présence. Pour eux, comme pour toi, j'étais et je suis un élément du décor.

Elle s'interrompt puis reprend, la respiration lasse.

– Tu es comme ton père, tu fonces, tu sais où tu vas, tu as cette chance. Benjamin, lui, me ressemblait, il ne savait pas quoi faire de sa vie. Il était si doux... Mais en rentrant d'Afrique, il n'était plus le même, il était plus perdu encore qu'en y partant. Je le sentais. Il était comme moi, ton frère. Et il a affronté ton père, ici, dans cette pièce. Tous les mensonges ont coulé par sa bouche, tous ceux que j'avais entendus au long de ces années jusqu'à me boucher les oreilles. Ton père n'a pas trouvé les mots pour le calmer. Moi non plus. Benjamin est parti. Je n'ai rien fait pour le retenir. Les derniers mots qu'il a prononcés sont des insultes.

Noémie tremble. Elle n'aime pas cette ligne de démarcation : fille et père d'un côté, mère et fils de l'autre.

– Nous n'avions personne à qui vouloir ressembler ! Ni Benjamin, ni moi ! Et j'ai plus d'indulgence pour les conquêtes douteuses de Papa que pour ton hypocrisie silencieuse, ta façon de profiter, de te taire !

Sa voix est brouillée par le sanglot. Sa mère continue.

– Cette clé, ton père la cherchait avant même que Benjamin ne meure. Il savait manifestement qu'il était rentré d'Afrique avec des documents compromettants. Je l'ai entendu la lui réclamer. Se fâcher. Je l'ai vu fouiller sa chambre. Je l'ai trouvée avant lui, mais c'était trop tard, juste après la mort de Benjamin. J'étais seule ici, comme toujours. Je suis rentrée dans sa chambre, je n'y cherchais rien, que lui, que ses odeurs dans les draps, parmi les vêtements qu'il avait laissés là et que je n'arrivais pas à donner. Mais la colère m'a rattrapée, j'ai arraché ses maudites motos au mur, je les ai déchirées, et puis j'ai cherché, sans savoir quoi, j'ai vidé les bibliothèques, j'ai tout mis par terre, et je l'ai trouvée, elle était cachée derrière ses bandes dessinées japonaises… Je ne l'ai pas donnée à ton père. Je ne sais pas ce qu'il en aurait fait. Je l'ai portée aux Fresco, comme on rend quelque chose. Qu'ils reprennent leur venin. Mais secrètement j'avais envie qu'ils s'en servent, eux ou leur fils. Moi, je n'aurais pas su…

Noémie reste figée. Enfin quelque chose est dit. Enfin le doute est permis dans ce fatras de mensonges. Elle pourrait à son tour lui parler mais elle s'en va, la laisse seule avec ses aveux. Il est trop tard pour elles deux.

*

Félix sort du métro porte de Saint-Ouen où l'on entend déjà murmurer tous les trafics possibles. Il avance, laisse la balafre du périphérique derrière lui, contourne le marché aux puces, repère vite la cité et les types en costume de cadre qui garent leur scooter le temps de faire provision d'herbe. Elle avait raison, Paulina, il suffit de les suivre pour arriver aux guetteurs, postés le long d'une haie de troènes jaunissants, à deux pas de la crèche où ils ont dû râper leurs genoux. Ils ont 15 ans, guère plus, vous jaugent de haut en bas, pianotent sur leur smartphone pour prévenir qu'ils amènent du monde. Félix se laisse ainsi entraîner dans une cage d'escalier entre les premier et deuxième étages, la marchandise est sur le palier, des dizaines de sachets d'herbe et de la résine.

– Tu veux quoi ? demande un type sous une cagoule.

– Voir Aziz.

– Connais pas d'Aziz. Si t'as rien à acheter, tu restes pas là.

Félix sent qu'il va falloir en dire plus pour avancer. Aucune autre version ne lui vient, que la vérité.

– Je dois voir Aziz. Victor Jube s'est fait serrer et il commence à parler.

Regards dans la bande.

– Je suis pas flic, ajoute aussitôt Félix.

– T'es quoi ?

– Avocat.

Ce n'est pas le meilleur des sésames mais il finit par redescendre deux étages, se retrouve dans une cave où trône un vieux billard au feutre élimé et tout autour des petits culs où pendent des jeans dix fois trop grands. Ils s'agitent, ils ont les pupilles dilatées, le menton au ras de la baguette, ils grognent ou sifflent au bruit des frappes et au claquement des boules. Le long des murs couverts de graffitis, il y a des canapés aux ressorts et au skaï fatigués. Aziz, à ce qu'on lui dit, est assis au fond. Pas vieux. Pas l'air méchant même s'il essaie. Autour de lui, deux gars prennent des poses de videurs. Félix approche. Il répète la raison de sa visite, Victor Jube qui passe des deals avec les flics et charge Paulina.

– Pourquoi il dirait ça si c'est pas vrai ? lui répond Aziz.

– Tu sais que c'est pas vrai. Tu le connais, le réseau.

– Alors pourquoi il ferait ça ?

– Un deal avec les flics. En échange, ils vont alléger son dossier. Il risque cinq ans ferme.

– Et pourquoi les flics ils veulent cette fille si elle a rien à se reprocher ?

– Tu les connais... Et si Victor est prêt au deal avec eux, t'es pas à l'abri non plus. Alors ce serait bien de lui faire passer le message. Si ma cliente se retrouve prise dans un réseau qu'est pas le sien, il va falloir qu'elle décrive le vrai réseau pour se défendre.

– T'as pas d'ordre à me donner.

– C'est juste un conseil.

– La connasse, si elle me balance, elle pourra plus marcher tranquille dans la rue, dis-lui bien ça.

Peut-être qu'il réfléchira, fera passer quelques messages à Jube, via les parloirs et les caïds de prison. Félix repart, pas mécontent de déguerpir.

*

Grinberg lève les yeux vers le président qu'il a fait venir dans son bureau. Plume Dorée est là aussi.

– Monsieur le président, vous savez que Joël porte un pacemaker que nous contrôlons et surveillons à distance via Internet. Eh bien, je ne vois qu'une explication à ses malaises à répétition. Quelqu'un a pris le contrôle de sa pile cardiaque. D'un simple clic, il peut arrêter l'appareil ou envoyer un choc électrique.

– Je ne comprends pas.

– En d'autres termes, le cœur de Joël Scheffel a été hacké.

Le président le regarde, incapable d'articuler un mot face à l'extravagance de la situation.

– Grâce à une fonction qui peut être utilisée pour activer tous les pacemakers à proximité, l'appareil renvoie son numéro de modèle et de série, poursuit Grinberg. Avec un simple ordinateur portable, on peut prendre le contrôle à distance de la pile cardiaque et en réécrire le code informatique.

– Ils peuvent le tuer ?

– Oui. Il suffit de pousser jusqu'à 830 volts.

– Et on ne peut rien faire ?!

– Le réopérer. Réinitialiser la pile. Mais entre-temps, non, on ne peut rien faire, il est à leur merci.

Le président s'assied. Dépassé.

– Pensez-vous qu'il le sache ? demande Doret.

– C'est la question que je me pose, répond le médecin.

– Il voulait me parler, murmure le président.

– Autre chose, ajoute le médecin. Peut-être les mécanismes se sont-ils complexifiés, mais d'après ce que j'ai lu sur le sujet, on ne peut le contrôler qu'à une courte distance. Donc celui qui est aux manettes ne peut être très loin.

– Il faut boucler le secteur ? Sur quel périmètre ? l'interroge Doret.

– Pour ça, il faut interroger les spécialistes. Pendant ce temps, je vais programmer au plus vite une intervention pour changer la pile.

– Depuis quand à votre avis son cœur est-il sous contrôle ? demande le président qui se repasse les moments, les apartés, les réunions, les décisions prises en présence de Scheffel. Quels intérêts défendait-il ?

– Je ne saurais dire, répond le médecin. Avant qu'il parte pour Lagos, tout avait l'air en règle. Il n'avait en tout cas pas ce genre de malaise. Ça ne veut rien dire, mais peut-être que ça a commencé là-bas...

À peine sorti de l'église, Scheffel était retourné à l'hôtel. Walter Fox l'attendait dans le hall, raide et souriant dans ses vestes trop ajustées. Il l'avait invité à le suivre dans son bureau. L'endroit était doucement rafraîchi par la clim, savamment décoré d'un mélange de design suédois et de statuettes africaines.

– T'es mieux logé qu'un ministre ! s'était écrié Scheffel.

– C'est toi qui as choisi la voie ministérielle ! Tu touches au but on dirait.

– Ça se peut.

Ils se parlaient par phrases brèves, elliptiques, comme si tout avait été dit ailleurs.

– Tu veux pas une autre fille pour changer ? lui avait finalement demandé Fox.

– Surtout pas.

– Je me méfie de Stella. À mon avis, elle a prévenu Fresco.

– Je l'ai coincé quand même.

– Et pourquoi pas plusieurs filles alors, dont Stella ?

Scheffel l'avait fusillé du regard. Fox comprit que le Français ne tolérerait aucun changement dans ses habitudes.

– Tes bagages sont dans le coffre, avait-il dit en se levant.

Stella s'était présentée une demi-heure plus tard et Fox ne lui mit pas la raclée dont il rêvait. Il ne devait pas abîmer le jouet de Scheffel. Il se contenta de lui serrer la gorge d'une main ferme.

– Ne cherche pas à me doubler encore une fois. Si t'es la meilleure pute de l'hôtel, c'est parce que je l'ai décidé, ça peut changer. J'en ai d'autres en vue, bien plus fraîches que toi.

Le problème avec Stella, c'est qu'elle ne se débattait pas, ne suppliait pas, ne promettait pas, ne regrettait pas. Elle le regardait, l'air de dire : vas-y serre, ça fera de la peine à personne, même pas à moi. Elle n'avait pas le regard de l'esclave, l'avait sans doute perdu le jour où le fils du ministre était descendu de sa chambre d'hôtel en lui tenant la main et l'avait installée avec lui à la table du déjeuner. Fox la lâcha brutalement.

– Scheffel, c'est ta dernière chance. Et n'oublie pas que c'est moi qui te paie, pas lui.

Le lendemain, elle avait accompli sa mission. Elle eut droit aux gifles et aux questions des services français, elle racontait les terreurs et les manies de Scheffel une fois nu sur un lit. Fox jubilait. Un frisson de satisfaction l'avait envahi, trop vite interrompu par l'irruption de Nwankwo Ganbo et son acolyte dans la chambre. Fox n'avait pas aimé qu'on laisse Stella entre leurs mains. Il avait compris qu'ils se connaissaient. Stella n'était décidément plus fiable. Lorsqu'elle vint exiger son argent, il lui donna beaucoup plus qu'elle n'aurait le temps de dépenser.

Comme c'est allé vite. Et comme il aime son poste, lui en qui seule l'école hôtelière avait bien voulu croire naguère, lui qui fut un zélé serveur de premier rang au point de gravir tous les échelons des palaces pour y contempler aujourd'hui la misère sexuelle des plus grands. Il songe à tout ce qui se trame dans un hôtel, à tout ce qui se fait et se défait, à tous ces costumes et ces pantalons qui tombent, tous ces secrets qu'il garde. Il efface en souriant le message qui vient de s'afficher. « Dead. » Cette fois, Fresco a eu son compte. Nwankwo Ganbo sera bientôt sur la touche et en prime inculpé du meurtre d'une pute. Greg doit être sous sa douche. Scheffel en petite forme. De toute façon, Fox ne l'imagine plus autrement que marchant nu et terrifié sur des kleenex. Ou bien étendu dans la pénombre sur le lit de la 314 la bouche entrouverte.

*

– Te voilà dans la peau d'un agent double alors ?!

Scheffel a les yeux fermés mais il sent l'haleine chargée du président qui lui parle. Ce dernier s'est approché tout près, comme pour ne pas être entendu. Il a bondi dans la chambre en quittant le bureau de Grinberg, sans laisser au médecin la priorité de parler à son patient.

– Je sais que tu es sous contrôle, murmure-t-il, depuis combien de temps ? Scheffel fronce les sourcils.

– Qui te fait souffrir à ce point ?

– C'est comme s'il avait un flingue sur la tempe, souffle Doret encore là.

Scheffel ferme les yeux et secoue la tête. Il ne sait pas de quoi ils parlent. Il ne comprend rien. Il est peut-être dans l'un de ces cauchemars dont il se réveille toujours en pleine forme. Il entend Jacquemin qui demande à Doret de sortir. Le président espère peut-être encore quelque chose de leur tête-à-tête et leurs confidences, mais pourquoi l'aider maintenant ? Est-ce que tout n'est pas fichu ? Est-il encore en capacité de gagner avec tout ce qui circule ? Son système collapse, ce n'est pas le moment de le rejoindre... Scheffel a d'autres voies, d'autres chemins, Jacquemin n'en connaît qu'un, qu'il se démerde... Jacquemin doit l'entendre penser, car il insiste et s'énerve au creux de son oreille :

– Alors comme ça ton cœur est contrôlé pour mieux me contrôler, tu pensais m'entuber...

Pauvre président de la République ! Il devrait se calmer, regarder les curriculum vitæ des gouvernements d'ici ou d'ailleurs pour y constater que beaucoup sont passés par la banque et y retourneront. Les liens de la finance et de la politique sont aussi vieux et aussi denses que les racines d'une plante verte au fond de son pot. Et si on a hacké le cœur de Scheffel, c'est parce qu'il a trop vibré à la perspective de devenir ministre et oublié les intérêts de ses anciens employeurs. Scheffel ne fait que gémir. Il ne peut pas se défendre ni parler, il est tellement fatigué mais il a compris ce qui lui est arrivé. Il connaît la loi du genre. Et que veulent dire tous ces bruits dans les couloirs ?

Les services du renseignement débarquent. Ils vont partout, dans les chambres, les cages d'escalier, les bars et les immeubles alentour. Ils frappent aux portes. Allument les ordinateurs. Saisissent les portables. En toute illégalité. Celui qui contrôle le cœur de Scheffel ne peut être loin. Ratissez le périmètre. Fouillez la database. Collectez les métadonnées sur un rayon de cinq kilomètres à la ronde. C'est la consigne. Adresses IP, numéros de portables en présence. On en met sur écoutes. On trace. On cherche le hacker. Enfin, Grinberg a pu remplacer Jacquemin au chevet de Scheffel, il lui explique ce qui se passe, son cœur hacké, l'opération dès le lendemain matin dans l'urgence. Il ajoute qu'il est passé chez lui comme convenu.

La voiture du président est déjà repartie. Bientôt, une cellule de crise s'ouvre à l'Élysée.

– Monsieur le président, la banque GMBC a écoulé son stock d'uranium de façon précipitée ces derniers jours, explique le conseiller économique. Ils ont vendu de quoi faire tourner les centrales nucléaires chinoises pendant un an.

– Depuis quand une banque contrôle-t-elle le combustible nucléaire ?

– Simple effet de trading sur le marché des matières premières.

Le président de la République française, trente-cinq ans de carrière politique, d'estrade, de lecture de journaux, qui ont dessiné certitudes, réflexes et rides précoces, vient de découvrir le monde. Quant au conseiller économique qui lui parle, un homme élevé aux indices de la rationalité économique, il a presque l'air de virer altermondialiste, lorsqu'il ajoute :

– Un jour, ces banques pourront vendre à l'Iran, si c'est lui le plus offrant. Rien d'illégal. Cette fois, les acheteurs étaient des fonds d'investissement chinois. Et l'intermédiaire n'était autre que l'entreprise Gomont.

– Quel rôle joue la mine là-dedans ? bougonne le président.

– Son ouverture aurait fait baisser les cours, si elle est riche en uranium.

– Vous voulez dire que la banque avait tout intérêt à faire circuler les rumeurs sur le fait que la production serait décevante ?

– Oui. Ou à retarder l'ouverture le temps d'écouler son stock.

– Et Scheffel, là-dedans ?

– À mon avis, monsieur le président, intervient Doret, il a roulé pour eux. Sa disparition était une mise en scène. Pendant ce temps-là, l'uranium flambait.

– Ils n'auraient pas tué Castelnau tout de même !

– Allez savoir ce qu'il avait découvert...

– Appelez-moi Awolo, dit le président.

– Non, intervient le directeur de cabinet. Nous sommes à trois jours du second tour, rien ne doit filtrer.

– Mais tout est sur la table ! Sur le Net ! Et ce Vlad, on en est où ?

– C'est en cours. Il est probable qu'on ne le lise pas de sitôt. De votre côté, vous ne devez pas surréagir. Tout ça reste compliqué à comprendre et inaudible pour le grand public. Vous n'êtes mêlé à rien.

C'est son job de lui mentir un peu, de préserver en lui l'énergie qu'il faut pour monter ce soir sur l'estrade du palais des congrès de Strasbourg, et demain haranguer la foule à Reims pour l'ultime meeting de campagne.

Le président l'écoute à peine, il fait les cent pas dans sa tête, se repasse les derniers mois, les dernières discussions, les derniers dossiers avec Scheffel qui roulait forcément pour la banque quand fut scellé l'accord avec Awolo, c'est même lui qui suggéra que l'achat des avions Rafale par le Nigeria soit nanti par cette mine d'uranium et l'argent prêté par la banque GMBC. Mais son cœur était-il déjà sous contrôle ? Et quand il l'assura qu'il serait ministre, l'était-il ? Il avait senti l'impact de sa proposition sur Scheffel, remarqué la brillance dans son regard, son menton qui se redresse, mais Scheffel semblait incapable de reconnaissance. Il n'eut pas un mot, pas un merci. Il enregistrait. Est-ce alors que son cœur tangua entre la banque et l'État ? Est-ce alors qu'il fallut le prendre en main ? Que peuvent-ils exiger encore ? Pour l'heure, le cœur de Scheffel bat doucement sous la surveillance d'un garde posté devant sa chambre qui a ordre de n'y laisser entrer personne à part les soignants.

Celui de Nanteuil se serre à peine alors qu'il regarde passer les deux hommes qui viennent de fouiller le bureau de Félix et emportent son disque dur. Il a passé l'âge des peines de cœur, il rumine contre ce petit salopard qui l'espionnait et le faisait bander. Il lance un regard sévère à la secrétaire qui a les larmes aux yeux, elle l'aimait bien Félix, plus aimable que les autres, moins condescendant, tellement moins. Elle a interdiction de le prévenir et doit le passer au patron s'il appelle, mais elle n'a dit à personne qu'il utilisait son téléphone et son ordinateur en son absence. De toute façon, elle a appris à se taire. Elle est ailleurs, loin de ces combines. Un cœur simple. Elle se lève, c'est l'heure de sa pause déjeuner qu'elle utilise pour aller pédaler et transpirer dans une salle de gym.

Elle n'est plus là quand Finley arrive au cabinet. Il est 13 h 30, son avion s'est posé une heure plus tôt. Nanteuil a annulé un rendez-vous pour le recevoir. À peine est-il entré que sa haute silhouette domine celle du maître des lieux.

– Vous les avez neutralisés ? demande-t-il.

– Pas complètement. Quand je pense qu'il était de l'autre côté du mur, le petit salopard.

– Nwankwo Ganbo n'est bientôt plus en état d'agir. Mais le geek qui lui sert de second doit vous surveiller encore.

– Ils ont sûrement quelques cartouches laissées par Fresco. Mort, il peut encore faire des dégâts.

– De gros dégâts ! Il ne fallait pas le laisser quitter le Nigeria. Fallait le neutraliser là-bas. Scheffel n'a pas fait son travail. Monsieur ne voulait plus se salir les mains, il se voyait déjà ministre.

– Taisez-vous, souffle Nanteuil.

– Vous aussi, hein, vous ne voulez pas vous salir les mains. Mais vous êtes toujours là pour toucher les dividendes, ricane Finley.

– Je sais sur quel tas de merde, d'argent sale et de types véreux dans votre genre je suis assis. Mais il y a des choses que je ne cautionne pas. Visiblement, Fresco voulait négocier. Il fallait tenter plutôt que de l'abattre !

– Il voulait juste gagner du temps. Il avait d'ailleurs organisé la fuite et la planque de ses documents depuis un moment.

– Mais que contiennent ces fichus documents pour qu'on nous parle d'une bombe atomique depuis des semaines ?!

– Suffisamment pour mettre en danger son grand copain, pourtant fils de ministre…

– Taisez-vous !

– Il vous faisait de l'effet, hein, le gamin ?! À Lagos, toutes les putes en étaient folles. Elles ouvraient les cuisses gratis pour lui. Vous tremblez, Nanteuil. Vous tremblez de plus en plus !

– Je l'ai vu grandir, ce môme !

– Et un jour, vous avez vu un beau jeune homme !

Il est devenu pourpre. Il se détourne, pivote sur son petit corps replet. Il voudrait ouvrir la fenêtre, ne plus voir que les immuables avenues de Paris, se pencher, mais il serait incapable de sauter pour échapper au scandale, la chute est trop dure, il préfère encore les sables mouvants où il se débat, la merde, l'argent, les chantages, les pulsions secrètes, les menaces de Finley, il est incapable de faire comme Castelnau qui l'avait appelé ce soir-là…

– Dis-moi que c'est pas vrai, Bertrand.

C'était peut-être deux heures avant de se suicider, il l'avait réveillé.

– Dis-moi qu'ils ne l'ont pas tué. Inga m'a laissé entendre des choses…

– Mais qu'est-ce qu'elle t'a dit ? avait articulé Nanteuil qui ne comprenait pas bien ce qui venait de se dérouler dans le bureau de Castelnau. Il s'était couché deux heures plus tôt et assez satisfait des résultats, comme les commentateurs qui répétaient à longueur d'antenne qu'il y avait une réserve de voix, avec cette façon qu'ils ont d'employer toujours tous les mêmes mots. Frontenac au second tour, ça n'étonnait plus personne. C'était même une bonne nouvelle, le plus sûr des scénarios, avoir l'extrême droite en face et forcer le pays à sauver l'honneur. Mais Castelnau parlait d'autre chose.

– Dis-moi quelque chose, Bertrand...

Il était dévasté, il était persuadé qu'on avait assassiné son fils et Nanteuil ramait, bafouillait n'importe quoi, puisque les digues du pensable ou de l'impensable avaient sauté.

– Inga n'a pas pu dire ça. Elle t'a fait une scène encore une fois, et elle t'a dit n'importe quoi, avançait-il tout en sachant que ce n'était pas le genre de la veuve Gomont, toujours si maîtrisée, jamais de larmes ou de suppliques, mais d'une perfidie sans limites.

– Je sais que mon fils avait en sa possession des documents explosifs et qu'on tuerait pour moins que ça.

– Où sont-ils ?

– Tu ne me demandes pas ce qu'ils contiennent ?

– Je préfère pas. Il faut s'en débarrasser.

– Dis-moi s'ils l'ont tué.

– Mais non ! Il a eu un accident de la route ! Il roulait trop vite ! Il était en colère, peut-être à cause de tout ça, mais c'est la vitesse qui l'a tué ! avait vainement crié Nanteuil dans le téléphone.

Et il avait fini par raccrocher et même par se rendormir. Pas une seconde, il n'avait pensé à se lever pour courir voir son vieil ami, il l'avait laissé seul dans cet état qui menait droit au nœud coulant. Aurait-il pu l'en empêcher ? C'est la question qui le hantait le lendemain quand Noémie était venue en rage, à bout, et en même temps sûre d'elle, sûre que son père ne s'était pas suicidé. Il le savait, lui, que c'était vrai, il savait même pourquoi, mais ne pouvait pas le lui dire. Il savait aussi que Scheffel avait été chargé d'organiser le ménage dans le bureau du ministre, y compris celui de son domicile, pour trouver ces documents explosifs dont Castelnau parlait. Le moment est venu de s'entendre dire toute la vérité.

– Ont-ils fait tuer Benjamin ? articule douloureusement Nanteuil sans se retourner.

– L'idée, c'était juste de lui faire peur. Mais la chaussée était plus glissante que prévu, répond froidement Finley.

C'est donc dit, Benjamin, bel enfant qu'il aimait comme s'il était le sien, beau jeune homme dont la beauté l'affolait, oui, Benjamin a été assassiné. Le tas de merde sur lequel il est assis pénètre son corps, fuit et remonte en lui. Quelque chose se déchire dans la poitrine de Nanteuil, cette chose plus ou moins étanche qui enveloppe l'esprit, le cœur, les poumons, l'intestin, qui dessine une démarcation entre les autres et soi, les autres et les siens, qui permet à certains de violenter le monde et d'embrasser tendrement leurs enfants le soir en leur souhaitant de beaux rêves. Ce tissu se déchire en lui puisqu'il figure par alliance parmi les commanditaires, ceux qui ont voulu faire peur à Benjamin et l'ont tué. Il se retourne, s'approche de Finley. Il est blême.

– Inga a pu le dire, ça aussi, à Fresco. Elle lui a parlé une vingtaine de minutes. Ils n'en ont diffusé que le quart.

C'est dit comme une menace, comme si Nanteuil souhaitait que ça sorte, que Finley ait peur enfin. Aussi peur que lui.

– Il faut les arrêter coûte que coûte, répond le Nigérian.

Un coup de sonnette soudain. La porte qui s'ouvre et des pas dans l'entrée. Nanteuil sort de son bureau. Noémie est là, elle recule dès qu'elle l'aperçoit.

– Je cherche Félix, dit-elle.

– Noémie ! Je suis tellement heureux de te voir !

– Pas moi. Ce n'est pas vous que je veux voir.

Elle est déjà sur le palier. Nanteuil se précipite pour la retenir.

– Viens. Tu ne vas pas rester fâchée !

– Je n'ai rien à vous dire, répond-elle en se détournant vers l'escalier. Quoique si ! Vous aviez raison, Papa s'est suicidé. Mais il avait une bonne raison de ne plus pouvoir se regarder en face...

– Laquelle ?

– Benjamin, ce n'était pas un accident.

Sans réfléchir, Nanteuil attrape son poignet, la tire violemment à l'intérieur du cabinet et ferme la porte.

– Qu'est-ce que tu racontes ?

– Vous me faites mal.

Il voudrait lui faire mal et la protéger en même temps. Il ne la lâche pas. Il sent qu'elle en sait trop.

– Qu'est-ce que tu lui voulais à Félix ? insiste Nanteuil.

– Rien.

– On travaille ensemble, on est associés, lui et moi.

– Je ne crois pas. Ça suffit maintenant, dit Noémie. Vous avez peur, on dirait.

– Tu ne bouges pas d'ici, dit-il en serrant plus fort.

– On m'attend à l'hôpital ! crie-t-elle.

La porte du bureau s'ouvre. Finley apparaît.

– Et c'est qui, lui ? demande-t-elle.

– Un ami. Qui connaissait bien ton père d'ailleurs.

– C'est pas un brevet de bonne fréquentation.

– Maintenant tu craches sur ton père alors qu'il y a deux jours tu sanglotais là dans mon bureau !

– Mais voyons, laissez cette jeune femme s'en aller, intervient Finley qui sent Nanteuil perdre son sang-froid.

Noémie s'enfuit en dévalant l'escalier.

– Vous perdez vos moyens ! s'énerve Finley, une fois la porte du bureau refermée.

– Elle a peut-être ce que nous cherchons. C'est dans ses bras que Fresco est mort.

– Je sais. Mais elle est sous surveillance. Laissez faire les professionnels.

– Ne lui faites pas de mal..., murmure Nanteuil.

*

Fichue ligne 13 et ses incidents techniques à répétition. Le métro ralentit une deuxième fois sous le tunnel. Félix enrage, il pensait aller plus vite. En face de lui, une mère occupe sa petite fille en lui lisant un test de personnalité dans une revue pour gamines montant à cheval ou à poney.

– Tu es : A/ Autoritaire, ça veut dire que tu commandes un peu avec tes amis ; B/ Populaire, tu as énormément d'amis ; C/ Timide, tu n'oses pas trop t'affirmer avec tes amis.

– B, dit la petite.

– Ah bon tu es populaire ? dit la mère d'une voix montante.

Devant l'étonnement maternel, la gamine lui demande de relire.

– Non C, je suis timide, corrige la petite.

Quelle conne, pense Félix de la mère. Le métro redémarre. Plus que six stations avant de retrouver Lira. Populaire. Lira est populaire, même si c'est sous le nom de Vlad. Il est peut-être temps de révéler qui elle est, c'est la seule façon de se soustraire à la pression, de faire sortir Paulina, jouer l'opinion, ne plus cacher Lira, la montrer, en faire une icône. Les idées et les scénarios vont et viennent dans la tête de Félix. Qu'est-ce qu'elle risque ? A/ La prison ; B/ L'expulsion ; C/ La mort ? Il remballe toutes ses mauvaises idées. Paulina sortira. Forcément. Ils ne peuvent étirer sa garde à vue sans preuve. Mais que faire ensuite ?

La boutique d'Emma est vide lorsqu'il arrive enfin. Des aiguilles, des clous gisent par terre. Ce n'est pas la trace d'un combat, c'est Lira qui, en quittant cet endroit, a tout bousculé sur son passage. Il s'est absenté trop longtemps. Ne l'a pas appelée faute de téléphone. Où est-elle ? Il court s'acheter un portable à carte, l'appelle sur le numéro qui leur est réservé. Elle ne répond pas. Il insiste, tout en marchant dans le quartier, où est-elle allée ? Pas loin forcément. Elle finit par décrocher.

– Mais t'es où ?

– Je suis sortie. J'en pouvais plus de rester là-dedans. Comment va Paulina ?

– Toujours en garde à vue. Mais tu es où ? C'est quoi ce boucan autour de toi ?

– On dirait un manège.

– Mais tu es où ?

– Je sais pas. On dirait un de ces manèges avec un pompon qu'il faut attraper. Paulina adorait ça quand elle était petite. Il faut la sortir de là ! Je vais y aller, moi.

– On va faire mieux que ça. J'ai besoin de savoir où tu es. Je vois pas de manège dans le coin. Depuis combien de temps tu marches ?

– Une demi-heure.

– Tu as pris à gauche ou à droite en sortant ?

– À droite.

– Demande autour de toi où tu es.

– Attends…

Un long silence ensuite, juste le bruit du boulevard. Félix devine la scène, Lira qui ralentit, attend qu'on la frôle. Il l'entend qui respire, qui cherche à arrêter quelqu'un.

– S'il vous plaît, s'il vous plaît, articule-t-elle de son accent russe. Elle ne parle pas assez fort pour qu'on l'entende. S'il vous plaît, dit-elle plus fort.

Félix a le ventre noué. Lira s'est égarée dans le flux des gens pressés. Même la pitié qu'elle peut inspirer lui fait mal.

– Parle plus fort, dit-il.

Il y a des coupures et des bips sur la ligne. Finalement, quelqu'un s'arrête, Félix entend Lira demander : « Où sommes-nous ? » On dirait que la conversation s'engage. Mais subitement la communication est coupée. Félix rappelle, mais tombe sur sa messagerie. La batterie a dû lâcher. Félix demande au premier venu s'il a idée d'un manège dans le quartier. Non. Il avance. Une femme à l'air épuisé, avec un enfant au bout de chaque main, lui indique le prochain manège à dix minutes. Arrivé sur place, il reconnaît Lira de dos, assise sur un banc, comme si elle surveillait un enfant juché sur un cheval ou une licorne. Il la rejoint, lui passe les bras autour des épaules et se serre contre elle.

– C'est elle ou moi, c'est ça ? demande Lira doucement.

– Oui. Mais légalement ils ne peuvent pas la garder au-delà des délais autorisés. Et ils n'ont rien contre elle, que des aveux foireux d'un multirécidiviste.

– Tu proposes d'avoir confiance en la justice de ton pays ?

– Non… Je veux juste que tu ne te précipites pas. Si tu sacrifies Vlad, alors il faut sortir le grand jeu.

Il imaginait un carrousel en la cherchant, c'est plutôt un de ces manèges de foire avec vaisseau de l'espace et le pire de la bande FM qui crache dans les enceintes. Il appelle le bureau du procureur et demande si Paulina sera entendue. D'ici deux heures, s'entend-il répondre.

– Je viens avec toi, dit aussitôt Lira.

– C'est impossible.

– Je t'attendrai dans un café en bas s'il le faut mais ne me laisse pas toute seule dans cet endroit plein d'aiguilles. Je préfère encore rester là à écouter cette musique de merde.

– D'accord. Mais on a quelque chose à récupérer d'ici là.

Il sort la carte du taxi et compose son numéro.

– Bonjour, monsieur. J'ai pris votre taxi ce matin dans le 11e arrondissement. Je voudrais savoir si vous n'avez pas retrouvé mon portable sur la banquette arrière.

– Mais si ! Et je reconnais votre voix. Et bien sûr, vous voulez le récupérer rapidement. Où êtes-vous en ce moment ?

– Métro Jaurès.

– Je peux passer par là dans une vingtaine de minutes. Après j'aurai fini ma journée.

Le taxi arrive. Le chauffeur tend le portable à Félix par la fenêtre ouverte côté passager. L'appareil est presque à bout de batterie mais affiche une dizaine de messages, notamment ceux de Noémie qui lui demande de passer à l'hôpital au plus vite.

– Je sais que votre journée se termine mais on a encore besoin de vous, mon amie et moi.

Le chauffeur regarde la femme aveugle et fait signe de monter.

– Hôpital Necker, s'il vous plaît, dit Félix tout en démontant le téléphone sous le regard amusé du chauffeur dans le rétro.

– Décidément, vous n'en voulez plus de ce téléphone ! D'abord vous l'oubliez, maintenant vous le démontez !

– On ne va pas au palais ? demande Lira.

– On fait un crochet par l'hôpital d'abord, je crois que Noémie à ce que Nwankwo cherche depuis des années.

Noémie n'a pas reconnu cet homme égaré dans l'hôpital qui, il y a quelques jours, lui demandait son chemin et les urgences. Elle ne l'avait même pas regardé, ne l'avait pas vu glisser un micro dans son sac. Il est là encore. Il s'engouffre derrière elle à la cafétéria de l'hôpital, fait mine de faire la queue tandis qu'elle attrape un sachet de gâteaux secs et commande un café. Soudain, elle l'entend qui souffle dans son oreille :

– J'ai un flingue à vingt centimètres de ta moelle épinière, alors tu avances, tu paies et on sort.

Il a un léger accent. Elle se raidit.

– Fais ce que je te dis. Ces mômes sont déjà pas gâtés par la vie, faudrait pas les amocher encore.

Elle avance, lui toujours derrière elle, ou plutôt elle zigzague, car la salle est pleine d'enfants en fauteuil ou perfusés, poussés par leurs parents, victimes d'accidents passagers ou de drames éternels, ils parlent fort ou pas du tout, ils ont des têtes trop lourdes, des lèvres tombantes, des regards ailleurs, des plâtres aux jambes, des fous rires aussi. Noémie se fraie un chemin et répond à peine aux collègues qui la saluent pour éviter toute conversation.

L'un d'eux l'arrête pourtant, évoque une réunion à venir, un protocole de recherche, elle sent immédiatement que celui qui la poursuit a reculé d'un pas mais elle le devine dans le reflet de la vitre, pommettes hautes, nez minuscule, larges épaules, corps musclé, main dans la poche du blouson, posée sur le flingue. Elle répond vaguement tandis que son regard balaie la salle, à la recherche d'un miracle, d'un sauveur. On dirait que l'homme derrière elle capte ses pensées, il monte d'un cran dès qu'elle reprend sa marche vers la sortie

– Y a peut-être des parents qui seraient ravis au fond que je les débarrasse de leur mongol. Magne-toi. On sort et tu me donnes ce que t'as récupéré des affaires de Fresco.

– Je n'ai rien, vous vous trompez, dit-elle entre ses dents.

– On t'a suivie, salope. T'as même baisé avec lui alors qu'un gentil mari et d'adorables enfants t'attendent à la maison. Eux aussi on est allés les voir.

Elle respire difficilement. La clé est sur elle, dans la poche de son jean sous sa blouse. Et puis Félix entre, il fonce vers elle. Elle secoue la tête, écarquille les yeux pour qu'il comprenne que quelque chose ne tourne pas rond, mais trop tard, il est là, à deux pas, alors l'homme sort son arme, la braque sur Félix puis sur la salle. Un cri étouffé parcourt la cafétéria. L'homme n'a pas l'air d'un fou prêt au carnage, se dit Noémie. S'il est là, c'est qu'il a quelque chose à rapporter, il ne doit pas mourir, il ne tuera pas. Mais l'agresseur vient se placer derrière une enfant dans son fauteuil roulant et effleure sa tempe du bout de son arme. « Non ! » crie le père qui s'accroche aux manches du fauteuil de sa fille. L'homme en noir lui envoie un coup en pleine figure. Le père s'effondre.

Les parents attrapent leurs enfants. Les femmes enceintes glissent leurs mains sous leur ventre. La vaisselle se casse. Les perches à perfusion tombent. Cris et larmes. Une silhouette se met à courir derrière le comptoir comme pour tenter quelque chose, alors l'homme tire en criant « Au sol ! » et repose immédiatement son arme sur la tempe de l'enfant qui ne bouge pas. Elle s'est figée. Seule l'urine chaude qui coule le long de sa petite cuisse sans muscles trahit sa frayeur. Noémie fouille sa poche, en sort la clé et avance doucement vers l'agresseur en la lui tendant sous le regard impuissant de Félix. Les agents de sécurité de l'hôpital sont déjà en approche, on les voit qui avancent de l'autre côté de la baie vitrée. L'un d'eux s'arme d'un porte-voix et demande la libération immédiate des enfants et de leurs parents.

– Viens là, dit l'homme à Noémie. Tu pousses la môme et on y va.

Il prend la clé et elle, les poignées du fauteuil. Il garde le flingue sur la tête de la petite. Ils sortent ainsi de la cafétéria où l'on s'écarte en gémissant pour les laisser passer. Et ils se retrouvent vite sur le boulevard.

– Porte-la, dit-il.

– Quoi ?

– Prends-la, putain. Faut pas traîner !

Noémie glisse son bras gauche sous les jambes humides et molles de l'enfant, le droit sous ses épaules.

– Pose ta tête contre moi, murmure-t-elle pour la calmer, il va partir, il va partir et nous laisser.

La petite enfouit sa tête dans sa blouse blanche de médecin qui semble la rassurer. Le pistolet est toujours pointé sur elle. Une voiture arrive à toute vitesse, les portières s'ouvrent.

– Monte ! crie l'homme.

– Non ! Laissez la petite ici au moins ! Vous avez ce que vous voulez ! résiste Noémie.

– Monte ! crie-t-il en pressant son flingue contre la tête de l'enfant.

Il les pousse sur la banquette arrière. Un bref instant, les otages sont hors champ, la police tire ses premiers coups de feu. Les balles ricochent sur l'aile arrière. L'homme s'engouffre à son tour et la voiture démarre en trombe. Cessez le feu ! crie immédiatement un supérieur.

– Mais qu'est-ce qui se passe ? demande Lira, restée dans le taxi garé juste en face, au chauffeur.

– Un dingue avec un flingue vient d'embarquer un médecin et une gamine malade, lui raconte le chauffeur.

Félix arrive en courant.

– Suivez-les !

Mais impossible d'avancer, les policiers bloquent la circulation. Trois voitures toutes sirènes hurlantes passent devant eux. Crissements de pneus. Klaxons. La course-poursuite est engagée. Bientôt un hélicoptère est signalé dans le ciel. Tout est bloqué. La voiture en fuite avance vite.

– Suivez-les ! insiste Félix une fois la voie dégagée. Le chauffeur démarre, slalome, se fie au bruit et aux lumières des gyrophares. Mais le trafic est comme pétrifié par la poursuite qui vient de s'enclencher. Bientôt les bruits s'éloignent. Inutile d'essayer.

– Et Paulina ? se hasarde Lira.

Une demi-heure plus tard, Félix arrive en retard dans le bureau du procureur. C'est Duval, le même homme qui écoutait Noémie sans y croire, dix jours plus tôt, dans cette même pièce. Par la seule présence de ce vieux chauve, vif, aux phrases sèches et aux yeux qui brillent derrière des lunettes rondes cerclées d'argent, la justice avoue tout, les compromissions, les ordres du pouvoir, qu'elle préfère ne rien voir et ne rien savoir. Paulina est droite, raide, inébranlable, presque insolente en face de lui. La fatigue des nuits en cellule a creusé les traits de ses 20 ans. Ses yeux ne se baissent pas, ils semblent dire, nous nous foutons de votre pouvoir, de votre hermine, de votre fric et de vos pièges, ils disent « nous », Paulina et Lira, comme si elles étaient deux pour une seule paire d'yeux.

Paulina lance à Félix un regard tendre, soulagée de le voir arriver enfin, de n'être plus toute seule. Le procureur déroule ses accusations, puis Félix fait son boulot et rappelle l'absence de preuves.

– Vous voulez qu'elle avoue quoi au juste ? lâche-t-il enfin.

Il est pressé de sortir de là. D'avoir des nouvelles de Noémie. Le procureur en a-t-il ? Il y a de l'agitation dans les couloirs et les bureaux alentour. Finalement la porte s'entrouvre, un jeune homme à la mine grave fait un signe de tête au procureur qui abrège la séance.

– La garde à vue est prolongée pour vingt-quatre heures.

Paulina reste calme.

– Ça ira ? lui murmure Félix.

– Ça ira.

Elle retourne au dépôt entre deux gendarmes. Le procureur fait signe à Félix de rester.

– C'est la deuxième fois que je vous vois en peu de temps.

– Je suis moi-même étonné qu'une vulgaire histoire de cannabis soit entre vos mains prestigieuses. Dans vingt-quatre heures, vous n'aurez d'autre choix que de la libérer.

– Il peut se passer beaucoup de choses en vingt-quatre heures.

– C'est vrai.

– Et imaginez qu'une fois libre l'administration, au vu des soupçons qui pèsent sur elle, décide de lui retirer sa bourse d'études, elle vivrait aux crochets de sa pauvre mère aveugle ? Ou même qu'on lui retire son visa, que de déchirements ! Vous savez, les circulaires nous enjoignent de ne plus rien laisser passer en matière de drogue.

Si la justice était un animal, ce serait un escargot. La coquille serait ce vieux palais royal aux ordres, et sa tête de limace celle de ce type, se dit Félix. Voilà qu'apparaît Nanteuil au bout du couloir, il foudroie Félix du regard, manifestement surpris de le trouver là, mais il a le mérite d'interrompre ce jeu des menaces et des sous-entendus.

– Des nouvelles de Noémie ? demande-t-il au procureur.

– La petite a été relâchée. Puis la voiture s'est évaporée. A priori Noémie Castelnau était encore à l'intérieur. Je suis désolé, maître, je sais que vous êtes un ami très proche de cette famille déjà rudement éprouvée.

La voix du procureur s'est faite cajoleuse tout à coup. Nanteuil tremble de rage. Les mots de Finley tempêtent sous son crâne. « Elle est sous surveillance. Laissez faire les professionnels... »

– Vous avez pu identifier l'homme ? demande Félix.

– Inconnu des fichiers de police.

Pendant ce temps, dans la brasserie face au palais, Lira ne peut masquer sa solitude et son inquiétude derrière un journal, un livre ou une tablette. Elle calcule mentalement le temps qui s'est écoulé sans en être vraiment sûre. Soudain, elle reconnaît une odeur familière et sourit.

– C'est Félix qui t'envoie me tenir compagnie ? demande-t-elle

– Et réciproquement. Tu sais que je suis chômeur maintenant, répond Éric.

– Alors mon appartement ?

– Je ne te cache pas qu'il y aura du rangement à faire. Et je suis tombé sur un type là-bas qui avait rendez-vous avec toi. Comment il s'appelle déjà ? Attends, il m'a laissé sa carte. Dan Lambert.

– Ah oui, c'est vrai, il voulait m'inviter à parler dans des sessions de formation sur les mécanismes de la corruption.

– Vu l'état de ton appart, il a compris la situation. Il a proposé son aide. J'ai son numéro au cas où.

Dans le couloir du palais, Félix s'est éclipsé, laissant Nanteuil en pleine discussion avec le procureur. Il arrive enfin dans la brasserie. Pressé. Pâle.

– La garde à vue est prolongée, annonce-t-il. Il faut qu'on s'en aille. Il y a des flics partout et je viens de croiser Nanteuil. Sinon la gamine a été retrouvée saine et sauve, mais Noémie est toujours introuvable. J'y comprends rien, soupire-t-il.

La nuit finit par tomber sur ce jour interminable.

Dans l'obscurité d'une minuscule cellule du dépôt, Paulina a les yeux ouverts. Elle a fini par s'étendre sur le tapis de sol dégoûtant. Les parois écaillées racontent des slogans, des appels, des prières, des groupuscules, des Basques, des Kurdes, des vies mal barrées. Ça sent l'urine à vomir. À côté, un bipolaire se cogne la tête contre le mur et appelle sa mère.

Dans sa chambre aux peintures jaunies de l'Assistance publique, la petite Myriam parle, mais à sa façon :

– Voiture Périk voiture proké moi les yeux, dit-elle.

Les mots se brisent dans sa tête avant même de sortir. Elle est partiellement aphasique depuis qu'elle et ses parents ont eu un grave accident de la route il y a un mois. Elle y a perdu l'usage des mots et des jambes. Mais les deux peuvent revenir, disent les médecins. « Périk céder voiture », répète-t-elle. Ses parents voient passer dans le brouillard de ses phrases la voiture qui l'a embarquée ce matin avec Noémie, mais aussi leur voiture sortie de route à vive allure alors qu'ils rentraient de week-end. Ils caressent les cheveux de leur fille comme si elle était miraculée une seconde fois et sans faire réellement attention à la mélodie insistante de sa phrase. « Périk voiture céder », murmure-t-elle encore. Puis ses paroles se raréfient. Ses paupières s'alourdissent, son regard se pose dans le vide, peut-être sur un bout de bitume, sur ce moment qu'elle sera à jamais incapable de raconter, quand la portière s'est ouverte, qu'elle s'est accrochée désespérément à la blouse de Noémie et ne comprenait pas pourquoi Noémie lui disait de la lâcher, usait de toutes ses forces pour desserrer son étreinte et a fini par la déposer sur le trottoir. Les somnifères agissent.

Devant la chambre de Scheffel, un garde armé a été posté. Sans qu'on sache très bien comment il pourrait voir passer 830 volts à travers les murs de cette clinique chic. Ni qui pourrait les envoyer.

À Lagos, Greg s'envoie une jolie pute recommandée par Fox dans les étages du Victoria Palace. Kay n'est pas retourné dans son conteneur. Il traîne avec ses copains hackers du côté de Yaba, il y a un moment qu'il ne les a pas revus, ils ont grandi, ils continuent de bidouiller, sont très demandés, se font pas mal d'argent et ils se marrent en voyant qu'on ouvre des écoles informatiques sur le boulevard Macaulay. Eux ne sont pas allés à l'école et sont les princes du code, les mercenaires de la jungle urbaine et virtuelle, la fine fleur du hacking dont on dit qu'il a été inventé là, à Lagos. En tout cas, c'est ce qu'ils croient. Ils racontent qu'on a même hacké le pacemaker d'un gros poisson pendant quelques jours par ici.

– Où ? Qui ? demande Kay, très intéressé.

Ils ne savent pas vraiment. Ce qui compte, c'est la prouesse, un cœur, t'imagines ! Tu le démarres, tu l'arrêtes, t'es Dieu ! hurle un môme de 15 ans en balançant sa canette de bière aussi loin que possible.

– Paraît aussi que le patron de la financière a tué une pute qu'il se tapait régulièrement. Tu le connais bien, toi, Kay ?

– Que des conneries, lâche Kay. Comme votre cœur hacké.

– Ah non, ça c'est pas des conneries !

Et on finit par lui lâcher le nom du gars qui a vu le gars qui l'a fait.

Nwankwo est encore à Abuja. Il a obtenu du président Awolo une visite discrète chez lui. C'est sûrement la dernière.

– Pendant qu'on enterrait plus de soixante-dix cadavres, ou qu'on cherchait Scheffel, la banque écoulait son stock.

– Combien ça leur a rapporté ?

– Une dizaine de milliards, j'imagine, répond Nwankwo. Ça vaut bien le massacre de soixante-douze esclaves.

– Qu'est-ce que vous insinuez ?

– Que ce crime a un rapport. Qu'une banque et des terroristes peuvent avoir des intérêts communs, et qu'entre les deux je ne vois qu'un seul trait d'union : Finley.

– N'allez pas trop vite, Nwankwo. Et n'oubliez pas les accusations qui pèsent sur vous.
– Vous y croyez ?
– Que faisiez-vous là ?
– Ce que vient faire n'importe quel homme.
– Mais vous n'êtes pas n'importe quel homme !
– Vous y croyez ? Vous me croyez capable d'un tel crime ?
– Non.
– Alors il va falloir choisir qui vous protégez. Finley ou moi. C'est aussi choisir pourquoi vous êtes à la place que vous occupez.

Sur la scène du palais des congrès de Strasbourg, le président vient de lâcher les traditionnels mots de la fin. « Vive la République, vive la France ! » Frontenac a fait de même mais à Lyon. Mêmes gestes, ils lèvent les bras tels des conquérants pour les photographes qui se bousculent au pied de la scène. Frontenac s'attarde, le président ne s'éternise pas, il sort de scène, rejoint une loge improvisée, attrape une petite serviette-éponge et y plonge son visage. Doret le rejoint.
– La bonne nouvelle, c'est que Vlad est réduit au silence ce soir. La mauvaise, c'est qu'on est toujours sans informations au sujet de Noémie. Et ex æquo dans les sondages.

Mme Castelnau, seule chez elle, supplie le téléphone de sonner et de la rassurer. Il ne sonne pas. Alors elle décroche :
– Je voudrais parler au président.

Emma fait des heures supplémentaires. Elle était venue finir son déménagement, elle est tombée sur Félix et Lira, elle a râlé d'abord, parce qu'il lui avait menti et qu'elle ne veut pas d'ennuis avec les flics. Et puis elle est restée sans comprendre vraiment ce qui se passait, mais peut-être à cause de Lira, sa peau trop pâle, son corps longiligne, égaré, là sans être là, agressé par les coins et les angles. Elle lui a dit :

– Allonge-toi, il te faut des griffes, des ailes. Et si je dessinais un oiseau sur ton bras ? Un oiseau qui s'envole marque un nouveau départ.

Lira a ri.

– Tu as d'autres clichés comme ça ?

– Les hommes choisissent les rapaces. Et les femmes la colombe ou le moineau.

– Pauvre monde. Dessine un oiseau bleu, qu'il ait l'air doux, mais avec de grandes ailes et de longues et bonnes griffes.

Emma a enfilé son tablier blanc, choisi son aiguille, son encre et l'a injectée sous la peau de Lira qui a fait la grimace aux premières sensations et puis s'est laissée faire. La pièce où ils se trouvent n'est plus qu'une fenêtre lumineuse au premier étage d'une boutique plongée dans le noir et sur la porte de laquelle est écrit « Déménagement au 38, rue du Cherche-Midi ». Lira et Félix dormiront là, loin des artères principales. Lira imagine l'oiseau sur son bras. Elle en voudrait d'autres déjà. Félix explore les agendas de Castelnau. L'écriture serrée et codée du ministre qui ne note pas de noms, juste des initiales.

– À toi ! l'interrompt soudain la voix d'Emma.

Il ôte sa chemise, s'allonge sur le ventre. Il voudrait être chez lui, noué au corps d'Éric.

– Finis, dit-il, j'ai tout mon temps.

Une heure plus tard, les derniers mots sont écrits, la phrase ondule sur ses vertèbres : « L'homme qui sait n'éprouve pas de joie égale à celle qu'on trouve dans l'ombre. De frisson aussi puissant que celui que le danger glace. »

XI

Nymex Comex UxC Uranium U308 Settlement 48

Noémie tire une longue et dernière bouffée, écrase du pied sa cigarette dans la cour du ministère et monte jusqu'au bureau de son père. Simon Castelnau lève la tête et lui sourit.

– C'est gentil de passer me voir, comme tu vois, les résultats ne sont pas mauvais.

– On s'en fout des résultats, non ? dit-cllc cn s'asscyant en face de lui, d'une voix légèrement agressive. Tu ne seras plus au gouvernement cette fois, alors c'est plus ton problème.

– On peut voir les choses comme ça...

– Un jour, tu regretteras ta décision d'avoir sacrifié la médecine à tout ça.

– Les regrets, ça ne sert à rien. Et je n'aurais pas fait un grand médecin.

On frappe à la porte. Scheffel entre sans attendre de réponse. Il apporte les résultats précis pour chaque région, chaque grande ville, mais il veut surtout parler au ministre de l'agenda. Noémie les laisse discuter, écoute distraitement Scheffel suggérer de repousser un aller-retour à Lagos après la réélection.

– Mais nous ne sommes pas encore réélus ! s'emporte Castelnau. Frontenac a toujours une chance dans ce fichu pays.

– Il restera de toute façon une dizaine de jours ensuite avant la passation des pouvoirs. Vous pourrez y aller à ce moment-là.

– Vous nous voyez aller là-bas alors que nous sommes battus ?! Nous présenter en vaincus devant les Africains ? Non ! On maintient. D'ailleurs, Noémie, c'est mon dernier voyage officiel... Tu ne veux pas venir avec moi ? C'est une région magnifique et tu n'es jamais allée en Afrique.

Elle secoue la tête. Scheffel sort.

– En voilà un qui ne me manquera pas, grommelle le père.

Noémie continue de secouer la tête.

– Non, je n'irai pas en Afrique. C'est là-bas que Benjamin a attrapé la mort.

– Arrête ! Pas toi ! Pas maintenant !

– Au contraire. Maintenant c'est le moment puisque c'est la fin de tout ce cirque ! dit-elle en promenant les yeux au plafond de ce palais ministériel. Benjamin était en colère en rentrant. Il s'est mis à penser à des choses auxquelles il n'avait jamais pensé.

– Stop ! dit le père sèchement sans la regarder, les yeux fixés sur les chiffres que Scheffel vient de lui apporter. Benjamin faisait le con à moto bien avant de partir. Il narguait la mort. Combien de fois je le lui ai dit !

– Une dizaine de jours avant, il est venu me chercher à l'hôpital. Il voulait me parler, c'était comme une urgence, je l'ai senti dans sa voix. Il a attendu la fin de ma garde, nous sommes allés dîner et il a vidé son sac. Il m'a raconté son voyage, ton monde, ce qu'il a découvert en travaillant chez Gomont. Il avait vu circuler des sommes d'argent dingues, des documents horribles, glaçants. Avant, tout ça ne l'intéressait pas…

Le ministre ne réagit pas. Sa fille cherche vainement son regard. Elle allume une nouvelle cigarette, tire longuement sur la première bouffée. Son rouge à lèvres déteint sur le filtre.

– Je ne sais pas si tu aurais été un grand médecin… Mais tu n'as pas été un grand homme d'État.

– C'est pour me dire ça que tu es venue ?

Il lève enfin la tête

– Non. C'est sorti tout seul. Je suis désolée.

– La politique n'a rien d'esthétique.

– C'est tout ce que tu as à me dire ! Je te parle de Benjamin et tu me parles d'esthétique !

– Tais-toi !

– Veux-tu que je crie plus fort ? Qu'on m'entende dans tous les bureaux de ce putain de ministère ? J'ai besoin de te parler de Benjamin pendant que tu es encore à ce bureau derrière lequel tu t'es toujours caché. J'ai vu Doret ensuite. On se voyait encore de temps à autre depuis médecine. Comme une conne, je lui ai répété ce que m'avait dit Benjamin, j'étais vague, je n'avais rien noté, mais j'avais retenu les grandes lignes, des noms qu'il m'avait donnés, et j'ai tout lâché, comme si nous étions forcément d'accord, du même âge, du même bord. Mais plus j'y pense, plus je me dis qu'il a signalé ensuite tout ce que Benjamin racontait, et que Benjamin a peut-être fini par devenir gênant à cause de moi.

– Ton frère s'est répandu partout.

En quelques mots, il vient de lui retirer le privilège des confidences de son frère.

– Tu n'as jamais pensé qu'on avait pu vouloir le tuer ? bafouille Noémie au bord des larmes.

– Personne n'aurait touché un cheveu de mon fils. Et tu n'es pour rien dans sa mort.

Ces mots viennent trop tard pour la soulager. Elle pleure. Castelnau ne sait plus quoi dire, comme il ne sait plus prendre sa fille dans ses bras. Noémie écrase sa cigarette dans le cendrier et se lève.

– Benjamin m'a dit que sa plus belle rencontre là-bas, c'était une pute. J'ai oublié son prénom. Mais je me rappelle ce qu'il a dit ensuite : « L'obscénité n'est pas là où l'on croit. »

Elle s'entend encore courir ensuite sur le gravier de la cour, sans se soucier du regard interloqué des huissiers. Ce soir-là ne s'oublie pas, se revisite sans cesse, surtout maintenant, sous la menace d'un flingue, coincée à l'arrière d'une camionnette qui s'enfonce dans la campagne française. Il n'y a qu'à se souvenir, recoller les morceaux, se laisser conduire vers la vérité, aussi terrible soit-elle. Ils ne me tueront pas, veut croire Noémie. Ils se sont engueulés au début, ce n'était visiblement pas le scénario prévu, le type au volant ne décolérait pas, il ne voulait pas garder la gamine. « Dans cinq minutes, je la largue ! » il disait. Ça a pris plus longtemps, le temps de semer les voitures de police lancées à leur poursuite. Noémie murmurait quelques mots à l'oreille de la petite agrippée à elle.

– Qu'est-ce que tu lui racontes ? demandait l'homme au flingue.

– Ce qu'on dit aux enfants quand ils ont peur.

Et puis il a fallu que Noémie force les mains de l'enfant à se décrocher d'elle, qu'elle détache ses doigts l'un après l'autre, la dépose comme un paquet sur le trottoir, petite boule incapable de tenir sur ses jambes, ni d'articuler un mot. Elle l'a fixée le plus longtemps possible ensuite, tandis que la voiture accélérait, puis elle est rapidement revenue à son histoire, à Benjamin, à Patrick. Est-ce que ce sont ses ravisseurs qui les ont tués ? Ils ne se parlaient plus. Elle a repensé à Scheffel aussi, qui voulait modifier l'agenda de son père ce soir-là. Il l'avait à peine regardée. Il manœuvrait déjà. C'est lui qui a fait fouiller le bureau de son père après sa mort, cherchant ce que le père avait lui-même cherché dans la chambre du fils, ces documents confiés à Benjamin par Fresco. Quel abîme... Noémie n'a dit à personne, pas même à son mari, qu'elle était passée voir son père ce soir-là, juste avant qu'il ne meure. A-t-elle crié à son assassinat parce qu'elle n'avait rien pu dire à la mort de Benjamin ? S'est-elle trompée de cadavre ?

La nuit est sombre mais elle mène forcément vers quelques réponses. Il fait frais maintenant. Noémie se recroqueville. Elle s'arrondit tandis que le véhicule s'enfonce dans l'obscur paysage. Il semble n'avoir pas de destination précise, comme s'il cherchait juste à gagner du temps.

*

– Jamais nos services n'auraient opéré de la sorte, en plein jour, dans un hôpital plein d'enfants !

– Je sais bien, soupire le président face à l'ambassadeur américain qu'il a fait venir dans son appartement privé de l'Élysée à une heure qui ne figure pas sur l'agenda officiel. Il a défait sa cravate, enfilé un pull-over sur sa chemise. On dirait qu'il a déjà perdu, pense le diplomate.

Vu l'heure et les circonstances, on ne s'embarrasse plus des formes, du protocole et des faux-semblants. Chacun sait ce que l'autre veut dire, sur quel fil il marche. Inutile d'évoquer la banque, la mine, l'uranium. Tous deux savent que les révélations à venir seront dans la même tonalité que ce qui a déjà été publié par ce Vlad. Et qu'elles nuiront aux intérêts français comme aux intérêts américains.

– La veuve Castelnau a appelé Ciret. Elle menace de parler si on ne retrouve pas sa fille au plus vite.

– Et que voulez-vous qu'elle dise ?

– Elle vient de perdre fils et mari en six mois. Ça fait trente ans qu'elle assiste dans l'ombre à la vie politique.

– En quoi ça regarde mon pays ?

Le président français ne contient pas son léger rictus côté gauche.

– La vie politique française a toujours beaucoup intéressé la CIA... Donc activez vos réseaux, faites comme il vous plaira, mais la fille Castelnau doit être saine et sauve demain à midi.

Ce n'est pas l'autorité qui teinte la voix du président, c'est la panique et l'ambassadeur le sent bien. Il se lève, déplie sa grande carcasse comme pour rappeler les proportions des États-Unis et de la France. C'est signe qu'il en a assez entendu. Mais le président semble vouloir le retenir encore.

– Et cette banque, dit-il, tout mène à elle.

L'ambassadeur lève les sourcils pour feindre son ignorance.

– Pourquoi une banque qui finance l'achat de vos avions Rafale par les Africains voudrait-elle perturber votre réélection ?

– Pour montrer qu'elle fait ce qu'elle veut, qu'elle se fout de ma défaite comme de ma victoire, qu'elle a Scheffel dans son jeu, qu'elle en a placé d'autres ailleurs. Les banques, c'est bien connu, prêtent l'argent qu'elles n'ont pas, elles jouent, elles parient.

– Gardez vos tirades de campagne pour votre ultime meeting demain soir. Soyez sérieux. Tout le monde tient à votre réélection. Les milieux d'affaires comme les milieux diplomatiques sont inquiets d'une éventuelle victoire de Frontenac. C'est la raison pour laquelle nos services ont identifié pour vous cette blogueuse russe. Nous savons que la Russie aide les partis d'extrême droite pour déstabiliser l'Europe. Qu'attendez-vous pour réagir et la coincer ? Faut-il aussi que nous vous trouvions son adresse ?

– Dans le cas présent, nous n'avons pas affaire à un agent russe ! Et elle se planque. Mais nous avons trouvé comment la faire taire.

– C'est bien ce que je pensais. Nous allons devoir la trouver pour vous.

– Trouvez Noémie Castelnau plutôt, c'est bien plus urgent !

Il est 1 heure du matin sur les pendules de l'Élysée. Le bureau de Doret reste allumé sur la façade du palais. Demain soir se tient le dernier meeting, celui de l'ultime chance, quels mots choisir ? Est-ce encore affaire de mots ? Que pèseront-ils face aux révélations d'une veuve qui en sait trop depuis toujours ? Face aux secrets d'une banque américaine s'ils sont dévoilés ? Plume Dorée rature. Mais c'est moins la menace que le souvenir qui bloque son inspiration. Beaucoup de choses resurgissent avec l'enlèvement de Noémie. Le coup de fil de Castelnau, le dernier, cette phrase sèche : « Ma fille sort de mon bureau, qu'êtes-vous allé répéter qu'elle vous aurait confié ? » Il avait été vague et rassurant ce soir-là. Mais il n'aurait peut-être pas dû prévenir Scheffel ensuite. Message du président sur son portable : « Rapplique. »

– La police vient de retrouver la voiture qui a enlevé Noémie Castelnau et la gamine. Vide évidemment.

– Où ça ?

– Dans le parking d'un centre commercial de la banlieue ouest. Ils sont en train d'exploiter les vidéos de surveillance pour voir avec quel genre de bagnole ils sont repartis. Pas de trace de sang ou de lutte dans la voiture. C'est déjà ça. Mais les choses vont durer. J'ai besoin de toi. Je veux que tu te rendes chez la veuve de Castelnau. Que tu évalues son état. Il faut la faire hospitaliser discrètement et la mettre sous calmants.

– Mais…

– Tu es médecin, tu connais sa fille, tu es l'homme tout indiqué. Tu as ma confiance. C'est toi qui organises le transfert. Tout est prêt de toute façon.

– Et le discours ?

– Tu seras inspiré après ça. Fonce.

Doret n'a jamais vu le président aussi seul. Où sont passés directeurs de cabinet et de campagne ? Il ne demande rien. Il s'apprête ce soir à rejoindre les rangs des indispensables, ce ne sont pas ceux qui écrivent, ceux-là sont interchangeables, les indispensables se chargent des basses œuvres.

La vieille dame est dans le bureau de son mari lorsque Doret sonne. Elle se lève, regarde à travers l'œilleton, reconnaît ce collaborateur de l'Élysée, ouvre avec précipitation puis recule comme les parents du soldat qui un jour voient l'officier sonner à leur porte.

– Il lui est arrivé quelque chose ?

– Non, non. Nous n'avons pas de nouvelles certaines, lui sourit Doret.

Elle le fait entrer. Doret vérifie rapidement ce qu'il pressentait : rien d'ordre médical ne justifie son transport en clinique.

– J'ai pris deux somnifères mais je n'arrive pas à dormir, dit-elle en resserrant les pans de son gilet. Elle l'entraîne vers le bureau.

– Alors je classe, je trie. Je n'ai pas l'air comme ça mais je m'y entends dans les dossiers de mon mari.

Doret promène son regard sur les étagères, y reconnaît les vieux manuels médicaux.

– C'est vrai que Simon était médecin à l'origine, comme moi...

– Comme vous ?

– Oui, j'ai fait mes études avec Noémie, vous ne vous rappelez pas ?

– Non. Vous connaissiez ce Fresco, alors !

– Non. C'est en internat que j'ai connu Noémie.

– Ce Fresco a causé la perte de mes enfants. Benjamin d'abord. Noémie maintenant. Elle ne m'a jamais dit que vous étiez ensemble à la fac, enfin je ne crois pas... ne le prenez pas mal, nous parlons peu, ma fille et moi, nous avons du mal. Mais c'est un grand médecin, vous savez. Et vous un idiot d'avoir préféré la politique plutôt que de soulager les gens. Tout compte fait, j'aurais préféré être la femme d'un médecin.

Elle ne demande pas la raison de sa visite. Elle semble soulagée d'avoir à qui parler. Elle s'est assise devant le bureau, lui a indiqué un fauteuil en face d'elle. Elle parle avec des interruptions, des phrases inachevées. Les yeux souvent dans le vague. Comment l'emmener ?

– Mon mari m'a dit bien des fois que la politique était une sorte de médecine mais je n'ai jamais fait semblant de le croire. J'ai fait semblant pour beaucoup de choses, mais pas ça…

– Vous ne devez pas rester seule ici. Peut-être devriez-vous aller vous reposer dans un endroit où l'on prendrait soin de vous. Je peux m'en occuper.

– Ah non ! C'est encore ici que je suis le mieux. Mais c'est aimable à vous d'être venu à cette heure… À vrai dire, cette vie m'allait. Elle était confortable. J'en ai compris les dangers trop tard.

Au débit de sa voix, il se dit qu'elle doit être légèrement ivre. Barbouillée par un mélange de somnifères et d'alcool. Mais toujours rien qui justifie un transport.

– Là-haut, c'est nous le jour de nos fiançailles. J'ai été une belle femme, vous savez.

Doret se tourne vers une photo qui fane avec les livres sur les hauteurs de la bibliothèque.

– Noémie vous ressemble.

– Vous trouvez ? Elle n'aimerait pas que vous disiez cela… Et là c'est Benjamin, mon fils. Vous l'avez sûrement croisé. Je sais maintenant qu'il a été tué. C'est pour cela que Simon s'est pendu.

Doret ne répond pas.

– Vous ne dites rien ? demande-t-elle.

– Que répondre à cela ?

– Tout finira par sortir. Tenez, je vais vous montrer sa chambre.

– Non c'est inutile, je…

– Si, si, venez.

Il doit la suivre, gagner sa confiance, s'il veut qu'elle le suive à son tour. Elle ouvre la porte, allume la lumière sur une chambre d'adolescent que Doret reconnaît sans jamais y être entré, c'est la case départ d'un garçon, avec ces choses qu'on affiche et celles qu'on cache. Il reste sur le seuil, son regard balaie la pièce tout en ayant hâte qu'on referme cette porte ouverte sur les souvenirs, cet âge de tous les possibles. Il n'aurait pas dû parler à Scheffel de tout ce que lui avait confié Noémie. Puis il reconnaît le manga posé sur le lit. *Ghost in the Shell*. Toute sa jeunesse. Il bandait devant les cyborgs femelles aux culottes échancrées. Des bribes, déjà, lui reviennent… les orphelins… le centre gouvernemental de lavage de cerveau.

– Prenez-le, dit Mme Castelnau.

– Non, non.

– Si, si, dit-elle, autoritaire, le prenant et le lui tendant. Je n'appréciais pas du tout ce genre de lecture de mon fils. Je ne veux rien garder de ce qui nous a fâchés. Autant qu'il serve.

Ils rejoignent le bureau. Doret ausculte mécaniquement son téléphone à défaut de savoir quoi dire ou faire. Ses doigts transpirent et glissent sur l'engin muet, devenu indispensable à nos vides, nos silences, nos manques ; « Phallus manquant », a-t-il lu un jour sous la plume d'un vieil amateur d'art avisé. A-t-il des couilles ce soir ou en manque-t-il terriblement ?

– Madame, j'apprends à l'instant qu'on vient de retrouver la voiture qui a enlevé Noémie. Personne à l'intérieur. Mais peut-être ont-ils des informations supplémentaires à l'Élysée.

– Appelez-les !

Il compose un numéro qui le mène directement vers un répondeur.

– Il est 2 heures du matin, soupire-t-il, plus personne ne répond. Venez avec moi, c'est plus simple, vous aurez des nouvelles en direct.

Elle se lève, enfile une veste et attrape son sac. Elle fonce droit dans le piège des sentiments maternels qu'elle n'a pourtant jamais su exprimer. Un chauffeur les attend en bas. Doret s'installe avec elle à l'arrière. En route, il lui passe le président, qui d'une voix chaude l'assure que tout est mis en œuvre pour retrouver sa fille et qu'il l'attend. Mais elle n'atteint jamais l'Élysée. La voiture ralentit puis s'arrête devant une clinique à dix minutes de chez elle.

– Vous serez mieux ici que seule chez vous. Je vous donnerai des nouvelles, dit Doret.

Il parle sans la regarder. Mais elle a planté ses yeux sur lui, ses ongles dans sa manche. Elle refuse de descendre.

– Alors c'était un piège, murmure-t-elle, l'œil humide, figée sur la banquette. Qu'avons-nous fait pour mériter cela, moi et mes enfants ?

Il faut la poigne d'un infirmier qui glisse un bras derrière ses épaules et l'autre sous ses cuisses pour lui faire lâcher prise et la sortir. Mais elle s'agite encore, bat des jambes et se cambre. Son corps, qui n'a jamais connu que le maintien, la convenance bourgeoise, et probablement les honneurs d'un seul homme, se rebelle tout à coup. Mais trop tard. Sitôt posée dans un fauteuil, on la sangle, on plante une aiguille à travers ses vêtements, elle s'affaisse immédiatement tandis qu'on la pousse vers l'intérieur, là où des blouses blanches l'attendent pour la gaver encore de calmants et de somnifères.

Tous ces hôpitaux au cœur d'une affaire d'État qui tourne mal, cette clinique où l'on perfuse Scheffel et son cœur sous contrôle, cette autre où l'on endort la veuve qui veut mordre la main qui l'a nourrie, cet hôpital des enfants malades où la petite fille s'est réveillée en pleine nuit… Elle s'agite, répète les mêmes mots que la veille, « Périk, voiture », comme si le danger et l'urgence les avaient fixés dans sa tête habituellement floue. Elle trépigne, la gamine. Elle dit « Périk ». Puis « voiture ». Encore. Un calmant pour elle aussi. On verra demain.

Demain c'est encore loin. Deux hommes frôlent le lit où Éric s'est effondré tout habillé deux heures plus tôt. Il n'entend rien, il a avalé une bonne dose de somnifères. Il est chômeur à nouveau et Félix ne rentrera pas cette nuit. Le sommeil ne parvient pas à défroncer ses sourcils inquiets. L'un des hommes le surveille tandis que l'autre arrache les câbles de l'ordinateur. Ils repartent avec le disque dur. Une fois dans le couloir, ils envoient un message : « Négatif. Kazan pas là. Matos saisi. On décolle. » Une guerre des services de renseignement est en cours. Chacun prépare déjà un démenti plausible en cas de drame.

*

– Tu es sûre ? murmure Félix.

– Sûre…, répond Lira assise en tailleur sur la table de tatouage.

Il lui a dit les menaces du procureur, Paulina qui pourrait perdre sa bourse, son titre de séjour.

– Il nous faudra partir de toute façon, tranche-t-elle. Alors allons-y.

L'écran est comme un halo de lumière dans l'obscurité de la pièce. Une nouvelle vidéo est postée. On y retrouve la main pleine de pierres précieuses, la même voix autoritaire et enjôleuse.

« Je serai à New York dans quelques jours, je peux essayer de plaider pour toi, mais je ne te garantis rien, tu as voulu faire capoter une opération d'au moins dix milliards de dollars… Et puis qu'est-ce que tu donnes en échange de ta vie ? Tu leur rends ce qui leur appartient, ce qui jamais n'aurait dû sortir de la banque ?! Ils vont pas être faciles à convaincre… Si tu veux te racheter, commence donc par me rendre mon téléphone, Pat. Rends-le-moi, mon chéri, il faut que j'appelle Greg, fais le numéro si tu veux, le dernier, comme ça t'es sûr que j'appelle pas les flics. Faut pas que je rate cette vente, elle est magnifique cette licorne, je la veux… merci… Allô, Greg, c'est encore moi, tu l'as ? Tu es vraiment formidable. Huit cent mille, c'est parfait. Je te rappelle plus tard. »

Inga Gomont raccroche. Elle ignore tout de la caméra pointée sur elle, si près qu'on ne voit que ses bagues qui, dans un autre siècle, s'ouvriraient pour laisser échapper du poison.

« Merci, Pat. C'était important cette vente pour moi, tu sais… Bon, tu décides quoi ? Tu me flingues ou tu me laisses aller sauver ta tête à New York ? »

Elle rit.

« À qui vas-tu demander ma grâce ? »

Elle soupire.

« Tu les connais, Pat, tu sais bien qu'ils sont plus forts que toi, que moi, que le président de la République. C'est ce que j'ai dit à Simon, la semaine dernière...

– Castelnau ?

– Je l'ai vu le soir, avant qu'il se suicide. Je suis passée au ministère. Il ne parlait que de la mort de Benjamin. Il ne parlait que de cela, pas des résultats, il était en boucle...

– Qu'est-ce qu'il disait ?

– Il ne croyait subitement plus à l'accident.

– À la bonne heure. Et qu'est-ce que tu lui as dit ?

– Que voulais-tu que je dise ? Je lui ai dit de se calmer. Mais il ne voulait pas. Il était mauvais, il mélangeait tout. Il disait n'avoir jamais souhaité notre histoire, que je l'avais embobiné, que j'avais profité de lui pour faire des affaires, qu'il était avant tout l'ami de mon mari, et que même mon mari n'en pouvait plus de moi, qu'il parlait de divorcer avant de tomber malade. Tout juste s'il ne m'a pas accusée de l'avoir tué. »

Elle s'interrompt. On entend respirer Fresco. Il s'est approché tout près de sa proie, ou bien c'est elle qui s'est collée à lui. Pense-t-il réellement pouvoir négocier sa survie ou vient-il la piéger ?

« Mais pour Benjamin, qu'est-ce que tu lui as dit ?

– Qu'il y avait plus de chance qu'il soit responsable de la mort de son fils que moi de celle de mon mari. J'aurais pas dû dire ça, mais il m'a cherchée.

– Et tu le pensais ?

– Je l'ai toujours pensé. C'est pour ça que je ne donne pas cher de ta peau. »

Ça s'arrête là.

Le smartphone de Nanteuil vibre.

– Mais quelle salope ! Quelle salope ! Quelle salope ! explose le président. Où est-elle ?

– Je sais pas, souffle Nanteuil. Terrée dans un penthouse de Hong Kong ou de New York, j'imagine. J'ai déjà les actionnaires de Gomont sur le dos, ils veulent l'éjecter du fauteuil de PDG. Ça fait longtemps qu'ils en rêvaient, cette fois ils vont se la faire, ils tiennent une occasion en or. Faut que j'essaie de la convaincre d'accepter en échange d'un bon deal financier. Quant à toi, du calme ! Il n'est jamais question de toi.

– Putain mais tu délires ! Il est question de moi, de toi, de nous tous ! Et trente millions de Français votent dans deux jours. Si on trouve le cadavre de Noémie Castelnau au bord d'une route dans deux heures, t'imagines les conséquences ?

– Non, non, ils ne tueront pas Noémie.

– Qu'est-ce que tu en sais ?

Rien, c'est vrai. Nanteuil n'a plus de certitude depuis que Finley lui a froidement avoué le piège tendu à Benjamin et qu'il l'a empêché de retenir Noémie pour mieux la jeter dans les griffes de ses sbires. Qu'a-t-il fait depuis ? Rien. Il attend. Lâchement, il attend.

– Tu es en contact avec eux ? Tu as touché ta part d'uranium ? s'énerve le président.

– On a tous touché notre part, directement ou indirectement.

Il regrette déjà ce qu'il vient de dire. Il a la main moite et tremblante sur le portable. Le président raccroche. On lui a signalé un appel urgent du patron de la police judiciaire, qu'il prend aussitôt. Son visage s'illumine : l'échange de véhicule vient d'être repéré sur les vidéos du parking. On cherche désormais un utilitaire blanc Toyota. Noémie

Castelnau est à l'intérieur. Ainsi que deux hommes. Ça ne va plus être long. Doret entre à ce moment-là dans la pièce. Le président l'interroge du regard. Doret hoche la tête. Mission accomplie.

*

Épisode 2, murmure Lira. À l'image, des marches qu'on dévale à toute vitesse. Au son, la voix lointaine et stridente de la veuve Gomont qui crie depuis l'étage : « T'es foutu, Pat ! Ici ou là-bas, ils t'auront ! » Qu'a-t-il dit ou fait ensuite pour qu'elle le menace alors qu'il s'en allait ? A-t-elle compris qu'il l'enregistrait ? Un texte s'incruste en lettres blanches sur l'écran :

> « Une heure plus tard, Patrick Fresco recevait deux balles dans le dos. Il n'a pas survécu à ses blessures. V.L.A.D »

Ça dure vingt secondes tout au plus.

– Voilà..., soupire Lira en s'allongeant sur le matelas. Ses courts cheveux blonds dessinent une couronne autour de son visage sans regard. Félix est sur le fauteuil, l'ordinateur sur les genoux, il contemple la propagation du virus. Ça va vite. Très vite. Il est tard pourtant, 3 heures du matin. Mais les gens ne dorment plus. L'époque s'est attaquée à leur sommeil autant qu'à leurs rêves. Ils restent connectés.

– Tu te rappelles ? dit doucement Lira toujours allongée.

– Quoi ?

– De la planque à Londres avec Nwankwo, chez ton amant l'architecte...

– Mark, sourit Félix.

– Ah oui, Mark. Il avait une garde-robe incroyable ! Tu te rappelles comme on s'était déguisés pour échapper aux flics britanniques et aux Russes. La tête de Nwankwo obligé de mettre une fausse moustache et le vieux blouson de l'homme de ménage. Lui, professeur à Oxford ! Et toi qui fouillais l'armoire et distribuais les costumes !

Elle raconte et rit comme si elle avait tout vu. L'acide venait pourtant de lui brûler les yeux. Mais sa mémoire travaille, l'accroche à la vie.

– Tu n'étais pas mal non plus avec ta perruque brune, ton chapeau, et ton costume d'homme, enchaîne Félix.

– Et cette course dans le métro ensuite, les escalators si raides, j'avais peur... Nous avons tellement couru ensuite, tellement, jusqu'à cette chambre d'hôtel. C'est ce soir-là que Nwankwo et moi avons fait l'amour. C'est venu comme ça. L'euphorie d'être encore vivants.

Félix ne dit rien.

– Tu as besoin d'un nouvel amant, lâche-t-il finalement.

– Oui.

– Il va falloir choisir entre Vlad et l'amour.

– Juste un amant, dit-elle en ricanant.

Comme toujours son rire chasse les questions supplémentaires et les introspections trop longues. Félix se tait, il pense à ce qu'elle a dit tout à l'heure. De toute façon il va falloir partir. Aller où ? Ils ne sont plus que deux tatoués piégés dans la boutique, elle avec son oiseau, lui sa sentence.

*

L'utilitaire blanc s'est arrêté tous feux éteints entre route et fossé. Il n'y a ni village ni station-service à des kilomètres à la ronde. Juste la forêt plongée dans l'obscurité totale. Pas d'éclairage public, pas une voiture qui vienne à cette heure, alors Noémie n'est plus aussi sûre qu'ils ne la tueront pas. Elle se voit courir et mourir, son corps entre deux arbres, qu'un promeneur ou un chien retrouvera dans quelques semaines. Elle frissonne.

– Je me tairai, je ne vous reconnaîtrai pas, laissez-moi.

Mais personne ne l'écoute. Le conducteur émet un léger ronflement, la tête posée sur la vitre. L'homme au pistolet est au téléphone à l'extérieur. « OK, OK », dit-il machinalement, il semble qu'il y ait encore un commandement quelque part et que des décisions aient été prises, mais lesquelles ? Le voilà qui raccroche, ouvre la portière, réveille son acolyte, lui demande d'allumer les phares et fait descendre Noémie. Il la fouille, palpe ses poches, ses jambes, son dos, et la pousse par-delà le fossé qui borde la route. Ils entrent dans les bois, ils marchent, elle devant, lui derrière, la pointe du pistolet à quelques centimètres de son dos, parfois plus près, qui frôle sa nuque. Elle se retourne, le visage en larmes.

– Je ne dirai rien, je vous le promets, laissez-moi en vie, j'ai des enfants !

Il la pousse encore. On entend craquer les branches sous leurs pas. Au bout de quelques minutes, alors que la voiture ne laisse plus voir que la lumière de ses phares à travers les arbres, il la fait asseoir contre un chêne, lui ordonne de ne pas bouger, et recule tout en la tenant en joue, elle supplie encore à voix basse, sans force, mais il tire. La balle pénètre l'écorce juste au-dessus de sa tête. Des copeaux tombent dans ses cheveux. Il tire encore.

*

Kay semble émerger de nulle part, de sa vie sans toit fixe, un vague sourire aux lèvres. Il palpe sa poche régulièrement. Il y a son butin de la nuit à l'intérieur, une belle nuit finalement, arrosée de quelques bières en compagnie du gardien du chantier de Lekki, à se raconter la ville d'avant, les vagues, les souvenirs de plage, le vieux maître-nageur des enfants, quand pas un promoteur n'avait lorgné sur cet endroit. Au bout de quelques heures et de quelques bières, le gardien a bien voulu lui laisser regarder les vidéos de surveillance. « Juste comme ça, pour voir à quoi ça ressemble », a dit Kay qui cherchait, dans le brouillard numérique, deux molosses du Victoria Palace enfouissant un cadavre dans les sables de la fausse lagune. Il les a vus, nuit du 5 mai, entre 2 et 3 heures du matin. Le gardien était alors passablement enivré. Le soleil, d'une lumière rose.

Il se lève maintenant. C'est le meilleur moment de la journée, quand la chaleur n'est pas encore poisseuse, quand le bruit des générateurs électriques domine celui des hommes. Kay pourrait prévenir Nwankwo mais il n'en fait rien. Tout en tâtant sa poche, il monte l'escalier d'un de ces immeubles interchangeables de deux étages aux murs tachés d'humidité et aux toits de tôle rouillée. Il cogne à une porte. C'est là, d'après ce qu'on lui a dit, que vit l'homme qui a vu l'homme qui a hacké le cœur de Scheffel. Personne ce matin, comme la veille.

– Il a palpé gros et il nous a oubliés, dit un môme du coin assis sur les marches.

– Palpé gros pour quoi ? demande Kay.

– Il était sur un coup, ça se voyait.

– Peut-être qu'il est mort, ricane un autre.

Kay n'est pas loin de penser comme lui. Il ne peut s'empêcher d'envisager que ce gros coup menait au Victoria. En même temps, il y a tellement de coups à faire ici... Il s'en va. Direction chez Obi, censé rapporter d'autres vidéos.

Il entre sans qu'on lui ouvre, après trois coups contre la porte branlante. Il comprend tout de suite que l'homme a décampé. Il a ramassé ses affaires, sa gamine et s'en est allé. Deux autres apparaissent, Kay les a visiblement tirés du sommeil, ils ont les yeux encore mi-clos, les bras ballants, le torse nu, ils disent n'avoir rien compris la veille quand Obi est parti, il avait une bonne situation mais il a filé comme un voleur, il était pressé.

– La petite était avec lui ?

– Non.

Ça ressemble à un départ en trombe. À la mort qui rôde. Kay s'en veut presque de ses gestes brusques de la veille. Casser quoi ? Il n'y avait ici que de malheureux bols à briser. Ramasser ses affaires a dû lui prendre quelques minutes. Kay sort. Tâte encore sa poche. Les vidéos du chantier n'en ont que plus de valeur. Il n'espérait de toute façon pas grand-chose des caméras de l'hôtel, elles ont probablement arrêté de tourner quand les événements le commandaient. Plus il y pense, plus il se dit que si Nwankwo a raison et que Scheffel n'a jamais quitté l'hôtel, alors ça veut dire que le hacker était dans les parages avec la complicité de la direction de l'hôtel. Ou alors, il travaillait à l'hôtel. Kay ralentit. Et si c'était lui ? se demande-t-il tout à coup, repensant à tous ces fils, ces câbles. Si l'homme qui tremblait était celui qui a piraté le cœur du Français ? Kay fait demi-tour, remonte à l'étage. Les locataires lèvent un sourcil à peine surpris et pas franchement hostiles. Kay n'a pas vraiment l'air d'un flic, plutôt d'un jeune cousin. Il leur demande si Obi s'y entendait en électronique, alors ils sourient et lui désignent une autre caisse de vieux portables et d'ordinateurs hors d'âge a laquelle Kay n'avait pas prêté attention. Et si c'était lui, ce bonhomme tremblant avec sa gamine, le roi du hacking ? Il lui reste une adresse : l'école. Mais il est trop tôt encore. Kay rejoint le café où se retrouvent les gars de la financière. Il n'est pas bien tard, mais deux d'entre eux sont déjà là, des vieux de la vieille qui ont connu Nwankwo avant l'exil et lui sont toujours restés fidèles. Ils ont d'ailleurs retracé le parcours de Fox, comme il le leur a demandé. La direction de trois hôtels aux États-Unis, à Washington puis à Miami. Deux en Suisse. Et maintenant Lagos.

– De quoi se construire un sacré réseau de copains tout-puissants, dit le plus âgé.

– Où est Nwankwo ? demande l'autre, habitué à les voir aller par deux.

– À Abuja, répond Kay.

– Ils sont venus jusqu'au bureau hier. On a jamais autant enquêté sur la mort d'une pute. On est au bord de l'analyse de sperme.

Kay les écoute sans réagir, les poings serrés sous la table. Regrettant d'être passé par là.

– Il l'a peut-être sautée après tout, reprend l'autre, elle en valait la peine. Mais butée, ça non !

Kay se lève sans prévenir et sort. À l'école, on lui répond que la petite n'est pas venue en classe aujourd'hui. Il demande une adresse, le nom d'une mère, d'une tante, d'une cousine, d'une nounou. Il finit avec un prénom dans un des ghettos peuplés de marabouts et de voyous au bord de la ville. Ce prénom mène à une jeune femme qui se ferme à la première question.

– La petite est retournée au village dès hier soir.

– Et son père ?

– Je sais pas.

– Sa mère ?

– Morte à la naissance.

– Et il est où ce village ?

– Au nord.

– C'est dangereux là-bas, plein d'islamistes.

– Peut-être.

Elle continue imperturbablement de lisser de la main des maillots de football internationaux sous plastique, probablement importés de Chine. À côté d'elle, un carton est ouvert plein de jeans élastiques et délavés.

– Tu écoules tout ça à Yaba ? demande Kay.

– Mmm, marmonne-t-elle pour lui faire comprendre qu'il encombre et peut s'en aller.

Mais le regard de Kay s'est posé sur des bols qui trempent dans une bassine un peu plus loin, il les reconnaît, ce sont ceux qu'il a voulu briser la veille, ce sont bien eux, avec leur peinture verte qui s'écaille sur les bords, peut-être un souvenir, une relique de la mère morte qu'Obi s'obstine à transporter. Kay comprend que la petite et le père ont dormi là, qu'ils sont probablement encore dans les parages. Il s'approche maintenant de la jeune femme, sort son couteau à cran d'arrêt, l'ouvre rapidement et le pointe sur sa jolie gorge effrontée. Il n'a pas le temps de lui faire un résumé de l'histoire, autant lui faire peur, ça va toujours plus vite.

– Me balade pas, tu veux. Où sont-ils ?

Elle lève les yeux au ciel, à l'étage.

– Je leur veux pas de mal, alors crie pas.

Il maintient la pointe contre son cou, la pousse à avancer, à grimper les quelques marches et à lui montrer la bonne porte. Un simple coup de coude suffit à l'ouvrir. L'homme est assis contre le mur, il reconnaît Kay immédiatement. Il lève les mains et tourne la tête pour indiquer que la petite dort à côté de lui.

– C'est peut-être mieux que ce soit moi qui te trouve avant, non ? Ils vont s'inquiéter à l'hôtel quand ils te verront pas arriver…

– J'ai demandé un jour de congé.

– Je parie que tu leur as pas dit que tu déménageais.

– J'ai regardé les registres des chambres pour vous. Je les ai photographiés avec mon téléphone.

– Bien. Et les vidéos ?

– J'ai pas pu, c'est impossible. On est surveillés. J'ai eu peur.

– Peur qu'ils te liquident pour que tu racontes pas que t'as hacké le cœur du Français ?

Kay n'est plus aussi sûr de sa thèse en la formulant, mais les yeux de l'employé ne la démentent pas. Sa surprise vient plutôt de la main de Kay qui se pose chaleureusement sur son épaule, et surtout des félicitations qui l'accompagnent.

– Bravo, frère. Du beau boulot. T'aurais dû l'achever, ce fils de pute. Moi et mon boss, si on est venus hier te secouer, c'est qu'on veut leur foutre le nez dans leur merde à ces salopards de l'hôtel. Ils ont tué Butchi, ma sœur.

La petite ouvre les yeux au son de sa voix. Dès qu'elle reconnaît Kay, elle se blottit contre son père qui pose sa longue main sur sa tête et se met à parler.

– Butchi, c'était quelqu'un…, murmure-t-il. Elle s'est même occupée de la petite des fois où j'étais coincé.

– Raconte comment t'as fait, demande Kay.

L'homme redresse sa petite fille et lui dit de descendre manger quelque chose.

– Mon principal boulot a été de craquer les bases des porteurs de pacemakers et de trouver le numéro de série de celui du Français. Après j'ai envoyé deux petites décharges, depuis la chambre, c'est tout.

– Qui était là ?

– Fox. Un médecin et…

– James Finley ?

Obi n'a pas osé prononcer son nom mais il fait oui de la tête.

– Et le toubib, il faisait quoi ?

– Il surveillait les volts et les réactions après. Fallait pas qu'il meure. J'envoyais que des petites décharges. Mais je restais pas.

– T'entendais quoi ? Qui parlait ?

– Je restais pas, je te dis. Le Français était totalement drogué, allongé dans sa chambre. Il disait rien. Une fois, je me souviens qu'il avait fini par sortir de son sommeil, il murmurait, il était dans le cirage, je les entendais qui lui disaient qu'on le soignait, que son cœur était fragile, qu'il devait se reposer, qu'il pouvait pas reprendre l'avion dans cet état-là. Et juste après, Fox m'a fait signe d'envoyer une petite décharge.

– Et t'as aimé le faire ? demande Kay.

La scène l'excite. Il aurait aimé faire ça, d'un doigt pousser les volts, regarder tressaillir la poitrine de Scheffel dans l'une de ces chambres où Butchi vendait son corps. Il pose donc toutes les questions, sauf une : pourquoi

Obi a-t-il fait ça ? La réponse vient toute seule. Obi, tout en guettant le retour de sa petite fille, raconte qu'il veut s'en aller avec elle, rejoindre la famille aux États-Unis, il dit que là-bas il y a beaucoup de Nigérians et que les Américains disent qu'ils sont les plus intelligents de tous les Africains. Alors quand le patron, qui connaissait ses talents de hacker, lui a proposé une mission un peu particulière, il y a vu de quoi payer deux allers simples pour l'Amérique.

– Mais Fox m'a payé que la moitié, alors que tout s'est passé comme il le voulait. Quand je lui réclame le reste, il me dit que ce serait dommage que je parte, qu'il a besoin de gens comme moi.

– Soit il a d'autres cœurs à griller, soit il programme ta disparition rapidement, dit Kay.

– C'est pour ça que je me suis enfui. J'ai fait des photos des registres, mais en échange faut m'aider à partir.

– Avec ce que tu racontes, pas besoin de vidéos ou de registres, dit Kay en se relevant.

– Mais je vais pas témoigner ! Jamais ! C'est la mort assurée pour moi et les miens. Aidez-moi à quitter le pays !

– Si tu crois qu'on a beaucoup de pouvoir... Je vais en parler à Nwankwo. Mais reste pas là. Si je t'ai trouvé, tout le monde peut. Planque-toi mieux que ça. Et fais-moi savoir où tu es.

*

L'infirmière sort de la chambre en courant. Le garde de surveillance s'y précipite et constate à son tour le corps sans vie de Scheffel. Les 830 volts ont frappé sans qu'il ne se soit rendu compte de rien. Un quart d'heure plus tard, Grinberg accourt, se penche sur le corps, étudie les données de l'électrocardiogramme et hurle.

– Il est mort il y a une demi-heure ! Est-ce que quelqu'un s'est approché de sa chambre ?!

Le garde secoue la tête. Il n'a pas bougé. Grinberg est déjà au téléphone avec Doret.

– Scheffel est mort.

– Quoi ?!

– Oui y a une demi-heure d'après l'électrocardiogramme.

– Une décharge ?

– Quoi d'autre ?! On n'a même pas eu le temps de l'opérer. Quel merdier, quel gâchis !

– Il faut surtout pas que ça se sache pour l'instant. Veillez au silence dans votre service. Moi je vais voir le président.

Il n'y a que quelques pas de son bureau à l'appartement présidentiel. Doret frappe à la porte. Pas de réponse. Il frappe plus fort.

– Il a dû s'assoupir, il n'a pas dormi de la nuit, confie l'huissier.

Doret le gratifie d'un sourire épuisé. La porte finit par s'ouvrir. Le président n'a plus son pull-over de la veille. Juste un tee-shirt chiffonné. Il semble effectivement se réveiller.

– Doret, je lirai ce discours plus tard.

– C'est pas ça… Scheffel est mort.

Le président ne dit rien. Il ne bouge pas puis fait simplement signe à Doret d'avancer dans la pièce.

– La décharge fatale, soupire Doret en entrant. J'ai demandé à Grinberg de ne pas laisser filtrer l'information.

Le président reste silencieux un long moment, tête baissée, promenant son pouce et son majeur sous ses yeux gonflés. Brusquement, il se retourne et dit :

– On ne peut pas laisser à ce Vlad le monopole de l'histoire. On ne peut pas laisser une salope de milliardaire et un petit connard de trader tout gâcher. Il faut répondre. Il faut une contre-histoire.

– Quoi ? Comment ? enchaîne Doret, surpris de la réactivité du président. Et Scheffel ?

Mais Scheffel, c'est déjà du passé, et le passé n'existe pas. Rien ne peut distraire Jacquemin du présent immédiat. C'est ce qui lie l'homme de pouvoir à l'animal.

– Il faut semer le doute. Cette nuit, l'ambassadeur américain était sûr que cette aveugle qui signe Vlad roule pour Frontenac parce qu'elle est russe. Leurs services sont persuadés que la Russie soutient financièrement tous les fachos d'Europe pour désintégrer l'Occident.

– Sauf que plus anti-Poutine que cette Lira Kazan, y a pas !

– Et alors ! On s'en fout. Personne ne la connaît. Il faut répondre au doute par le doute. Et quand la vérité éclatera, si elle éclate un jour, les gens auront voté. Le premier à lui avoir fait de la pub, c'est Frontenac, le soir du débat, souviens-toi ! Et hop, je te glisse une allusion devant des millions de téléspectateurs. Et hop, elle balance ses merdes à intervalles réguliers en pleine émission ! C'est ça, l'histoire. Cette Russe roule pour Frontenac. Car les Russes soutiennent les fachos pour déstabiliser l'Europe.

– Ça va être dur à faire avaler à la presse, soupire Doret dont le portable vibre à nouveau.

– Pas si on commence avec la mort de Scheffel. On l'annonce dans une heure. En insistant sur la chronologie : le ministre se suicide. Son directeur de cabinet meurt.

– On dit comment il meurt ?

– Oui. Mais pas tout de suite, enfin pas à tout le monde. On réserve cette info-là à quelqu'un, on lui offre un scoop. Le pacemaker hacké !

– À qui ? demande Doret qui regarde son téléphone pour voir qui insiste tant. Grinberg.

– Faut que ça sorte sur le Net dans deux heures. Mais on lâche pas l'info à Clarettini, qu'il aille se faire foutre, il n'est rien d'autre que le petit caniche de Gomont.

– Et c'est quoi l'histoire ?

– Rien de très clair mais on s'en fout. Le trouble suffit, le gouvernement est victime et plus coupable, puisqu'on tue, voire on torture ses membres. On n'a que deux jours. Il faut renverser le doute d'ici dimanche.

– Allô oui ? fait Doret qui décroche finalement.

– Y a pas que Scheffel, retentit la voix blanche de Grinberg. Ils ont dû rentrer dans le système par la marque du pacemaker. J'avais deux autres patients qui le portaient…

– Et ?

– Ils sont morts aussi !

*

Éric reste un moment immobile, debout, devant le bureau dévasté. La violence est entrée chez eux, l'a frôlé, regardé dormir, elle a choisi de l'épargner, preuve qu'il ne compte pas. Il ne sait pas où Félix se cache avec Lira. N'a plus d'endroit où aller travailler, écrire. Il est vissé là, dans le désordre, comme hier matin chez Lira, comme si les matins, désormais, se ressemblaient tous. Il laisse un message à Félix, puis tourne en rond, incapable d'aller brancher la machine à café dans la cuisine. Il échoue sur le canapé. Toujours accroché à son téléphone, il plonge maintenant vers les réseaux sociaux. Il a vite fait de découvrir que Félix et Lira ont travaillé cette nuit. Il regarde les vidéos, le duo vaguement sadomaso que forment Gomont et Fresco en boucle sur la Toile, liké, reliké, partagé. Vlad est un héros. Éric parcourt les commentaires, les « Tous pourris ! », les « Ta gueule, vous faites le jeu de l'extrême droite ! », rien de très percutant, du dégoût, des points d'exclamation, d'interrogation, voter dimanche ? pour qui ? pourquoi ? piège à con ? Il y a les envolées de ceux qui ne savent rien et hurlent leur rage d'être trahis et les habituelles bouffées narcissiques de la profession, « Voici mon dernier édito », « Voilà Mon Intervention hier sur telle chaîne, je parle à 3'22 ». Ça fait longtemps que ça l'exaspère, mais ce matin plus encore, puisqu'il est avachi et inactif sur son canapé à deux jours d'un séisme électoral. Luc n'est pas en reste. Il lui manque finalement.

Étrange, pense Éric, comme ils ont ri de Gomont le soir du suicide de Castelnau. Ce n'était qu'une blague, qu'un détail croustillant de l'histoire. Il est devenu central. Comme ces années manquantes dans le CV de Scheffel que personne n'a jamais éprouvé le besoin de compléter. Combien de détails a-t-il ignorés ou négligés au cours de sa vie de journaliste ? Il pense alors subitement à cet Américain rencontré hier sur le champ de bataille qu'est devenu l'appartement de Lira. Il pourrait l'interroger sur Scheffel. Organiser aussi cette rencontre avec Lira. Être utile à quelque chose. Il retrouve sa carte et l'appelle. Par chance, l'autre décroche.

– Dan Lambert ?

– Oui ?

– Éric Ferran. Nous nous sommes vus hier chez Lira Kazan.

– Bien sûr. Comment va-t-elle ?

– Bien. J'ai un service à vous demander.

– Ce que vous voudrez.

– Joël Scheffel. Vous voyez qui c'est ?

– Oui, j'ai lu la presse française ces derniers jours.

– Son CV n'est pas clair. Je me disais que, par vos contacts, je pourrais en savoir plus sur ses années américaines.

– Que voulez-vous savoir ?

– Ce qu'il faisait précisément chez GMBC. Mais surtout ce qu'il faisait aux États-Unis dans les années 2007-2008. Ce sont deux années creuses de son CV.

– Je vous cherche ça. Et Lira, quand pourrais-je la rencontrer ?

– Je lui ai parlé de vous. Elle voit qui vous êtes. Quand quittez-vous Paris ?

– Demain midi.

– Je vais tenter d'organiser la rencontre.

– Merci. J'aurai les informations rapidement.

Éric se lève, allume la cafetière et la radio. Avale une aspirine. Il doit arranger la rencontre de Lira et Lambert et porter plainte chez les flics, à supposer que ce ne soit pas l'un de leurs services qui soit passé cette nuit. Voilà de quoi occuper sa journée – que doit faire le chroniqueur que je suis ? se demande celui de France Inter qui a choisi, contrairement à d'autres, de ne pas éluder les dernières révélations de Vlad, applaudir à la transparence, à la vérité qui pousse ? Mais qu'en feront les électeurs ? On sait depuis Shakespeare que seuls les fous disent la vérité. Sont-ils devenus fous, ceux qui alimentent la rumeur alors que se joue l'élection fondamentale du président de la République, qu'un parti de la droite autoritaire pour ne pas dire plus est sur le point de prendre la place ? Éric secoue sa tête mal rasée. Le chroniqueur use du point d'interrogation jusqu'au bout de sa chronique. Fichu métier par les temps qui courent. La parole est maintenant aux auditeurs. Éric écoute à peine, il tente de rappeler Félix, en vain. Puis une voix le ramène vers la radio, une voix qui trahit son âge, son émotion surtout. L'homme s'appelle André, il se présente en vieil auditeur fidèle et très ponctuel et s'adresse au chroniqueur plutôt qu'à l'invité, un vieil expert électoral usé.

– Ces fous dont vous nous parlez rendent justice à la mémoire de mon fils, Patrick Fresco, assassiné dans le dos et en pleine rue, il y a deux jours. Il ne s'est pas toujours bien comporté mais il a finalement risqué sa vie pour faire éclater la vérité. Et moi je veux connaître cette vérité. Et s'il faut que le pouvoir vacille, qu'il vacille puisqu'il est l'ami du crime et des mafias de l'argent. Au revoir, monsieur. Ce n'était pas une question, comme vous avez pu le remarquer.

Un silence suit. On se racle la gorge dans le studio.

– Merci, André, nous comprenons bien sûr votre émotion et sachez que nous aussi la vérité nous intéresse, articule le présentateur. C'est bientôt la minute de l'humoriste. Il est 7 h 55.

La petite est réveillée depuis un moment. Elle s'est redressée, a repoussé les draps jaunes de l'Assistance publique au bout du lit et repris son message de la veille.

– Voiture Périk voiture proké moi les yeux.

Sa mère et l'infirmière du matin sont démunies. Tout comme le policier venu voir si l'enfant pouvait signaler quelque chose, un détail qui pourrait les aider. Enfin arrive l'orthophoniste, une jolie femme tout en boucles.

– Bonjour, Myriam.

Elle s'assied en face d'elle et demande au policier de sortir. Il n'entend ensuite depuis le couloir que l'alphabet qu'elle lui fait chanter, les chiffres qu'elle lui fait réciter pour vérifier que tout le travail entrepris depuis un mois n'a pas été anéanti par l'enlèvement. Bientôt une comptine s'échappe de la chambre où il fait déjà chaud. Ici on ne peut qu'entrouvrir les fenêtres pour des raisons de sécurité. Et Myriam ne veut plus chanter, elle reprend son leitmotiv : « Périk céder voiture. »

– Tu veux nous dire quelque chose ?

La petite hoche la tête.

– La voiture ? La voiture qui t'a emmenée ?

L'enfant secoue la tête.

– La voiture de papa et maman ?

Non, redit l'enfant. Elle fronce les sourcils, bascule légèrement d'avant en arrière, et contracte maintenant tout son visage.

– Voiture Périk voiture proké moi les yeux.

Sa lèvre inférieure tremble. Qu'a-t-elle vu et entendu dans la voiture ? Quel degré de violence est en elle qu'elle ne peut nommer ? Elle a 6 ans et l'orthophoniste sait qu'elle a pleine conscience de l'urgence du message et qu'il faut à tout prix l'en libérer.

– La voiture de Périk ?

Myriam devient toute rouge. La colère monte, contre ceux qui ne la comprennent pas, contre tout ce qui s'est passé, mais surtout contre elle-même.

– Di a Périk céder voiture ! explose-t-elle en même temps que ses larmes.

Sa mère se lève, la prend dans ses bras, la rassure et lui murmure :

– C'est bien, c'est bien. La voiture, répète-t-elle à son tour. Puis elle reprend la comptine qui n'a pas été chantée. La petite renifle contre elle, les yeux gonflés.

– Il faut continuer, madame, je sais que c'est dur, mais il faut la libérer de ce qu'elle à dire, reprend calmement l'orthophoniste. Périk était dans la voiture ? demande-t-elle.

– Non.

– Tu connais Périk ?

– Non.

– Noémie, le docteur connaît Périk ?

– Oui, dit-elle enfin derrière ses yeux rouges.

L'orthophoniste écrit « Périk » sur un bout de papier, elle raie les consonnes, en cherche d'autres.

– Le mot qu'elle cherche, dit-elle, viendra peut-être dans un moment où l'on ne s'y attend pas. Et il peut être si simple qu'on ne le remarquera même pas. Donc il faut noter tout ce qu'elle raconte.

– Éric ?

L'enfant fait non de la tête.

*

– Éric me dit qu'on a été cambriolés. Ils sont passés chez nous, ils ont pris le disque dur, tout le matériel informatique. Ils vont mettre le paquet. Les deux jours qui viennent vont être terribles.

– Tant qu'ils libèrent Paulina…, souffle Lira. Le reste on verra.

Leurs corps sont lourds et engourdis. La pièce vide au carrelage blanc a plus que jamais des allures de prison.

– Éric suggère que tu rencontres cet Américain avec lequel tu avais rendez-vous. Il dit qu'il pourrait nous aider. Qu'il doit de toute façon le voir au sujet de Scheffel.

– OK. J'ai envie de sortir d'ici.

– Je pourrais aller récupérer Paulina pendant ce temps-là.

– Mais ils te suivront.

– Tant que je ne suis pas avec toi, ce n'est pas grave. Je les sèmerai. Ce qui serait bien, c'est que Paulina aille se mettre au vert avec son petit copain, ce Joachim. Je sais pas si c'est le genre de gars qui pourrait prendre soin d'elle.

– C'est une espèce rare, en effet, ce genre de gars...

– Merde, dit Félix.

– Quoi ?

– Scheffel est mort. Et on est toujours sans nouvelles de Noémie.

Les nouvelles s'entrechoquent sans que les médias parviennent à faire le lien entre elles. Une histoire souterraine émerge aussi mystérieuse et décousue que les mots de la gamine dans sa chambre d'hôpital. Et tandis qu'elle sanglote dans sa langue aux consonnes manquantes, Félix et Lira sortent de la boutique. Ils marchent vers le lieu du rendez-vous, ils avancent doucement sur les trottoirs étroits de cet arrondissement qui laisse encore voir les traces de son passé industriel. Il fait doux. Ils traversent le canal Saint-Martin, sa largeur, ses berges, le clapotis de l'eau font du bien. Éric est déjà là, à la terrasse du café qui jouxte le cinéma. Il se lève en les voyant arriver, il embrasse Lira et prend Félix dans ses bras.

– Tu n'as pas été suivi ? lui glisse Félix.

– Non.

– Tu as éteint ton portable ?

– En partant. Juste eu le temps de voir venir la riposte. Vlad est un de ces blogueurs russes qui favorisent la poussée de la droite autoritaire en France. Comme le souhaite le Kremlin.

– Tu veux rire ? s'étrangle Lira.

– Non. Te voilà aux ordres de Moscou.

– Les connards. Ils ne savent pas qui je suis. Ils vont bientôt l'apprendre.

– En clair, choisis ton camp, la mafia du Kremlin ou celle de Wall Street, maugrée Félix. Qu'ils aillent se faire foutre !

– N'empêche, les amis... Frontenac est passé devant dans les deux plus gros instituts de sondages, ce matin. Et c'est pas sous sa présidence que je vais pouvoir épouser Félix.

– Mais c'est une demande en mariage ! sourit Lira.

– On va déjà essayer de sortir vivants et libres de ce merdier, tranche froidement Félix. Je vais au palais de justice m'occuper de Paulina. Vous voyez avec l'Américain en quoi il peut nous aider.

Éric lui fait signe que Dan Lambert est là. Silhouette entretenue, tempes grisonnantes, sourire avenant, il s'approche, salue tout le monde, s'assied et commande un café.

– Lira, j'aurais vraiment aimé vous rencontrer dans des circonstances plus faciles pour vous.

*

Les deux mains sur la balustrade de sa chambre d'hôtel, Nwankwo observe les rues d'Abuja, si calmes, si loin du chaos et du tourbillon de Lagos, aussi loin qu'un gouvernement l'est d'un peuple, toujours. Il songe à sa discussion de la veille avec Awolo. Elle a duré longtemps. La voix forte du président déclinait vers un murmure fatigué. Ils ont parlé du temps despotique presque avec nostalgie. Le peuple avait soif de liberté, aujourd'hui, il a soif d'argent, a soupiré le président. Mais Nwankwo le ramenait à Finley, à la mine, à l'accord passé avec la France.

– Avec qui avez-vous négocié ?

– Castelnau. Pas facile.

– C'est lui qui vous a demandé de blanchir Finley ?

– Oui, en quelque sorte.

– Quoi en quelque sorte ?

– Les choses sont toujours mieux emballées que ça. Ils s'arrangent pour qu'un besoin criant vienne contredire vos convictions démocratiques.

– Quel besoin criant ?

– Ils nous laissent 38 % de la mine, promettent des routes et la construction d'un grand hôpital moderne dans cette région naguère gouvernée par son « ami » Finley, comme disait Castelnau.

– Vous n'en verrez pas le début, de cet hôpital, avait lâché Nwankwo.

Ils se sont quittés sans rien conclure. Plus proches que la fois d'avant mais sans réponse claire du président. Nwankwo sait très bien qu'Awolo a fini par s'adapter à chacun de ses interlocuteurs. Son téléphone sonne. C'est l'ambassadeur de France qui veut le revoir. Quelque chose est peut-être enfin en train de craquer.

Il ne trouve pas le même homme que la veille. C'est dans le bureau et non plus dans le salon que ça se passe. L'ambassadeur ouvre un tiroir, en sort une enveloppe qu'il pose sur la table.

– J'ai réfléchi à ce que vous m'avez dit sur cet hôtel, dit-il. J'ai fait faire quelques recherches et il y a là des choses intéressantes.

Il ouvre l'enveloppe, en sort des photos, qu'il tend à Nwankwo. Cinq hommes en chemisette et pantalon de toile qui semblent revenir d'une partie de pêche.

– Le deuxième à droite, c'est Scheffel.

Sur la gauche, Nwankwo reconnaît Fox.

– Ces photos ont été prises il y a sept ou huit ans. Fox dirigeait un hôtel en Floride. Et croyez-moi, à l'époque tous ces types, dont Scheffel, étaient de la CIA.

– Voilà pourquoi les services américains escortaient Scheffel… ça peut faire du bruit en France, ça.

– Plus vraiment. Scheffel est mort cette nuit.

Nwankwo lève les yeux vers lui. L'ambassadeur masque mal sa tension.

– Il vous reste Fox. C'est de votre ressort. Vous avez eu la bonne intuition concernant son hôtel.

– Ce n'est pas dans les usages de la France de collaborer avec une brigade financière africaine.

– Voyez-vous… bien des hommes qui sont passés entre ces murs ces derniers mois sont morts, Simon Castelnau, son fils Benjamin, Patrick Fresco, et maintenant Joël Scheffel.

Il déglutit.

– Disons que nous ne nous sommes pas vus. Je ne durerai pas très longtemps à ce poste. Trop de choses se sont passées par ici.

– Patrick Fresco venait souvent ?

– Non, c'était devenu un animal sauvage. Mais Simon Castelnau tenait absolument à le rencontrer la dernière fois qu'il est venu. C'était son obsession. Nous l'avons fait chercher. Ils se sont vus au Victoria Palace, la tempête les a empêchés de venir jusqu'ici. Je n'étais donc pas là quand ils se sont vus, mais je crois savoir que le ton est monté entre eux, que Castelnau accusait Fresco d'avoir exposé son fils, de l'avoir utilisé pour transporter des documents.

Ceux-là mêmes que Fresco devait me rapporter, pense Nwankwo.

– De quoi est mort Scheffel ? demande-t-il.

– Le cœur.

– D'après ce que je sais, son pacemaker a été hacké ici. D'où ce séjour prolongé et clandestin à l'hôtel.

– À vous de jouer.

– Pour tout vous dire, la partie est mal engagée. Je ne suis plus le protégé du président comme vous le disiez hier. Et Finley a repris la main avec l'appui de votre gouvernement.

– Je ne peux rien de plus pour vous, dit l'ambassadeur en se levant.

*

Le gendarme referme les menottes autour des poignets de Paulina. Elle vient de s'entendre lire sa mise en examen pour trafic de stupéfiants aggravé. Félix est debout, choqué, fébrile.

– Il n'y a rien, rien dans ce dossier ! tempête-t-il.

Il s'agite alors qu'il faut garder son calme. Duval est toujours assis, ses joues flasques cachent mal son sourire. Il règne dans la pièce un ordre connu de lui seul mais pas difficile à deviner. Tout s'est joué dans la nuit. La dernière salve de Vlad a été fatale à Paulina. Pour la première fois, elle a le regard perdu, elle semble avoir peur. La machine d'État est enclenchée. Félix la prend dans ses bras mais très vite le gendarme l'entraîne.

– Les parents ont bien sûr un droit de visite, conclut perfidement Duval.

Félix devrait sortir. Mais il reste. La scène est comme un vieux tableau familier, celui de sa vie. Duval, drapé dans son titre, sa fonction, comme l'était son père, campe l'institution, l'autorité, et Paulina, qu'on menotte et qu'on condamne, lui rappelle un peu lui au même âge. Il n'avait pas d'avocat, personne pour le défendre, que ses amours clandestines pour cracher au visage de sa famille.

– Et Jube, dit-il, où en est-on ?

– Il n'est pas votre client.

– Il est votre seul atout contre ma cliente. En échange de quoi l'avez-vous contraint à raconter n'importe quoi et à charger Paulina d'un trafic dont elle ne sait rien ?! Je trouverai !

Duval se lève et sort. Il le laisse seul dans la pièce, noyé dans ses souvenirs, son impuissance. Son poing cogne contre le bois. Il finit par quitter le palais, traverse la cour, il ne voit pas la foule, se cogne à deux personnes, la peur lui est tombée dessus d'un coup, paralysante. Jusque-là, il la tenait à bonne distance mais c'est désormais impossible, elle est là, pénètre ses os comme l'humidité. Il appréhende maintenant de retrouver Lira, jamais il ne l'a préparée à l'idée que sa fille puisse être mise en examen.

Quel con. C'est à Nwankwo qu'il veut parler. Il l'appelle, et par chance Nwankwo décroche. Derrière lui le tohu-bohu d'un aéroport.

– Tu pars où ?

– J'étais à Abuja, j'ai vu Awolo. Je viens d'atterrir à Lagos. J'ai des choses à t'envoyer.

– Paulina a été arrêtée. Ici c'est violent. Ils s'en prennent aux gosses maintenant. Les gosses de Castelnau, la fille de Lira. Ils bouffent les mômes ! Fais gaffe aux tiens.

– Écoute, je te rappelle dans une heure. Regarde ce que je vais t'envoyer d'ici là.

Félix traverse la Seine et décide de s'asseoir dans un café avant d'aller retrouver Lira. Il doit vérifier le contenu de son autre portable, probablement sous surveillance. Il le sort en pièces détachées, glisse la batterie à l'intérieur, puis la carte SIM et l'allume. Il écoute une série de messages sans intérêt. Vient ensuite la voix d'un homme qui se présente comme le mari de Noémie et lui demande d'entrer de toute urgence en contact avec l'hôpital Necker. Il laisse le numéro du service à contacter. Félix flotte. Ont-ils des nouvelles de Noémie ? Mais pourquoi l'appeler, ils ne le connaissent pas. Est-ce un piège ? Il regarde ses e-mails, l'envoi de Nwankwo est arrivé : trois photos à peu près identiques qui sentent la virée à bord d'un yacht, des types en polo, pantalon à pince sur un ponton, tous membres de la CIA, d'après le message de Nwankwo. À droite, c'est Scheffel. Qu'il ait bossé pour le renseignement américain n'étonne pas vraiment Félix. Voilà comment il a pu, le même jour à Lagos, jouer les émissaires gouvernementaux et serrer Fresco dans une église. C'est alors qu'il regarde vraiment les autres et ressent le plus violent coup qu'il ait jamais reçu. Au milieu, bronzé et sourire plein d'implants, c'est Lambert ! Félix est pris d'une suée. Il vient de livrer Lira à la CIA. Pourquoi ne s'est-il pas méfié ? Il éteint et démonte le téléphone, il tremble, ses pensées s'agitent, se divisent, s'émiettent en une multitude de scénarios, Éric est avec elle, mais Lambert devait être escorté de quelques gars discrètement planqués qui les ont peut-être séparés. Félix s'engouffre dans un taxi. Lorsqu'il arrive dans le bistrot le long du canal, plus personne. Le barman n'a rien d'autre à raconter que le départ très calme des gens qui étaient attablés là. Félix ressort. Le son aigu d'un gyrophare monte dans une rue parallèle comme pour matérialiser le danger. Que faire ? Il appelle en vain le portable d'Éric, puis en vain l'appartement comme on pousse des portes en sachant que c'est inutile.

Alors il fonce vers l'hôpital Necker.

À peine a-t-il franchi le seuil de l'hôpital qu'il en saisit les silences, les regards, les silhouettes plus lentes. Il sent qu'il doit ralentir, contenir sa colère, sa tension, s'armer de patience, d'une douceur qu'il n'a plus. On le guide vers la chambre de la petite fille en lui expliquant son état, sa façon de s'exprimer. Félix écoute à peine l'infirmière vaguement surexcitée qui lui raconte dans le détail comment ils sont remontés jusqu'à lui. Elle marche, parle, et parle encore.

– On n'arrivait à rien avec ses syllabes, vous voyez, elle n'arrivait pas à dire votre nom ; « Périk, Périk », elle disait. Alors l'orthophoniste a été formidable. Elle a égrené les prénoms des gens qui étaient là ou bien ceux des proches, celui de la petite fille, Myriam, celui de sa maman, Sandrine, celui de son papa...

Félix l'entend sans l'écouter. C'est comme si on le chargeait d'une victime supplémentaire. Il est saturé. Lira a disparu. C'est la seule chose qui lui importe, une béance dans sa tête, sa vie. Mais l'infirmière continue son récit :

– Et donc on égrenait les prénoms : et le docteur c'est Noémie, et l'ami du docteur à qui tu dois dire quelque chose c'est… Et là, elle a dit « Félix ». Elle a dit votre nom ! Vous auriez vu comme elle était heureuse qu'on la comprenne enfin. Elle souffre, la petite. Et c'est le mari du docteur Castelnau qui est remonté jusqu'à vous. Il a fouillé les affaires de sa femme et trouvé votre carte au fond d'un sac.

La carte que lui avait tendue Félix le premier jour où il l'avait emmenée chez le procureur.

– On y est, c'est au bout du couloir, sourit l'infirmière.

Félix l'arrête subitement.

– La police est là ?

– Non, lui répond-elle un peu surprise. La police est passée ce matin, elle se tient au courant des paroles de l'enfant mais elle n'a placé personne dans la chambre.

– OK, dit Félix.

Il entre. Un messie n'aurait pas fait plus d'effet.

– Voici Félix, l'ami de Noémie, dit l'orthophoniste.

La petite lève ses grands yeux vers lui. Évidemment, on aurait pu lui présenter n'importe quel type en lui disant « c'est Félix », elle l'aurait bien accueilli. Elle sourit timidement. Il s'avance. Il n'a jamais eu le contact facile avec les enfants. Il n'a jamais fait d'efforts dans ce sens, ça ne l'intéresse pas vraiment. Et il n'a aucune envie d'être là. Il avance vers le lit sans émotion particulière, sans empathie.

– Je suis Félix. J'étais à l'école avec Noémie quand elle n'était pas encore docteur. Elle t'a dit quelque chose pour moi ?

Elle hoche la tête de haut en bas et c'est la première fois qu'elle confirme être détentrice d'un message. Il s'approche encore.

– Je peux ? demande-t-il en s'asseyant sur le bord du lit.

Les parents acquiescent. La petite s'agite, sa lèvre inférieure tremble à nouveau, elle a peur de se tromper encore, alors que le destinataire du message est là. Périk est là enfin. Elle serre le drap au creux de sa main, émet des bruits du fond de sa gorge.

– Cro drendre céder voiture.

– Prendre dans la voiture, traduit l'orthophoniste. La voiture qui t'a emmenée ?

La petite fait non. Ses yeux sont humides. Elle veut trop bien faire.

Les autres ne savent pas que Noémie devait remettre une clé à Félix et qu'il écoute l'enfant avec cet indice-là dans la tête. Lui cherche la clé, donc un endroit, une cachette. Il s'approche plus près de Myriam, et murmure à son oreille, la main devant sa bouche : « La voiture du docteur ? » Elle sourit et fait oui de la tête. Une larme coule sur sa joue comme si c'était la dernière. Enfin, on l'a comprise. L'orthophoniste l'interroge du regard, mais Félix voudrait partir, il en a assez entendu, il doit faire vite.

– Je ne vais pas l'épuiser davantage, dit-il en se relevant.

Personne n'est dupe. Tout le monde a senti que quelque chose s'était passé. Félix recule, remercie, laisse derrière lui cette petite fille aux mots étranges, son cahier rose, sa mère, son père qui aimeraient tant s'entendre dire que leur petite fille pas comme les autres a été décisive pour l'enquête, qu'elle a rendu un grand service, sauvé une vie qui sait, elle, dont ils craignent tant l'avenir, les silences, le regard des autres. Mais Félix est déjà dans le couloir, il marche vite. L'infirmière, deux pas derrière lui, pose des questions qu'il élude, il dit qu'il a une vague idée, mais rien de très concret, il est pire qu'impoli, dur, il sait que ce qui vient de se passer arrivera très vite aux oreilles de la police, il s'échappe. Une fois dans les allées de l'hôpital, il vérifie qu'il n'est pas suivi, mais il hésite : s'il fonce maintenant dans le parking, comment ouvrir la voiture de Noémie ? Il n'est pas impossible qu'elle n'ait pas fermé sa vieille Volvo bleu sombre pleine de miettes et sans alarme dans le parking de l'hôpital. Mais si ce n'est pas le cas, il lui faudra de quoi forcer la portière, donc partir, revenir, ce qui risque d'attirer l'attention. Autant sortir acheter un tournevis. Les quincailleries ayant disparu des beaux quartiers, il lui faut plus de temps que prévu pour trouver ce qu'il cherche. Dans un supermarché, il achète deux tournevis, un cruciforme et un plat.

Une fois dans le parking, il repère la voiture de Noémie contre un mur et sans protection particulière. Il a vite fait d'ouvrir la portière. Avoir été greffier puis avocat l'a plongé dans suffisamment d'histoires pour qu'il sache comment voler une voiture, faire disparaître un corps ou organiser une évasion fiscale. Il attrape les CD posés sur le siège passager, ceux qui sont dans la boîte à gants, vérifie qu'il n'en oublie aucun, que rien ne traîne qui pourrait l'intéresser et repart aussi sec, visage fermé comme tant de gens dans l'enceinte hospitalière.

Emma est là lorsqu'il arrive, occupée à charger quelques cartons dans le coffre de sa voiture. Elle comprend vite que quelque chose ne tourne pas rond.

– Tu as laissé des choses là-haut, dit-elle.

– Je sais. Est-ce que tu peux m'aider là tout de suite ?

– Si tu veux. Où est Lira ?

– Elle a été prise, soupire-t-il. Est-ce qu'on peut écouter ça dans ta voiture ? Me regarde pas comme ça, j'ai pas le temps de t'expliquer. Sur l'un d'eux, il doit y avoir autre chose que de la musique, c'est celui-là qui m'intéresse.

Les voilà installés dans la voiture à l'arrêt. Elle glisse le premier CD. Johnny Cash se met à chanter.

– Ça aurait pu être pire ! lance Emma.

Félix ne l'écoute pas. Penché sur son téléphone, il charge les photos envoyées dans la matinée par Nwankwo. La voiture résonne maintenant de la voix chaude de Leonard Cohen. Emma passe chaque chanson en mode accéléré. Elle enfourne un autre CD, voici les complaintes acoustiques de Springsteen. Ils ont tous deux l'air de vieux ados dans leur première voiture, qui écoutent de la musique à l'arrêt. Au sixième CD, le son grésille. Ni guitare ni voix mâle.

– On monte, dit Félix. Tu peux fermer ?

Une fois là-haut, il allume son ordinateur. Emma s'apprête à y glisser le CD mais Félix l'arrête.

– Attends ! débranche Internet.

Elle s'exécute en levant les yeux au ciel. Pas sûre que les renseignements fassent des écoutes électroniques dans sa vieille boutique. Le CD glisse dans l'ordinateur, des documents s'affichent. Tous cryptés.

– Remets la connexion maintenant.

Et via leur messagerie commune, la pièce jointe explosive s'en va vers Kay et Nwankwo, en mode brouillon. Drôle de mot pour des milliards de dollars planqués dans une banque américaine.

Nwankwo réagit immédiatement au message de Félix.

– On décrypte. Planquez-vous maintenant.

– Ils ont chopé Lira. La CIA.

– QUAND ?!

– Ce matin, pas le temps de t'expliquer comment. Le gars au milieu sur la photo que tu m'as envoyée.

Nwankwo ne répond pas. Il a fui Lira, il le sait, fui sa voix, sa joie de l'entendre la dernière fois, il ne l'a pas rappelée comme il le lui avait promis. Elle lui a dit qu'elle était perdue, dans une pièce sans repères, sans ordinateurs. Et maintenant, ils l'ont eue.

– Ils ne peuvent rien contre elle.

– Ils trouvent toujours. Regarde ce qu'on a là. Ça peut nous servir pour négocier son sort et celui de Paulina aussi, écrit Félix.

Ça voudrait dire ne rien sortir. Échanger le silence contre Lira. Nwankwo reprend cette photo, regarde le gars du milieu, ce Lambert entre Scheffel et Fox.

– Kay, il faut hacker le portable de Fox, savoir ce qu'il raconte en ce moment.

Kay le regarde froidement alors qu'il devrait déjà être à tapoter sur son clavier.

– Qu'est-ce qu'il y a ?

– Tu t'es tapé Butchi ?

– Écoute, on va pas…

– Oui ou non ?

– Je suis un pauvre type comme les autres, si c'est ça que tu veux savoir. Elle m'aguichait dans ce bureau. Mais tu sais bien que je ne l'ai pas tuée.

Le bruit a couvert sa dernière phrase. Kay vient de renverser son bureau. Il s'en va. Nwankwo se lève, lui court après, le rattrape un étage plus bas et se prend un violent uppercut en pleine face. Il évite de tomber, mais son nez saigne abondamment. Il repousse ceux qui veulent l'aider.

– Je ne l'ai pas tuée, tu le sais bien ! Et ce sont ceux qui l'ont tuée que nous voulons.

– Tu n'en as rien à foutre de ceux qui l'ont tuée. Ils ont disposé d'elle comme toi et tous les autres !

Nwankwo plaque Kay contre le mur.

– Ça suffit. Je hais le crime, le sang. Ça me révulse. Celui de Butchi autant que tous les autres. Et je peux te dire une chose, c'est que ce soir-là, celui qui avait l'air le plus misérable des deux, c'était moi. Elle m'a regardé de haut comme un pauvre type. Je sais, Kay, ce qu'elle était pour toi. Elle le savait aussi. Mais atterris, bordel ! Grandis ! C'était plus la gamine que tu as connue. Regarde autour de toi, Kay. J'ai besoin de toi. Ils ont Lira. Aide-moi, ajoute-t-il dans un murmure.

– Va te faire foutre.

Kay repart. Nwankwo le poursuit, l'attrape par le blouson et le force à se retourner.

– Alors dis-moi où trouver le hacker et sa gamine. Lui m'aidera à coincer Fox et ceux qui ont massacré Butchi. Et moi je l'aiderai à quitter le pays. Je ne sauverai pas ma peau, mais peut-être la sienne.

« Cette photo a été prise à Miami à l'été 2008. Ces hommes qui semblent revenir d'une aimable partie de pêche sont tous membres de la CIA. À droite, c'est Joël Scheffel, dirigeant de la banque GMBC, devenu directeur de cabinet du ministre de l'Industrie Simon Castelnau retrouvé mort dans son bureau il y a bientôt deux semaines.

« Joël Scheffel vient à son tour de mourir d'un arrêt cardiaque.

« Il rentrait de Lagos où il venait de séjourner au Victoria Palace. Le patron du Victoria Palace n'est autre que Walter Fox, au milieu sur la photo. Une vieille connaissance, donc. Comment Scheffel a-t-il pu disparaître alors qu'il séjournait chez son ancien camarade de la CIA ?

« À Lagos, beaucoup sont persuadés qu'il n'a pas quitté l'hôtel. Qu'il y était reclus de force dans une chambre. Il semblerait que son ami Fox ait fait appel aux talents d'un hacker qui a pris le contrôle de sa pile cardiaque et lui a fait subir quelques chocs électriques qui l'ont cloué au lit. La manœuvre a permis de retarder la mise en exploitation de la mine d'uranium Mobi que Scheffel venait d'inaugurer en toute hâte malgré le massacre de soixante-douze mineurs la veille par des terroristes islamistes. Ainsi le cours de l'uranium est resté à un haut niveau et la banque GMBC a écoulé son stock d'uranium à très bon prix.

« Ceux qui n'ont pas tout compris à ce qui précède ne sont pas à blâmer. Ils sont des esprits sains.

« Nous dédions ce blog à Eyo Below, employé modèle du Victoria Palace, qui ne savait pas tout ce que nous venons de raconter, mais qui était sans doute trop curieux, trop intègre. C'est lui ci-dessous en tenue. Et lui ici à la morgue. Il a été exécuté et son corps jeté dans la lagune.

« Voir vidéo ci-dessous. V.L.A.D »

XII

La pièce résonne, elle doit être haute de plafond. Il n'y a pas de meubles, juste un lit sommaire. Et l'on n'entend marcher ni au-dessus ni en dessous, comme s'il n'y avait pas de voisins, juste ceux qui la retiennent qui vont et viennent dans le couloir. Mais c'est à Paris, Lira en est sûre. Elle reconnaît le klaxon virulent des bus et plus tard la sonnerie d'une école. La sortie de 16h30 vient d'avoir lieu quand Lambert ouvre la porte.

– Bonjour, Lira, dit-il en russe.

Il offre le même sourire qu'en entrant dans le café au bord du canal ce matin, celui qu'on sert dans les réclames pour dentifrices et que fort heureusement Lira ne voit pas.

– Il faut qu'on parle, dit-il. Ça pourrait vous éviter les dix années de prison qui vous attendent.

– Je serai condamnée pour quoi au juste ?

– Divulgation de secrets d'affaires, violation de secrets d'État. Espionnage. Les gens de votre espèce prennent cher en ce moment.

– Quelle espèce ? Je ne vois pas de quoi vous parlez.

– Et encore, je suis optimiste. Vu votre statut en France, vous serez à coup sûr renvoyée d'où vous venez. À votre place, je préférerais encore une prison française à une prison russe.

– Ou américaine…, persifle Lira.

– Arrêtez de jouer les héroïnes. Pensez plutôt à votre fille…

– Qu'est-ce que ma fille vient faire là-dedans ?

– J'oubliais ! Vous n'avez pas eu les dernières nouvelles ! lâche-t-il avec un brin d'excitation. Paulina vient d'être mise en examen et écrouée pour trafic de stupéfiants à grande échelle. Elle risque gros et en prime un retour au pays elle aussi.

Il dit « Paulina » comme s'il la connaissait, comme s'il avait déjà pris le contrôle de sa vie. Lira comprend alors que Félix n'a rien pu faire, mais surtout que la nuit a été fatale à sa fille, que Vlad a resserré sur elle l'étau policier, qu'une fois encore Paulina subit sa mère, incapable de vivre avec modération. Pire encore : Paulina paie pour sa mère. Une vague de culpabilité la submerge et, avec elle, le visage de sa fille, sa peau douce, ses yeux bleus. Ce visage-là, c'est celui d'il y a cinq ans, le dernier qu'elle ait vu, qu'elle garde en elle, qu'elle colle au son de la voix de Paulina, aux syllabes de son prénom, au bruit de sa clé chaque jour dans sa serrure. Lira serre les poings. Alors le visage de Paulina s'estompe doucement dans sa tête, une couleur sombre le voile, descend sur ses pensées, habille ses sens, ses perceptions. Les couleurs prennent le relais de sa mémoire. Elle a appris à ressentir et à se représenter ceux qui sont en face d'elle et n'existent pas dans son souvenir. Ils ont une forme, une masse, une teinte surtout, plus ou moins claire selon ce qu'ils dégagent, selon l'amitié, la confiance qu'elle leur porte. Les plus proches par le cœur ont une teinte rouge. C'est Félix qu'elle n'a jamais vu. Les plus hostiles ont une couleur sombre.

– C'est aussi la CIA qui commande la justice française ? dit-elle sèchement.

– Non, je dois dire qu'elle se débrouille très bien toute seule. On n'a pas à s'en plaindre. Alors, Vlad ?

– Foutez-moi la paix.

Elle se sent trop fragile pour continuer de parler. La nappe sombre se déverse dans sa tête, sa gorge, son ventre, comme la marée noire souille la mer et les rochers, mais plus noire encore, plus noire que la bile noire, une bouffée de rage. Alors soudain, sans réfléchir, les poings encore serrés, elle fonce tête baissée sur Lambert, animale, mère, dans un geste désespéré où subsistent quelques restes du karaté qu'elle pratiquait assidûment à Saint-Pétersbourg. Lambert se laisse surprendre mais titube à peine, il esquive, et Lira, tête en avant, s'effondre sur le parquet. Elle veut se relever, mais il pose son pied sur sa poitrine et la maintient au sol.

– Où est Éric ? dit-elle d'une voix enrouée.

– C'est moi qui pose les questions, répond-il. Vous vous rendez compte des dégâts que peut causer votre attitude ? Vous gâchez la vie de votre fille. Vous pourrissez la démocratie, vous donnez des arguments à l'extrême droite.

– Ma fille est ma fille. Tout le reste est votre progéniture, pas la mienne, répond Lira, essoufflée, sur le parquet.

Il appuie plus fort son talon sur son thorax.

– Vlad, où est-il ? insiste-t-il en appuyant plus fort encore.

– Désolée si vous vous êtes trompé de personne. La CIA n'en sera de toute façon pas à sa première bavure.

– Elle peut faire bien pire en termes de bavure, dit-il tout en remontant son pied au niveau de sa gorge. Ne jouez pas trop avec ma patience, Lira Kazan.

Il appuie. Elle a le souffle coupé, le visage pourpre.

Un coup contre la porte. Comme un signal. Lambert relâche la pression et sort sans un mot. Lira reste un moment allongée sur le parquet. Sa poitrine se soulève, attrape tout l'air qui vient, mais elle reste concentrée sur ce qui se passe dans le couloir, tente de déchiffrer leur conversation, des voix d'hommes énervés. « Ton aveugle, elle sert à quoi ? », comprend-elle à demi-mot. On dirait qu'ils cherchent désespérément Félix. C'est donc que Vlad continue de parler sans elle. Elle ne bouge pas, la tête lui tourne, le bois lui fait mal sous les omoplates et au niveau des reins, mais elle ne fuit pas la douleur, le sort des prisonnières la relie à Paulina, dont le visage revient, son nez rond tapissé de taches de rousseur, petite fille à la peau légèrement dorée l'été dont Lira mordillait les pieds, les bras. Paulina ne peut pas être en prison, se dit Lira, Lambert a menti, c'est une vieille tactique pour faire parler. Elle hésite. Ne sait pas. Du bruit lui fait tendre l'oreille. La porte d'entrée de l'appartement vient de s'ouvrir. Une voix nouvelle se fait entendre. Maintenant des pas lourds passent devant sa porte, ils s'arrêtent un peu plus loin, entrent dans la pièce juste à côté de la sienne, un lit grince. Lira se redresse, elle reste assise sur le sol mais glisse jusqu'au mur mitoyen auquel elle s'adosse. Ça résonne aussi de l'autre côté. Les pas sortent de la chambre, moins lourds qu'en y entrant. Quelqu'un d'inconscient a été déposé sur le lit.

*

Plume Dorée annote une dernière fois les pages tout en observant le président, le visage fermé, silencieux. Il n'a pas souhaité passer voir le corps de son ami Scheffel. Et il n'a eu qu'un ricanement quand est tombée la dernière révélation de Vlad : Scheffel à la CIA ! Pas un scoop. Une vieille histoire ! Ils n'ont plus rien, ils font les fonds de tiroir ! Quelque chose l'a calmé ou bien définitivement convaincu que tout est perdu, se dit Doret. Il scrute sur le visage de Jacquemin le moindre pli qui trahirait quoi que ce soit, mais rien au coin de sa grande bouche, rien non plus dans le froncement de ses sourcils épais, juste ses mains frénétiques sur le téléphone mais c'est un mal collectif.

Ils n'ont pas davantage reparlé de l'hospitalisation forcée de Mme Castelnau. Ni même de sa fille Noémie dont on est sans nouvelles. Si Jacquemin sait quelque chose, il n'en dit plus rien et c'est inquiétant. Les étapes de son ultime jour de campagne se sont succédé aussi mécaniquement qu'une inspection des troupes. Reste à prononcer le discours que Doret a sur les genoux. C'est dans une heure. Jacquemin sera-t-il à la hauteur ? Vaudrait mieux. Doret a joué le tout pour le tout : le monde qui se déchire à nouveau en deux blocs, la menace brune qui monte et la France au milieu, théâtre de règlements de comptes et d'expérimentations, la France face à ses valeurs, face à elle-même, avec le président sortant dans le rôle du gardien du temple. C'est venu facilement. Jacquemin avait raison, une fois la vieille veuve poussée dans une clinique, Doret n'a eu aucun mal à écrire. Il est toujours surpris de la vitesse à laquelle les phrases s'écrivent en politique, comme si des siècles de discours avaient fini par épuiser le verbe, les mots, jusqu'à en faire des coquilles vides, faciles à transporter, à déplacer sur la page.

– Est-ce qu'elle est morte ? demande-t-il finalement.

– Je n'en sais rien, répond le président. Mettez la radio, Paul, s'il vous plaît.

Le chauffeur tourne le bouton. Au bout de quelques minutes, une rafale de titres d'actualité. En tête, la suspicion sur le financement de la campagne de Frontenac. Le *New York Times* révèle les millions prêtés l'an dernier par une banque russe au candidat d'extrême droite français et à son parti. Suivent un détail des versements et en vis-à-vis les positions de Frontenac toujours en phase avec Moscou sur la politique internationale. Le mieux est pour la fin : il est question de ce blogueur, Vlad, un diminutif d'inspiration russe d'ailleurs, qui cette nuit encore a pris pour cible, sinon le gouvernement, les amis et financeurs de l'actuel président sortant, et dont certains se demandent s'il n'est pas lui aussi un missile russe mis à la disposition du candidat Frontenac.

Le président Jacquemin sourit.

– Vous voyez, Doret, comme les histoires s'écrivent vite !

*

– Combien de temps tu comptes rester planqué là ? demande Emma.

– Le moins possible, murmure Félix en levant les yeux vers elle.

– Tant mieux. Je suis une bourgeoise respectable, moi, maintenant !

Emma ramasse ses affaires, le regarde un instant, coincé entre la paire de seins blancs accrochée au mur et la table vide où il venait offrir son dos à son encre et ses aiguilles. Il a les yeux saturés d'angoisse, tantôt rivés sur l'ordinateur, en connexion avec un pays d'Afrique où elle n'ira jamais, tantôt fixés sur un calepin au cuir ringard. Mais elle en a trop vu pour s'inquiéter. En sortant, elle scotche sur la porte un papier annonçant une réouverture imminente à une nouvelle adresse plus chic. Félix n'entend même pas la grille qu'elle tire. Penché sur le dernier mois de janvier de Castelnau en visite à Lagos, il se demande si F désigne Finley ou s'il s'agit de Fox, ce directeur d'hôtel doublure de la CIA dont lui a parlé Nwankwo.

« Tu trouves quelque chose ? » s'impatiente-t-il par e-mail.

Nwankwo ne répond pas. Lui s'est terré avec les secrets bancaires dans cette gargote où il a vu Fresco pour la dernière fois. Kay lui manque. Il a dit où trouver Obi puis lui a tourné le dos. Dieu sait où la colère l'a mené, la colère ou plutôt cette vieille passion impossible pour Butchi, un rêve d'enfant où il s'est enfermé comme dans un souvenir, une bulle que Nwankwo vient de crever. Il l'a regardé s'éloigner comme s'il lui manquait déjà un membre, une jambe ou un bras, il est resté piteux, puis il a envoyé deux types de confiance à la rencontre du hacker des cœurs.

– Proposez-lui ce deal : il force le téléphone de Fox et on l'aide à partir avec sa gamine.

Il est venu ensuite s'installer là, dans un coin du bar. Une heure qu'il est face à l'ordinateur à regarder défiler les extraits bancaires alors que le générateur électrique ronronne bruyamment derrière lui. Les données ont plus d'un an. Fresco le trader surdoué explosait en plein vol et quittait la banque GMBC avec des dossiers sous le manteau, Finley était un gouverneur banni, mais encore riche et puissant, tandis qu'Awolo remportait les élections, dénonçait la corruption et nommait Nwankwo. Force est de constater que le temps a déjà tout inversé, il a arraché les nouveaux galons de Nwankwo et l'a repoussé dans l'ombre. Il n'y a personne à part lui dans le bar, juste Idriss derrière le comptoir qui ne posera pas de questions, se contentera de remplir son verre dès qu'il sera vide.

Les chiffres défilent et dansent sous ses yeux, comme s'ils étaient sûrs de lui échapper. Flux incessants et sommes folles circulent en toute liberté sur l'écran, on dirait une fourmilière. Tout y est potentiellement explosif, la vérité peut jaillir de ces codes mais ils l'ont si bien maquillée, pas un mot auquel se raccrocher, pas un nom qui dessine un visage, une entreprise ; c'est le genre d'histoire qui ne passe pas le radar des médias, de l'opinion, il faudrait des mois de travail et toute une équipe pour en faire une arme.

Nwankwo a soumis le patronyme de James Finley au moteur de recherche, mais aussi ses prête-noms, ses sociétés-écrans, du moins toutes celles qu'il connaît, celui des épouses aussi, des proches collaborateurs. Nwankwo cherche tous azimuts. Requête massive à la machine. Une foule de données s'affichent, autant de portes à ouvrir et derrière elles, des dédales de couloir à fouiller, d'autres portes à pousser. Il faut affiner. Ne pas s'égarer. Nwankwo suit ses intuitions. Car il faut toujours une intuition, une hypothèse, pour avancer dans ce brouillard d'argent, sinon l'on s'y perd, et c'est leur but de nous perdre. Il se fiche de l'évasion fiscale, si courante et si vite effacée, il veut montrer que la machine est criminelle. Il se concentre sur les sommes qui sortent plus que sur celles qui rentrent, isole les versements récurrents, note le nom du bénéficiaire, cherche qui il est, et s'enfonce un peu plus dans les limbes du maquillage bancaire. Chaque fois que la porte du bar grince et s'ouvre, son cœur s'emballe, comme si c'était Kay qui revenait. Mais ce n'est bien souvent qu'un type qui vient chercher une bière, l'extirpe de la glacière à la vitre trouble, laisse quelques nairas sur le comptoir et s'en va.

Deux heures plus tard, ce sont les deux agents partis chercher Obi que Nwankwo voit revenir. Ils ont le regard hébété, les lèvres brutalement gercées, comme si le souffle des mots qu'ils s'apprêtent à prononcer leur brûlait les lèvres.

– Ils sont tous morts, dit le premier.

– Même la petite fille, murmure l'autre.

Et comme s'ils déposaient les cadavres devant leur supérieur, ils racontent Obi la gorge tranchée, puis le corps de sa petite, loin du père, comme si elle avait couru, tenté de fuir, de se cacher quelque part. Son petit cadavre gisait seul à l'arrière du bâtiment. L'un des deux a fait des photos, que Nwankwo regarde à peine.

– Il nous faut Fox ! tempête-t-il. Allez voir Kay, racontez-lui ce que vous avez vu ! Convainquez-le de revenir avec nous !

Les deux hommes flottent dans leur costume. Ils le regardent étrangement, ne le croient coupable de rien, juste fou. Ils sont là depuis suffisamment longtemps pour avoir toujours vu la mort rôder autour de Nwankwo et ses enquêtes. Il est bien le seul que le sang motive.

– Allez voir Kay, je vous dis ! crie-t-il. Racontez-lui ce que vous avez vu. Dites-lui de trouver un moyen d'écouter Fox !

Il lit ce qui se joue dans leurs yeux. Mais lui ne sait plus pleurer, hésiter ou avoir peur, comme ces hommes qui pensent que la petite fille pourrait être la leur. La scène le ramène au seuil des cabanes des mineurs assassinés, au coffre de sa voiture enfermant le corps déjà raide de son ami Uché. Elle ajoute des cadavres aux cadavres, du sang au sang, des braises à sa colère. Nwankwo se consume un peu plus chaque jour. Comme une maladie, la violence de son désenchantement a fait céder tous les barrages en lui, a fait se dissoudre ce qu'il était et les sentiments qui l'habitaient.

– Allez trouver Kay ! gronde-t-il encore.

Il sait que ces actes sanguinaires sont l'œuvre des hommes de Finley. Il n'a jamais pu le prouver mais il le sait. Ce sont leurs méthodes. Et si Finley se charge d'éliminer le hacker qui a travaillé au Victoria Palace et joué avec le cœur du Français, c'est bien qu'il est de mèche avec Fox.

Alors, il lui faut retourner aux chiffres, aux lignes bancaires, c'est là que se noue le destin des morts et de ceux qui ne le sont pas encore. Nwankwo se range dans cette catégorie-là, les bientôt morts, tandis que les deux agents pensent encore pouvoir sauver leur peau. Ils sortent. Leur patron replonge. Tel un robot, il traque les dépôts réguliers, pas forcément les plus importants, le fractionnement est une ruse bien connue qui permet de rester sous les seuils de déclaration obligatoires. Le voilà face à une société immatriculée depuis moins de deux ans, Linim Immobilier ; elle dispose de plusieurs comptes bancaires dans plusieurs pays, ça pue le blanchiment, mais c'est l'entreprise terroriste que cherche Nwankwo. Il note qui dirige cette société. Ça ne lui dit rien. Le voilà déjà sur une autre qui fait de la location automobile. Une troisième qui fait dans la téléphonie. Travail de fourmi dans la fourmilière. Il retire ses lunettes, se frotte longuement les yeux, prend son téléphone et appelle un enquêteur de l'antiterrorisme qu'il connaît bien.

– Je te donne quelques noms d'entreprises. Tu me dis si tu les as croisé dans tes dossiers. Linim Immobilier, à peine deux ans d'existence, de rares investissements à Lagos.

– Ça me dit rien.

– Asha Location de voitures.

– Ça ouais. Lors de leur descente à Dalori, un pick-up avait été identifié et loué à cette boîte-là.

– Vous avez regardé l'activité de la boîte ?

– Faible.

– Hmm... donc peut-être juste un de leurs prête-noms.

– Possible. Mais on n'est pas assez nombreux malheureusement pour tout explorer.

– GTK, téléphonie en Afrique du Sud.

– Ouais, c'est l'opérateur de certains des terroristes qu'on a tués ou arrêtés. Mais c'est une grosse boîte, celle-là. Beaucoup de clients. Donc c'est peut-être un pur hasard. Ce que je sais, c'est que les terroristes vont là parce que cette compagnie a un nombre record de cartes SIM non identifiées.

Nwankwo a la poitrine en feu. C'est peu mais ce n'est pas rien. Un opérateur et un loueur de voitures utilisés par les terroristes reçoivent des fonds de Finley. Il remercie le flic et promet de le rappeler sous peu.

« Dis quelque chose ! » le relance Félix par e-mail.

« Des fonds de Finley vers des entreprises qui fournissent téléphones et voitures aux terroristes chez nous. »

« Il nous faut quelque chose qui fasse peur ici. »

« Parce que ici ça ne compte pas ! Le terrorisme a fait vingt mille morts chez nous, je sais qu'on en parle peu chez vous. »

« Putain, Nwankwo, arrête ton numéro de tiers-mondiste. Je te parle de quelque chose qui permette de négocier pour qu'ils lâchent Lira ! Je veux pas sauver le monde, je veux sauver Lira ! »

« Ce que je suis en train de te dire, c'est que Finley finance ton président via le cabinet de Nanteuil mais aussi les terroristes. Et tout circule sur les écrans de la grande banque américaine GMBC. Ça te va ? »

« Mieux. Quand est-ce que tu pourras étayer tout ça ? »

« Laisse-moi encore deux heures. »

« Maximum. »

Extrême tension de Nwankwo. Mais Félix ne peut que lui opposer la sienne. Sa visite à Necker est probablement arrivée aux oreilles de la police qui doit le chercher plus activement encore. Elle a même dû tenter de faire parler la gamine. Félix sourirait presque d'imaginer l'enfant embrouiller la tête des flics, tout mélanger. Mais lui aussi mélange tout. Trop de scénarios tambourinent dans sa tête. Il pense à la suite. Il veut bien comparaître avec Lira en lanceur d'alerte, mais qu'on fasse d'abord sortir Paulina et qu'on ait la garantie qu'on n'expulsera ni elle, ni sa mère. C'est la mort lente qui attend Lira en Russie. Il retourne aux agendas. Putain de F. Qu'est-ce que ça change que ce soit Finley ou Fox ? Finley, c'est le financeur de la campagne, mais Fox ? À quel titre ? Où logeait Castelnau lorsqu'il était à Lagos ? se demande subitement Félix. Il demande à Google de lui cracher quelque chose, il tape « Simon Castelnau, Lagos ». Il tombe rapidement sur cette photo que Nwankwo avait trouvée dans le bureau dévasté de Fresco : on y voit le ministre entouré d'une délégation d'industriels, Fresco un peu en retrait, Nanteuil qui joue des coudes, venu dans les bagages du gouvernement, mais pourquoi ? Finley, forcément Finley. Il est sur la photo, lui aussi. Nanteuil venait peut-être chercher du liquide pour la campagne qu'il rapportait dans l'avion gouvernemental. Félix continue ses supputations. On devine derrière eux, sur la photo, un décor neutre et chic qu'il est incapable de reconnaître. Il pourrait appeler l'assistante du cabinet. Elle doit être en train de faire des heures sup, comme d'habitude, et elle l'aimait bien. Elle lui dirait où ils étaient descendus. Il compose son numéro. C'est imprudent mais à ce stade, le risque zéro n'existe plus.

– Hélène, c'est Félix, faites comme si ce n'était pas moi, s'il vous plaît. Je vous laisse libre de m'aider ou pas. Mais je vous demande de garder cet appel pour vous. Pourriez-vous me dire si Me de Nanteuil était bien à Lagos les 19 et 20 janvier, et surtout dans quel hôtel il était descendu ?

Il entend son soupir mais aussi le tapotement de ses doigts sur le clavier, elle remonte déjà le fil de l'agenda.

– Victoria Palace, deux nuits, dit-elle au bout d'une minute. Mais je ne me suis occupée de rien. Il était membre de la délégation gouvernementale.

– Merci, Hélène.

– Monsieur…, dit-elle doucement.

– Oui.

– Me de Nanteuil vous cherche partout.

– Je sais mais…

– Je sais que vous vous méfiez de lui, mais j'ai l'impression que vous seriez surpris de ce qu'il a à vous dire.

Et elle raccroche comme si quelqu'un venait de faire irruption devant elle.

Fox avait eu de la chance en cette mi-janvier. L'harmattan soufflait encore, puissant vent sec et chaud né du désert, il s'abattait sur la ville et sur les côtes, chargé de sable. Il contraignait tout le monde à rester à l'hôtel. Il fallut renoncer à voler vers Abuja. Les rendez-vous avaient donc eu lieu sous son patronage. Fox veillait sur tout, les apartés, les réunions, les repas, les soifs, les envies les plus inavouables. Il orchestrait, observait, écoutait, enregistrait. Pour la nuit, il avait fourni un jeune éphèbe à Nanteuil qui ne quitta pas beaucoup sa chambre, d'où cet air ailleurs sur la photo. Le ministre eut comme le veut son rang la meilleure pute de l'hôtel, elle se faisait appeler Stella, mais il ne retint pas son prénom, la fit s'agenouiller, ouvrir sa braguette et la congédia au bout d'une demi-heure, sans savoir qu'elle avait aimé son fils, embelli ses jours et ses nuits passés ici. Il l'évoquait pourtant beaucoup, ce fils perdu, à ce moment-là. À tous, à Fresco, comme à Fox, il posait des questions pour comprendre ce qui s'était passé ici, mais pas à elle. Chacun à sa place. Derrière les grilles de son destin. Il avait fourré son sexe mou dans la bouche de celle qui aurait pu lui parler.

Fox assistait à son déclin, au retour en grâce de Finley, tout en continuant de copiner avec Fresco pour mieux le garder à l'œil. C'étaient les ordres alors, l'avoir à l'œil, rien de plus. Et ainsi les accords franco-nigérians, les ultimes préparatifs de la mise en exploitation de la mine d'uranium Mobi étaient sous sa surveillance. Dans son giron climatisé. Comme cette mallette récupérée par Nanteuil, geste de soutien de Finley à la prochaine campagne du président Jacquemin. Fox relevait chaque soir les enregistrements des pièces stratégiques de l'hôtel. Il avait souri en écoutant l'aparté de Finley et Castelnau dans le salon Yoruba.

« Vous avez parlé à Awolo ?

– Oui. Une tête de mule mais vos ennuis devraient s'arranger, faites profil bas en attendant. Dites-moi, vous aviez rencontré mon fils ici ? avait répondu Castelnau.

– Pas que je me souvienne. Je comprends vos interrogations, Simon. J'ai moi-même trois fils. La seule chose que je me permettrais de dire, ou plutôt de vous répéter, c'est que votre fils a trop fréquenté ce Fresco, ici, beaucoup trop. Je m'en méfie de celui-là. Je ne sais pas pour qui il roule. »

Fox avait assisté de la même manière peu de temps après, à un échange très sec entre Fresco et Castelnau.

« Qu'avez-vous remis à mon fils qui l'ait mis en danger ?

– Rien, monsieur le ministre. Rien. La seule chose avec laquelle il est reparti, c'est beaucoup d'amertume devant ce qu'il découvrait. »

Il hésitait toujours à détruire ces enregistrements. Ce ballet des menteurs le fascinait et pourrait servir. Ensuite elle l'appelait, elle était censée les rejoindre mais la tempête l'en avait empêchée.

« Tout va bien ? demandait-elle comme une mère de sortie demande à la baby-sitter si elle a bien couché les enfants. Mais elle n'avait pas la voix d'une mère.

– Tout va bien, répondait-il. »

Ça voulait dire : ils dorment, ils baisent, ils signent. Étrange vulgarité des hommes qui masquent à peine leur trafic et mettent ensuite un soin infini, une sophistication extrême, à protéger l'argent qui en découle. Ils le déguisent, le maquillent, le rebaptisent, lui font faire des détours, des escales exotiques, l'égarent pour mieux le retrouver. La richesse a depuis longtemps organisé son impunité, elle a amendé les lois, ignoré les frontières, mis au pas les États ; elle a son carnet d'adresses, la certitude d'avoir suffisamment rincé le ministre, pactisé avec le fisc, versé dans les bonnes œuvres ou invité le président à déjeuner. Alors quoi ? Pourquoi tant de secrets ? Simple précaution. L'argent doit se fondre dans la nature des choses.

Le mois de mai ne ressemble pas à janvier. Plus de tempête dehors, mais un grain de sable dans la machine. Plus de rapports à Inga Gomont, elle a cette fois rejoint l'hôtel d'urgence. Elle est assise à côté de Fox dans une vaste chambre du deuxième étage. Son visage brille, elle transpire malgré la clim et rumine un chapelet de reproches contre ceux qui n'ont jamais toléré qu'elle reprenne l'empire de son mari simplement parce qu'elle était une femme. Fox pose doucement sa main sur la sienne pour la calmer.

– Il se réveille, chuchote-t-il.

Effectivement, Greg émerge doucement de sa nuit toxique, il entrouvre les yeux. Et ils sont là face à lui, comme deux vieux parents prêts à lui demander des comptes. Greg n'en revient pas, se redresse, se frotte les yeux, croit à une hallucination, mais c'est bien la voix légèrement éraillée d'Inga Gomont qui sort de la bouche trop rouge en face de lui.

– Greg, je suis déçue.

Il fronce les sourcils. Remonte les draps sur son buste sans poils.

– Tu as appelé Pat dimanche dernier. Alors qu'il était convenu que tu ne lui parlerais plus.

Il l'avait appelé, c'est vrai. Pour lui dire de fuir. Quelques mots, c'était tout. Quelques mots qu'il n'avait pu s'empêcher de prononcer quand il avait compris qu'ils voulaient sa peau. Quelques mots en souvenir de leurs débuts, de leurs soirées, de leurs ivresses, de leurs virées sur l'Hudson River. Quelques mots pour s'exonérer d'avoir joué la comédie au bout du fil, il croyait alors au bluff des traders, pas à la mise à mort. Greg voudrait parler mais elle ne lui en laisse pas le temps. Elle lève la main en signe d'autorité. Il est trop tard. Ces quelques mots de trop ont empêché la capture de Fresco le jour où elle était prévue. Sans eux, Fresco ne serait pas venu chez elle, n'aurait pas fait ses vidéos en douce et ruiné sa réputation. Tout cela, elle ne le dit pas. Elle se contente de déplier un bout de papier, tandis que Fox ne dit rien. Elle lit maintenant :

– 1985... naissance à Manchester. Troisième d'une famille de quatre enfants. Père sans emploi fixe, le plus souvent chômeur. 2006 London School of Business and Finance. 2010 Harvard Business School. Beau parcours vu d'où tu viens..., soupire-t-elle.

Greg, le drap autour de la taille, cherche ses vêtements. Ce n'est pas son curriculum vitæ qu'elle égrène, c'est sa nécrologie. Il se tortille, enfile un caleçon alors qu'il devrait se lever et fuir nu comme un ver. Mais il lui reste les manières de ceux qui n'ont connu les grands hôtels que par accident.

– Et l'an dernier, tu as gagné 3 millions de dollars rien qu'en déplaçant des chiffres sur ton ordinateur. Quel gâchis ! soupire Inga Gomont qui se lève. Fox fait de même.

La porte s'ouvre, un homme entre muni d'un sac étrangement agité.

– Bienvenue en Afrique, Greg, dit la veuve Gomont en sortant.

Elle n'a pas fini sa phrase qu'un serpent noir et hautement venimeux a glissé sous les draps.

Quelques étages plus bas, dans les cuisines et les couloirs du Victoria Palace, les employés de l'hôtel, qui ont appris à baisser les yeux et à se taire, se murmurent une adresse Internet, celle de Vlad. Ils y ont reconnu le cadavre d'Eyo dont on leur a dit qu'il était parti travailler ailleurs. Ils pensent maintenant à Obi, parti lui aussi, mais où ? Ils le sauront bientôt.

De l'autre côté de la ville, Nwankwo cherche encore, il voit s'écouler les minutes en haut à droite de son écran, seul chiffre parfaitement lisible, parfaitement limpide qui lui dit que seul il n'y arrivera pas. Il a maintenant sous les yeux les flux intrigants d'une filiale de la banque à Macao. Des entreprises de Finley y ont des comptes et s'en servent pour faire plusieurs versements réguliers, notamment vers une société appelée UISS, immatriculée aux États-Unis. Difficile de savoir ce que recouvre cette société, officiellement des audits, des études pour les entreprises souhaitant s'installer dans des zones dites dangereuses. Encore Finley ! va râler Félix. Mais Nwankwo l'appelle, lui soumet ce sigle, UISS. À sa grande surprise, Félix semble bondir sur ses jambes.

– Ça me dit quelque chose, j'ai vu passer ça dans les dossiers du cabinet. Je te rappelle !

Ce qu'il fait vingt minutes plus tard d'une voix presque victorieuse, saccadée et empressée :

– La société est dirigée par une femme dont le nom ne me dit rien, Agata Gary, on ne l'a jamais vue au cabinet, c'est peut-être juste un prête-nom, une épouse. En revanche, tiens-toi bien ! Le numéro deux s'appelle Walter Fox. Et devine quoi ? Nanteuil les a représentés dans des négociations avec des entreprises d'armement.

– Walter Fox, c'est un actuel ou un ancien de la CIA ?

– À vérifier mais on n'a pas le temps. Moi je dis que cet UISS a été chargé par la banque de tuer Fresco, et que dans la panique ils ont enlevé Noémie puis Lira.

– Attends un peu, faut quand même qu'on élucide qui est cette Agata machinchose, qu'on montre plus nettement le lien entre la banque et cette société.

– On n'a plus le temps. Il faut qu'ils sachent ce qu'on a. Mais quelle horreur ! dit-il tout à coup.

Sa voix a changé.

– Regarde le blog, reprend-il. Nwankwo se connecte. Photo d'Obi dans son sang.

« À Lagos, les employés du Victoria Palace sont assassinés les uns après les autres. V.L.A.D »

– C'est Kay ! s'écrie Nwankwo en souriant.

C'est lui. Qui revient, qui hésite encore devant l'écran, puis finalement tape « Envoi » et publie le cadavre de la petite fille. La tache de sang où elle baigne est plus grande qu'elle.

« Et leurs enfants aussi. VL.A.D »

*

C'est l'heure où le verbe agonise sur les estrades électorales. Jacquemin donne tout ce qu'il a. Il a commencé l'air grave, et maintenant sa voix monte avec une maîtrise parfaite du crescendo, rappelle les faits, le suicide de son ami Castelnau, la disparition de son ami Scheffel, sa mort maintenant, SON CŒUR HACKÉ !!!

– Saviez-vous qu'on pouvait hacker un cœur ? Eh bien moi je ne le savais pas ! Je mesure jusqu'où nos ennemis sont prêts à aller, je mesure comme notre présence dérange, nous qui défendons encore les grandes valeurs de la France, au risque d'y laisser notre peau !

Il crie dans le micro maintenant. La foule exulte.

– C'est moi le lanceur d'alerte ! [Doret n'a reculé devant rien, aucune énormité.] Je ne laisserai pas le fascisme financé par Moscou prendre les rênes de notre grand pays la France, terre de la Révolution et de la Résistance !

La foule est en plein orgasme. On lui sert le grand roman national, la France cerveau et cœur du monde, jamais bourreau de l'histoire. Applaudissements, cris et *Marseillaise* de meeting résonnent dans le couloir, filtrés et crachés par un ordinateur, mais Lira n'écoute plus, il faut de toute façon être né et avoir grandi ici pour gober ça. Elle guette les bruits de l'autre côté du mur. Le parquet qui grince. La poignée qu'on tourne en vain de l'intérieur. La personne sur le lit s'est donc réveillée, levée, elle marche doucement et vient de réaliser qu'elle est enfermée. On dirait une femme. Son pas est si léger. Lira garde l'oreille collée au mur. Elle n'entend plus rien. Alors, instinctivement, elle donne quelques coups. Pas de réponse. Si c'était Paulina ! pense-t-elle subitement. Ce serait bien leur genre, à ces salopards, l'enfermer juste à côté en prétendant qu'elle est maintenant dans le quartier des femmes d'une prison française, les séparer par un mur en les menaçant de ne plus se revoir, jouer de ses yeux en toc, de sa douleur maternelle, la pousser à les supplier.

Que la nuit tombe ! Qu'elle tombe vite, comme on éteint la lumière, que le monde dorme, que ses geôliers dorment et cessent de s'agiter ! Lira n'a pas peur de la nuit, elle n'a plus qu'elle, et si c'est Paulina de l'autre côté du mur, elle veut en avoir le cœur net. Lira reprend fébrilement les coups, perdue à son tour dans l'étrangeté des codes. Passent quelques longues minutes qui ne sont peut-être que des secondes, puis trois coups feutrés viennent en réponse. Lira s'anime. Elle chuchote en russe à sa fille, mais les murs sont épais, on dirait que celle qui est de l'autre côté ne l'entend pas. Comment communiquer ? Lira ne sait rien du morse. Alors elle frappe des lettres en fonction de leur place dans l'alphabet, elle tape douze coups d'abord, puis neuf, puis dix-huit, puis un seul, quarante coups pour écrire « Lira ». Pas de réponse, sûrement de l'incompréhension de l'autre côté. Lira recommence en regroupant bien les coups pour chaque lettre. Après un moment, le tam-tam commence de l'autre côté, discret, pour ne pas éveiller les soupçons de leurs gardiens, quatorze coups, puis quinze, puis cinq, puis treize. Neuf coups. Lira a compris.

*

Idriss pose deux beignets à la viande devant Nwankwo en rigolant.

– Ils sont cons ces Français, pas foutus de faire un vrai bain de sang électoral.

– De quoi tu parles ? marmonne Nwankwo.

– Écoute un peu, lui dit-il en lui indiquant la radio sur le bar. Un type a tiré sur leur président !

Mais la radio déverse une interminable séquence de pub, malbouffe et huile pour cheveux secs, elle est déjà passée à autre chose. En France, en revanche, les commentateurs sont en apnée depuis une heure, ils racontent une détonation, la panique dans la foule, le président à terre derrière son pupitre, son agent de sécurité sur lui, qui l'évacue. La scène repasse en boucle. Une épouse en larmes volant au secours de son époux lui aurait donné de faux airs kennedyens, mais le président français a dû se contenter de l'être qui lui est alors le plus fidèle, son garde du corps. Il réapparaît dix minutes plus tard encadré de deux agents de sécurité, les deux poings en l'air, qui retombent ensuite et s'agrippent au pupitre.

– JE VAIS BIEN ! JE N'AI PAS PEUR ! Et même si je dérange, je veux servir MON PAYS ! hurle-t-il dans le micro.

Happy end. La Marseillaise crache enfin tout ce qu'elle peut. Les photographes se marchent dessus, ils tueraient pour cette photo-là, les journalistes de la télé se ruent vers les camions de transmission, tandis que la FM nigériane diffuse maintenant un show avec grosses blagues et histoires de drague.

– Putain, qu'est-ce que ça veut dire ? J'y comprends rien, écrit Félix à Nwankwo. Castelnau, Scheffel, maintenant Jacquemin…

– On change rien, on leur fait savoir ce qu'on a. Et ça risque de faire beaucoup plus mal que la pétoire d'un dingue, répond aussitôt Nwankwo.

Il regarde son verre vide, puis Idriss derrière le bar qui a perdu son air de bienfaiteur. C'est signe qu'il va bientôt fermer.

– Dis donc, Idriss, les gens restent jamais ici pour boire un coup ?

– Si, mais pas quand tu es là, lui lance l'autre. T'es un flic !

Nwankwo ne sait pas quoi répondre. Il ferme l'ordinateur, se lève, pose quelques nairas sur le bar, éteint la radio et sort son téléphone.

– Walter Fox ?

– Oui.

– Nwankwo Ganbo.

– Il faut être au moins le patron de la financière pour me déranger à cette heure, mais l'êtes-vous encore ? ricane Fox.

– Je me demande moi-même à qui je suis en train de parler. Au patron du Victoria Palace, qui n'est plus un hôtel mais un tombeau ? À l'ancien agent de la CIA ou au numéro deux d'UISS ?

Les quelques secondes de silence qui suivent sont autant de points marqués.

– Que voulez-vous ?

– La libération de Lira Kazan et sa fille. Sinon, dans quatre heures, tous les clients, les donateurs, les marchés d'armement de votre société sont en ligne et sur les plus grands sites d'information. Faites passer le message. Je sais que vous serez nombreux à être inquiétés.

– Je ne vois pas de quoi vous me parlez.

– Appelez votre ami Lambert. Il vous expliquera. Et convainquez-le d'être coopératif.

Il raccroche, conscient du bluff incroyable auquel il vient de se livrer, conscient aussi du regard d'Idriss qui n'a pas demandé à être témoin de ce genre de choses.

– Adieu Idriss, dit-il.

Il sort. Il revoit Kay ici même enfourchant sa moto, Fresco à l'arrière qui venait d'échapper à ses tueurs mais n'était qu'en sursis. C'était il y a quelques jours et ça paraît des années. La faute à la mort.

Pris d'un spasme, il réalise le compte à rebours qu'il vient d'enclencher, il envoie un texto à Awolo : « C'est le moment de tenir votre promesse. »

*

Au dernier rond-point avant l'autoroute, Luc décide de faire demi-tour. Lorsqu'il arrive sur le parking, les télés sont en train de remballer leur matériel. Le direct est terminé. Luc s'approche d'un caméraman.

– Bonjour, je suis de Top News. Personne n'a eu l'image du tireur ?

– Non, bougonne l'autre en lâchant quelques effluves de bière. De toute façon, on n'est pas à l'intérieur, nous. Les meetings sont filmés par une boîte de prod choisie par l'équipe de campagne qui nous cède ensuite ses images. Nous, on filme que le direct de notre journaliste.

– Ah.

– C'est pour ça que tout le monde a les mêmes images de l'intérieur, ricane l'autre.

Luc remercie et s'éloigne. Quelques vigiles lui barrent le chemin vers la salle, il leur montre sa carte de presse, invente qu'il a perdu une sacoche dans la panique. On le laisse passer. Dans le hall, des vigiles et des agents d'entretien. Luc continue de broder sur son sac.

– Tout a été ramassé dans la salle, lui répond-on.

– Ouais, et j'imagine que c'est plein d'experts balistiques à l'intérieur.

– Tu parles, y a même pas de douilles à ce qu'on m'a dit.

– Pas de douilles ? Le gars a peut-être tiré d'en haut...

– Les éclairagistes sont formels, y avait personne à part eux.

– Mais la police a quelqu'un, un suspect ?

– Les services de sécurité leur ont remis quelqu'un, oui, mais on sait rien de lui.

Luc remonte en voiture plus nerveux qu'en arrivant. Il compose le numéro d'Éric mais doit se contenter de lui laisser un message.

– Bien besoin de tes lumières, vieux. Je rentre du meeting de Jacquemin. Y a un truc qui cloche. Tu me rappelles hein ?

Une heure plus tard, il approche de Paris et Éric n'a toujours pas rappelé. Luc prend le périphérique Est en se disant qu'il va faire un détour malgré l'heure tardive. Cette histoire le tracasse. Il frappe longtemps à la porte. Rien. Il essaie de tourner la poignée. C'est ouvert. Il avance dans le noir, en appelant Éric. Il a la gorge nouée, un mauvais pressentiment. Il allume la lumière et pousse la porte de la chambre. Éric est étendu habillé sur son lit, la bouche ouverte. Luc s'agenouille à côté de lui, commence à le secouer pour le réveiller, mais Éric semble inconscient. Il lui donne des petites claques, parle de plus en plus fort.

– Putain, Éric, qu'est-ce que t'as fait ?!

Il va dans la salle de bains, mouille une serviette qu'il lui passe sur le visage.

Un râle sort de la bouche d'Éric, ses yeux clignent enfin.

– Je pensais pas que tu irais jusque-là après t'être fait lourder par ce connard de Clarettini ! Qu'est-ce que t'as pris comme cachets ?

Lentement Éric sort de son inconscience. Il tourne la tête de droite à gauche en gémissant. Dix minutes plus tard, il ouvre les yeux, lève mollement la main pour signifier à Luc de se taire, d'arrêter avec ses questions. Il lui faut un peu de temps.

– J'en sais rien, dit-il finalement, la bouche toujours molle. C'est pas moi… Je suis remonté ici chercher quelque chose.

– Je comprends rien.

Éric se redresse progressivement et tout lui revient à l'esprit. Plus l'histoire se précise, plus l'effroi se dessine sur son visage. Il est monté chercher quelques affaires, Lambert et Lira l'attendaient en bas, car Lambert avait trouvé où les mettre à l'abri. Leurs visages flottent dans son esprit, tout allait bien à ce moment-là. Mais un mauvais goût monte dans sa bouche, il a mal au cœur, la tête qui tourne, c'est lui qui a organisé cette rencontre, lui qui avait rappelé Lambert, parce qu'il n'avait plus de place nulle part, plus de travail, plus de rôle, il n'était plus rien… L'a-t-il fait pour Lira ou pour lui ? Félix ne lui pardonnera jamais. Envie de vomir. Luc le conduit jusque la salle de bains. Mais rien à vomir, qu'une bile qui lui soulève l'estomac. Il s'inspecte dans le miroir. Aucune trace de coups. Mais où est Lira ? C'est en éteignant la lumière au-dessus du lavabo qu'il avise un point rouge au creux de son coude. Il étend le bras.

– Seringue, dit Luc.

– Faut que je trouve mon téléphone, faut que j'appelle Félix, dit-il en titubant vers le salon.

– Tu m'expliques un peu ! Et je te raconterai le coup de feu qui vient d'être tiré sur Jacquemin.

– On a tiré sur Jacquemin ?

– Ouais.

– J'ai l'impression d'avoir été shooté.

– Ça confirme ce que je me suis laissé dire. Tu m'as bien enfumé, mon salaud.

– Quoi enfumé ?

– « Fais attention ! », « Ne reprends pas ça », « C'est pas vérifié, méfie-toi ». Tout ce cinéma alors que ce Vlad, tu le connaissais, c'était un pote à toi !

Éric grommelle en fouillant les poches de ses vestes. Pas de téléphone.

– Impossible d'avoir des détails sur le type qui s'est fait serrer au meeting de Jacquemin, mais ça pue cette histoire. Je suis retourné sur les lieux, j'ai parlé avec les vigiles, ils m'ont dit qu'on n'avait pas retrouvé de douilles dans la salle.

– Et ?

– Et ça sent le coup monté. Ton ami Vlad, ça pourrait l'intéresser… Allez balance ! insiste Luc.

Éric s'est laissé tomber sur le canapé. Il écoute vaguement ce que lui raconte Luc, soulève quelques coussins toujours à la recherche de son téléphone. Où est Lira ? Tout allait bien la dernière fois, Lambert lui parlait d'un refuge au vert à une vingtaine de kilomètres de Paris.

*

Lambert pénètre dans la chambre, relève Lira de force, l'attrape par la mâchoire et frappe sa tête contre le mur, comme s'il était prêt à la briser, comme si elle ne valait plus rien, puisque Vlad parle encore, puisqu'ils sont plusieurs, partout, hyperconnectés, avec un véritable pouvoir de nuisance. Le coup de fil que vient de lui passer Fox l'a fait entrer dans une rage indescriptible.

– Tu risques beaucoup plus maintenant qu'on a tiré sur le président ! hurle-t-il.

Elle ne réagit pas. Ne comprend pas. Elle est sonnée. De l'autre côté, Noémie tambourine de ses mains terreuses de trop d'heures passées dans la forêt. Mais Lambert n'en a cure. Il gifle violemment Lira, du revers de la main, elle porte ses bras à son visage, à ses yeux, laisse son corps encaisser les coups sans rien dire. Il se souvient, son corps, il accepte. Lambert s'arrête.

– Une dernière fois, où est-il ? demande-t-il en attrapant son poignet.

Il n'y a rien dans les yeux de Lira, ni peur ni défi, rien. Il n'y a que son silence. Lambert fuit son regard vide, il fixe son bras toujours dans sa main, et soudain tout s'éclaire, il pense à la localisation de l'appel vers le téléphone d'Éric qu'il a récupéré, au périmètre qu'ils ont étudié en vain, aux e-mails réguliers au sujet de rendez-vous dans la boîte de Félix. Il lâche Lira d'un coup, sort aussi brutalement qu'il est entré et dit aux autres, suffisamment fort pour qu'elle l'entende :

– Une boutique de tatouage ! Ouais ça colle. Il doit être là !

Là où se dessinent des oiseaux bleus, des serments inscrits dans la chair, aussi mystérieux que les initiales dans l'agenda d'un ministre, que les documents secrets d'une banque prête à tuer pour les garder. Il existe un braille des affairistes comme un alphabet des sourds-muets, des petites filles aux consonnes envolées dans les hôpitaux, et des prisonnières qui parlent à travers les murs. Tout est codes. Ils sont des miroirs où le monde ne se reconnaît pas. C'est lui qui est aveugle.

XIII

D'ici quelques heures, les premiers sondages officieux tomberont. Doret éteint la télé, sûr que la diffusion en boucle des images de la veille peut faire des merveilles. Il étire ses bras, son dos le long du canapé blanc, penche la tête à gauche, à droite, la tourne, cherche le craquement de la nuque. Son téléphone vibre. Grinberg parle à toute vitesse, la voix couverte par un hurlement de gyrophare.

– Je suis à deux pas, il faut que je vous voie !

– Là maintenant ? Il est tard.

– Oui maintenant.

Comment lui refuser ? Il a passé sous silence la mort collatérale des deux patients, probablement reçu leur famille éplorée, inventé un dysfonctionnement, un rejet, une complication, serré longuement leurs mains, peut-être même posé la sienne sur une épaule voûtée par le chagrin et intimé l'ordre au personnel de se taire.

– Alors on se rejoint au bar du Bristol, il doit être encore ouvert, propose Doret.

Un quart d'heure plus tard, ils s'enfoncent dans le velours des canapés du palace aux allures de club anglais.

Deux whiskys sont déposés devant eux. Le professeur a pris dix ans, c'est comme s'il devançait l'appel, sûr qu'un jour le scandale l'emportera, que quelqu'un fera le lien entre ces trois morts dans sa clinique. Il a trouvé plus démiurge que lui : le hacker. Il répète qu'on ne hacke pas un pacemaker à longue distance, que dix mètres c'est un maximum, pas plus de dix mètres ! répète-t-il, alors pourquoi on n'a rien vu ? Il raconte que l'agent de sécurité a été longuement interrogé avant d'être autorisé à rentrer chez lui, que les personnels de garde ont été entendus un par un et sommés de se souvenir de toute présence, de tout détail intrigant. Une infirmière arrivée tôt pour la relève dit avoir vu sur le parking une voiture dont le conducteur restait à l'intérieur. Mais ce n'était qu'une silhouette, quant à la marque de la voiture, elle n'y connaît rien.

– Pas de caméra de surveillance ? demande Doret.

– Pas sur le parking, juste dans l'entrée.

Doret imagine cet individu dans sa voiture, un petit appareil sur les genoux, qui tourne le bouton, pousse les volts jusque 830, et, quelques mètres plus loin, Scheffel qui se raidit et s'éteint. Un crime sans traces ni coups, pour ne pas dire parfait. Étrange comme à l'Élysée tout le monde semble l'avoir déjà oublié.

– Toujours pas de famille qui se soit manifestée ? demande Doret.

– Non.

– Ils le détestaient à ce point ?

– Je ne suis pas inquiet. Vu ce qu'il y a sur son compte en banque, on va rapidement lui trouver des fiancées, des frères ou des cousins qui l'adoraient.

– Vous avez sûrement raison.

– Je le connais depuis longtemps. Il était encore dans la banque quand il m'a consulté pour son arythmie cardiaque. Le temps passant, je me suis occupé de son cœur et lui de mon argent et de celui de la clinique, si vous voyez ce que je veux dire. Je crois d'ailleurs qu'il le faisait pour beaucoup d'entre vous.

Doret n'aura pas eu le temps de confier ses économies aux bons soins de Scheffel, mais il voit effectivement très bien de quoi il s'agit. Ce doit être ça la raison de ce rendez-vous nocturne : l'argent.

– Faites-nous savoir bien sûr si cette histoire vous porte trop de tort, une mauvaise publicité… il y aura compensation.

– Encore faudrait-il que vous soyez réélu… Pour l'heure, mon souci c'est que le nom de la clinique se fasse oublier dans toute cette histoire. C'est pour ça que je voulais vous voir. Joël avait avec lui quelques documents dont je ne sais que faire. Je me dis qu'ils seront mieux entre vos mains qu'entre les miennes.

À cette heure, au bar du Bristol, il n'y a plus de dossiers sur les tables, juste quelques coupes vides, quelques couples qui s'attardent et un DJ fatigué qui remballe son matériel. Grinberg tire de sa sacoche une chemise foncée qu'il dépose devant Doret, et se garde bien de dire qu'il est allé chercher ces documents chez Scheffel à sa demande. Doret ne le croit pas une seconde lorsqu'il assure n'avoir même pas regardé ce qu'ils contiennent. Surtout après avoir ouvert la chemise. Dès la première page, il comprend que Grinberg ait voulu s'en débarrasser rapidement. Lui aussi n'a plus envie de traîner.

Revenu sous le regard inquiétant de l'impératrice Eugénie, il repousse ce qui traîne sur la table basse, dont ce manga que lui a laissé la mère Castelnau qu'il n'a toujours pas ouvert. Il craint moins les retrouvailles avec ses lectures de jeunesse que ce qui s'est passé ce soir-là. Ce ne sont pas les regrets qui pointent, juste les derniers vertiges de celui qui s'élève rapidement dans les hautes sphères. Ça passera. Il ouvre la chemise et commence à lire les rapports d'écoutes de la CIA. Scheffel les gardait tel un flingue sous l'oreiller. L'arme est entre ses mains désormais. Il feuillette. Il s'agit pour l'essentiel des écoutes de Walter Fox. La CIA se méfiait donc de son ancien agent installé à son compte. Scheffel aussi, qui est pourtant descendu dans son hôtel comme on se jette dans la gueule du loup. Il lui parle la veille de son départ. Écoute du 27 avril.

« Fox : Fresco n'a pas décollé pour Paris.

Scheffel : Tu veux dire qu'il est encore à Lagos ?

Fox : Probable. On a perdu sa piste, mais ça ne devrait pas être long. Noémie Gouat, ça te dit quelque chose ?

Scheffel : Oui. C'est la fille Castelnau, sous son nom d'épouse.

Fox : Il est en contact avec elle, lui a dit qu'il la verrait à Paris. On la met sous surveillance.

Scheffel : OK mais soyez discrets. Elle remue ciel et terre depuis la mort de son père. Elle croit à un assassinat, Il nous faut absolument retrouver la trace de Fresco d'ici à ce que j'arrive. Il faut le neutraliser avant qu'il embarque pour Paris.

Fox : Compte sur moi. »

Doret lève les yeux. Tout se met en place alors. La mort de Fresco. Noémie dans leurs filets. Doret tourne les pages, incapable de décrypter les conversations à l'intérieur du Nigeria, les messes basses de Finley et

Fox le même jour, ou les appels de correspondants qui se réjouissent que Fox joue de ses relations pour leur faire ouvrir des comptes dans la filiale de GMBC à Macao. Doret continue, la poitrine brûlante. Il sait que Jacquemin est tout aussi éveillé que lui deux pièces plus loin, mais pas une seconde il ne songe à se lever, le dossier en main, pour le lui montrer. Il est fasciné. Remonte le temps. Ça va vite puisqu'il ne lit que les rapports où il reconnaît les noms concernés. Inga Gomont revient souvent. Elle semble en lien constant avec Fox. En mars, en février, en décembre… 13 décembre. 19 h 30.

« Fox : Inga, ça a mal tourné.

Gomont : Quoi ça a mal tourné ?

Fox : Il allait trop vite, il est mort. »

Doret a les mains qui tremblent.

« Merde, pauvre Simon », répond Inga Gomont.

Doret lâche les pages comme si elles allaient le contaminer, s'enflammer, elles sont dangereuses, explosives. Il recule dans le fond de son siège. Il attrape une bouteille d'eau, s'en verse au creux de la main et se rafraîchit le visage, puis, comme si ça ne suffisait pas, il prend la bouteille, la verse directement sur son grand front. L'eau minérale dégouline sur lui. Il se lave. Quelques minutes plus tard, il compose le numéro de la clinique où il a déposé la femme de Castelnau. Il doit être 1 heure du matin, mais il insiste pour avoir de ses nouvelles. Une infirmière de nuit finit par lui répondre qu'on a augmenté la dose de tranquillisants.

– Elle est agitée et réclame ses enfants, dit-elle.

Elle pourrait lui décrire cette vieille dame qui dans un demi-sommeil lève les bras et crie : « Arrête, mais arrête ! » Et si elle accédait à ses cauchemars, elle lui révélerait cette fin d'après-midi où son mari avait mis sens dessus dessous la chambre de leur fils pour y trouver Dieu sait quoi, il soulevait tout, sortait tout, faisant ce qu'ont fait ensuite ses collaborateurs après sa mort, fouiller, purger les dossiers, les tiroirs, les étagères, mais il le faisait sous les yeux de Benjamin qui le regardait en ricanant et en hurlant : « Tu n'es qu'une marionnette, qu'une vieille marionnette ! » Et elle qui suppliait, « Arrête, mais arrête ! ». Mais on ne pénètre jamais les cauchemars des autres. Elle est agitée et réclame ses enfants.

Dans son bureau, Jacquemin tourne le dos à son visiteur et regarde le parc dans la nuit. Nanteuil a les lèvres qui tremblent.

– J'ai reçu un coup de fil d'Inga. Il faut tout nettoyer.

– Mais quoi ? QUOI ENCORE ?! tempête froidement Jacquemin. QUOI ? Finley c'est TOI qui l'as mis dans le circuit, TOI qui me l'as présenté parce qu'il pouvait gentiment remplir les coffres et veiller sur les intérêts français dans ce coin d'Afrique. Et maintenant tu me dis que c'est une bombe, qu'il a peut-être fait tuer le gamin de Castelnau et qu'il a kidnappé sa sœur ! Si c'est vrai, y a pas seulement Finley qui doit dégager ! TOI aussi tu dégages ! Si la moindre info sort, je mettrai toute mon énergie à démentir, je sais faire, mais toi je les laisserai te lyncher, tu passeras dans la lessiveuse et crois-moi, il ne restera plus RIEN de toi ! Plus de clientèle, plus de réputation, plus d'amis ! Rien qu'un pédé honteux et ruiné ! Alors fais le ménage, oui, fais son ménage, fais le mien, fais la bonniche, le balai à chiottes. Démerde-toi, c'est TOI qui l'as mis là.

– Ce n'est pas MOI qui ai fait mettre en taule une étudiante de 19 ans pour obliger la mère à rendre les armes ! Pas MOI qui utilise un pseudo-tueur à mon dernier meeting ! Pas MOI qui sous-traite les basses œuvres aux services américains !

« Rapplique », dit le texto présidentiel.

Doret se lève, rassemble les documents qu'il glisse dans un tiroir. Dans le couloir, il croise Nanteuil, mais sans un échange ni un regard, l'avocat est très pâle, plus petit que d'ordinaire, il s'affaisse comme si ses os se brisaient l'un après l'autre. Même l'huissier devant la porte semble à cran. L'air est chargé quand Doret entre dans le bureau de Jacquemin.

– Va voir le mari de la fille Castelnau, lui commande le chef de l'État d'une voix sèche. Il est intenable, il commence à se répandre et se plaint que le gouvernement ne le tient informé de rien. Tu lui dis que Noémie est en sécurité maintenant, mais qu'elle reste en lieu sûr jusqu'à ce que la situation soit totalement sous contrôle.

– Et c'est vrai ? demande Doret.

– Bien sûr que c'est vrai ! Ça fait plus de six heures que c'est vrai, s'énerve Jacquemin. C'est mon genre de raconter des conneries ?!

– J'aurais aimé que vous me le disiez. J'étais inquiet pour Noémie.

– Tu n'es pas mon confesseur que je sache.

Ne pas lui demander ce qu'il a à confesser. Sortir et se taire.

Mathieu Gouat est glacial lorsqu'il ouvre la porte, mais c'est une température humaine à laquelle Doret est habitué. Ce qui le fait hésiter, c'est qu'il ne sait pas s'il doit jouer la carte du passé et des bancs de la fac partagés ou celle de conseiller du président. Il entre. L'appartement est en désordre, il trahit l'attente, le désarroi et la parade pour rassurer les enfants.

– Elle est en sécurité, lâche-t-il tout de suite.

– Où ? demande Mathieu, dont le visage s'illumine aussitôt et qui l'invite à avancer dans le salon, en lui faisant signe que les enfants dorment.

– Je ne peux pas vous le dire. D'ailleurs je ne le sais pas moi-même. Les services l'ont récupérée. Derrière tout ça, il y a de sombres histoires.

– Vos magouilles.

– Si vous voulez…

– Je sais que ça fait longtemps mais tu peux me dire tu. Quand est-ce qu'elle rentre ?

– Quelle heure est-il ?

– Je sais pas, 2 heures du mat.

– Ne vous… ne t'inquiète pas. Ce soir elle sera là.

Il faut laisser passer l'élection, c'est ça le choix de Jacquemin : plus de vagues, plus de voix pour remuer la merde, laisser faire les images du meeting de la veille. Voilà pourquoi il ne lui a rien dit du sort de Noémie, pourquoi il ne parle plus de Scheffel.

– Ce sont les mêmes qui ont tué Fresco et qui l'ont embarquée ? demande Mathieu en allumant une cigarette.

– Probablement.

– Il faut prévenir l'hôpital, ça fera du bien à tout le monde d'avoir la nouvelle, à la petite aussi, elle est très nerveuse à ce qu'on m'a dit.

– C'est impossible. La nouvelle ne doit pas s'ébruiter.

– Je dois au moins prévenir sa mère. Elle n'appelle plus et je n'ose plus l'appeler. Noémie a des rapports très compliqués avec elle, elle doit être morte d'inquiétude.

Doret est de marbre.

– Allez-y, euh vas-y, je comprends, mais juste sa mère. Et faites-lui... fais-lui promettre de ne rien dire, lâche-t-il en feignant une faveur.

Ce pouvoir qu'il a... Il le sent tout à coup, c'est vertigineux le destin des autres entre ses mains.

– Elle ne répond pas. Elle doit avoir pris un somnifère, soupire Mathieu en raccrochant. J'irai demain matin, enfin tout à l'heure avec les enfants. Ça lui fera plaisir. Mais... mais est-ce que je ne pourrais pas lui parler, moi, à Noémie ? Juste lui parler, entendre sa voix ?

Doret bêtement n'avait pas envisagé cette demande. Il prend un air ennuyé, assure qu'il va appeler, voir si on peut arranger quelque chose mais que rien n'est sûr. Il baratine, il gagne du temps, il a l'impression de rejouer la même scène qu'à Mme Castelnau, le faux coup de fil à l'Élysée, mais l'homme en face de lui n'a rien d'une veuve chétive et docile, c'est un chirurgien costaud, avec des mains puissantes, Doret se souvient de lui à la fac, syndicaliste et grande gueule. Le voilà qui explose.

– Enfin MERDE ! Tu me dis qu'elle est en lieu sûr, j'en déduis qu'elle est entre les mains des autorités de la République ! Alors pourquoi elle ne pourrait pas dire un mot à ses mômes et à son mari ?!

– Calmez-vous, calmez-vous. Enfin calme-toi. J'appelle, je comprends, on va faire quelque chose mais calmez-vous.

Message à Jacquemin : « Il veut lui parler au téléphone. » Réponse immédiate : « Impossible. Invente. »

Mais inventer quoi, que dire à cet homme, alors que Doret ne sait rien non plus ? Sa toute-puissance a fondu en quelques minutes et l'autre en face est trop toubib pour être dupe, il sent sa panique, peut-être même son pouls qui s'emballe.

– C'est qui ces gens qui veillent sur elle ?

– Les services, le renseignement…

– Je vois. Il y a des choses qu'on ne veut pas qu'elle dise, c'est ça hein ? Sur son père, son frère, Fresco ?! Mais putain ça dérange qui de savoir qu'elle va bien ?

– L'important c'est que vous et les enfants soyez informés. Elle sera là ce soir, ça ne sera pas long, bafouille Doret, qui tente encore quelques périphrases.

Mais une lueur s'est allumée dans l'œil du mari, il revoit sa femme au petit matin partant pour la morgue, son agitation, ses doutes, et cette fois où elle lui confia l'amertume et les confidences de son frère et son regret surtout de s'en être ouverte à Doret, ce Doret qui est là dans son salon en pleine nuit et qui cherche à l'endormir.

– J'exige de lui parler ! Si je ne lui ai pas parlé dans une demi-heure, je tweete l'info que tu viens de m'apporter. Et sourcée bien sûr !

– Mais vous êtes fou ! Vous ne vous rendez pas compte de ce que ça peut entraîner ! Nous avons des responsabilités! Des affaires d'État sont en cours !

– J'en ai rien à foutre, moi ! hurle Mathieu en marchant vers lui jusqu'à n'être plus qu'à dix centimètres. C'est vous que vous protégez ! Pas Noémie, pas nous ! Les gens normaux, c'est pas votre problème !

Doret recule, d'abord décontenancé, puis il reprend d'une voix calme et sans masque :

– Mais vous n'êtes pas des gens normaux, Mathieu. Les gens normaux ne pensent pas à Noémie ce soir. Ils sortent du cinéma, du stade, du restaurant ou bien ils sont devant leur télé à regarder le même animateur vulgaire depuis trente ans. Ils veulent qu'on continue à les gaver et qu'ils puissent un jour s'offrir des trucs dont ils n'ont pas les moyens, c'est ça leur rêve aux gens normaux. Ils se fichent de Noémie.

– Je suis médecin, petit connard, les gens je les écoute, je les palpe, alors que toi t'as eu peur de leurs furoncles, de leurs ongles sales, de leurs odeurs et leurs tumeurs. Ben je vais te dire, vu que tu t'es débiné, planqué dans les palais ! Là où je suis, je vois pas la même chose que toi ! Les gens, ils valent beaucoup mieux que ça, mais vous vous y entendez pour leur ficher la trouille ! Y a plus que la trouille pour vous maintenir ! Dégage ! Sors d'ici ! C'est même pas la peine de parler !

Les enfants apparaissent sur le seuil de leur chambre, réveillés par les cris. Ils ne disent rien dans leur pyjama chiffonné. Ils ont les yeux mi-clos et voient un homme qu'ils ne connaissent pas reculer devant leur père puis sortir. Mathieu claque la porte, sourit à ses enfants, leur dit que tout va bien. Ils le regardent encore triturer son téléphone, le poser, le reprendre, tergiverser, et finalement leur dire d'aller se recoucher. Vingt minutes plus tard, le tweet de Mathieu Gouat s'envole. « Noémie en sécurité, d'après le gouvernement. Mais impossible de lui parler. » La nouvelle est très vite en ligne et sur les ondes : la fille du ministre Castelnau aurait été relâchée et placée sous protection. Aucune confirmation officielle. Silence gouvernemental. Mais l'information vient du mari.

Félix la découvre en marchant, alors sa poitrine se noue ou se dénoue, elle est en feu, ses pensées s'affolent. Est-ce le résultat de leur pression ? Un prélude à la libération de Lira ? Étaient-elles toutes les deux entre les mains des mêmes ravisseurs ? Non. Pas possible. Pas le genre de la CIA de jouer les preneurs d'otages dans un hôpital pour enfants. Qui alors ? Cet UISS, qui ferait le sale boulot ? Il marche, laisse Paris et le bruit du périphérique derrière lui. Il ne pensait jamais revenir ici, au bord de la ville, surtout à cette heure où les solitaires, les shootés, les estropiés, les avinés se redressent. C'est leur heure, leur zone, les autres dorment. Mais il est mieux là qu'à croupir dans la boutique d'Emma. Il marche de plus en plus vite, comme quelqu'un qui n'est pas d'ici. Il est si tard que les rues se sont vidées. Parfois le bruit d'un moteur, des phares plus éclairants que les globes crasseux des réverbères, puis rien, l'écho de ses propres pas.

Le silence se reconnaît aux bruits qui l'habitent. Ces bruits-là sont minuscules, à peine perceptibles et Lira les connaît bien. Dans le couloir, des voix étouffées ou le craquement du vieil appartement. Lira imagine un nom en trompe-l'œil sur la boîte aux lettres, des appartements voisins sécurisés, ou pas de voisins du tout. Personne pour l'entendre crier. Noémie ne donne plus signe de vie. S'est-elle rendormie ? Comment peut-elle ? Soudain les voix montent d'un cran, des pas pressés, on ouvre la porte d'à côté. Lira colle aussitôt l'oreille contre le mur.

– Vous allez parler à votre mari pour le rassurer. Ne lui dites rien d'ici. Rien, sinon que vous serez rentrée d'ici quelques heures.

Ce n'est pas Lambert qui parle, c'est un autre.

– Mathieu, c'est moi. Je vais bien, je suis en sécurité, ça va ? Ça va et les enfants ? Oui oui.

Et Lira sent à sa voix, sa respiration que déjà on lui fait signe, que ça suffit, qu'elle doit raccrocher, elle la devine qui s'écarte, grappille quelques secondes, quelques mots supplémentaires.

– Non, non, dit-elle. Je peux pas, des Américains oui… mais les autres aussi, dans une forêt… Oui, j'étais toute seule.

Elle respire de plus en plus vite, elle doit reculer, soudain elle crie dans le téléphone :

– Lira Kazan est prisonnière dans l'autre pièce, note bien son nom, Lira Ka… !

On vient de lui arracher le téléphone. Tout va s'accélérer. Le geôlier s'énerve et hurle :

– Vous êtes malade ! À quoi vous jouez ?

– Je vous retourne la question !

Tant de questions à poser, qu'elle a retenues et qu'elle balance maintenant de tout son souffle :

– QU'EST-CE QUE JE FOUS LÀ ? QUE SAVEZ-VOUS DE LA MORT DE MON FRÈRE ? DE CELLE DE PATRICK ?

Noémie a explosé, la peur et les larmes jaillissent. Elle n'attend pas d'être chez elle. Elle n'attend pas le résumé officiel. Ils lui mentiront. C'est maintenant, dans cet immeuble vide et humide, qu'elle veut des réponses. Ses cris sont un mélange de détresse et de scandale, ce qui lui reste de cette assurance dans laquelle elle baigne depuis l'enfance, ce sentiment que rien ne peut vraiment vous arriver. Allez vas-y ! l'encourage Lira en silence et en serrant les poings, vas-y fille de ministre, puisque tu l'oses et puisque tu es sauve. Elle habille Noémie de rouge dans ses pensées, elle tape contre le mur, maintenant, vas-y !

– Et mon père, qui l'a tué ? demande Noémie à bout.

– Personne, dit calmement le geôlier, qui n'a répondu à aucune des autres questions et referme la porte derrière lui.

Les viscères de Simon Castelnau ont livré leur vérité depuis quelques jours déjà : c'est un suicide. Mais Noémie a oublié l'estomac, l'intestin, la rate ou la prostate de son père. Elle a traversé et autopsié son monde et c'est le pire des poisons. Une demi-heure plus tard, la porte s'ouvre à nouveau.

– Le moment est venu de rentrer chez vous.

Noémie emprunte le couloir.

– Compte sur moi, Lira ! crie-t-elle en passant devant sa porte. Aucune réaction de ceux qui l'escortent. Lira comprend qu'un nouveau scénario commence. Ils ont intégré la colère de Noémie Castelnau et sûrement le moyen de la faire taire. Sinon sa libération n'aurait pas lieu. Lira se retrouve de nouveau seule avec le silence et les voix étouffées, seule avec les relents de son histoire, Paulina qui l'obsède et la fatalité qui l'écrase. Elle est plus seule que Noémie ne le sera jamais, elle n'a ni famille ni pays qui la réclament et la protègent.

Et qui pourra protéger Emma, qui marche vers sa boutique ? Elle a écourté une fête ennuyeuse, préféré sortir son chien Jean Crespi et passer voir Félix pour ne pas le laisser seul. Elle remonte l'avenue Jean-Jaurès, dans sa robe à fines bretelles et ses bas qui laissent voir les oiseaux sur ses mollets. Qui la voit passer comprend que son problème n'est pas d'être jolie mais identifiée. Elle tourne à droite, elle n'a plus peur de sa rue mal éclairée le soir, plus peur de ses talons qui résonnent comme si elle était seule, de l'obscurité où se fondent le nom de la boutique et les symboles tribaux encore sur la vitrine. Elle se dit que c'est la dernière fois. À elle bientôt les belles avenues aux boutiques illuminées même de nuit ! Et lorsque la clé menace de casser dans la serrure rouillée de la grille qui protège le magasin, elle pense au rideau de fer automatique devant sa nouvelle boutique. Mais soudain un frisson glacé la transperce comme une lame, une vieille angoisse devenue réalité, quelqu'un est là, derrière elle, muet, qu'elle n'a pas entendu approcher, qui était sûrement tapi dans l'ombre.

– Félix ? murmure-t-elle sans se retourner.

– Ouvre, dit une voix d'homme.

D'une main tremblante, elle finit par déverrouiller la grille. Les deux bras derrière elle écartent alors violemment les battants. Emma les imagine déjà déchirant ses vêtements de la même manière. C'est déjà arrivé. Le cauchemar recommence.

– Magne-toi.

Jean Crespi grogne. L'homme arrache la laisse de la main d'Emma et balance un violent coup de pied dans l'abdomen du chien. Un hurlement de bête accompagne le vol plané de l'animal qui atterrit sur le bitume.

– Entre ! Magne-toi !

Elle ouvre la boutique, lève les yeux vers le haut de l'escalier, espère un trait de lumière sous la porte, Félix qui surgisse et la délivre, mais rien, tout est sombre, il est parti et elle est seule. Elle n'entend déjà plus le couinement de Jean Crespi. Ses lèvres tremblent. Elle se dit qu'elle va crever là, comme son chien, se faire violer avant, et que si Félix ne revient pas, on risque de ne trouver son corps que dans plusieurs semaines, quand le bail aura enfin trouvé repreneur.

De l'autre côté du périphérique, Félix marche. Il fait sombre, il n'y a plus de guetteurs dans la cité, la marchandise a été remballée. Il croise quelques silhouettes qui le dévisagent. Par chance, il retrouve la cage d'escalier, et descend vers la cave, qui abrite peut-être aussi leurs samedis soir. Il tombe sur une porte métallique fermée mais il y a du monde et de la musique de l'autre côté. Il donne de grands coups, la porte s'ouvre et ceux qui sont là le reconnaissent aussitôt.

– Je veux voir Aziz, dit Félix.

Aziz est exactement là où il l'a laissé la dernière fois.

– Ma cliente est en taule maintenant. Ton pote a passé un deal avec les flics.

– Ça tu m'l'as d'jà dit.

– Et je vois que t'as rien fait. T'as pas fait passer le message à Jube.

– J'en ai rien à foutre de ta cliente, moi.

– Peut-être bien, mais elle est exactement à la place que tu devrais occuper. Et moi, ça me laisse pas insensible. Alors laisse-moi te dire que je t'appellerai à témoigner le jour de son procès. Et faudra que tu expliques tout ça…, dit Félix en faisant un geste circulaire.

– Tu me fais pas peur. Et t'as pas l'air d'être bon comme avocat, si t'as pas pu éviter la prison à une meuf qu'a rien fait.

C'est alors que son téléphone sonne : Emma. Vu l'heure, il décroche.

– Faut que tu reviennes, dit-elle.

– Qu'est-ce qui se passe ?

– Viens, je te dis.

Il comprend à sa voix qu'elle n'est pas seule. La réception est mauvaise. Elle a raccroché. Il reste pantelant sous les regards croisés d'Aziz et de ses acolytes. Il sait qu'ils le laisseront repartir comme il est venu, qu'ils se foutent de ce qu'il est ou prétend être, il pourrait leur réciter la loi, le Coran, les exhorter à la lutte des classes ou leur raconter la vraie histoire de Paulina, ça leur ferait le même effet, c'est-à-dire aucun. Ils parlent une autre langue, vivent dans un autre monde, qui n'a de commun avec le sien que la couleur de l'argent. Mais Félix a senti le danger dans la voix d'Emma, il a besoin de renfort, de se faire des alliés d'Aziz et ses copains. Putain, Félix, invente un truc, n'importe quoi, tu peux pas y aller seul !

– T'as raison. J'ai pas été très convaincant, se lance-t-il. De toute façon, le procureur sait très bien que ma cliente ne deale pas. Il le sait depuis le début. Mais il a des ordres. Et maintenant qu'il a vu que ton pote est prêt à collaborer et peut balancer, il va s'intéresser aux vrais coupables.

– Quels ordres, de quoi tu parles, mec ?

– S'il l'a chopée, c'est pour atteindre sa mère, qui est une activiste. Tu vois, ces gens qui balancent des secrets d'État ou de multinationales sur Internet.

– Ah ouais, genre Vlad ! dit le type à droite d'Aziz.

– Mais Vlad, c'est elle ! s'écrie Félix. C'est elle, c'est moi ! Filez-nous un coup de main, les gars !

– T'es vraiment wo, toi, rigole Aziz. Tu me menaces et maintenant tu veux qu'on t'aide. T'as quoi dans le crâne ?!

– Écoute, si deux potes à toi peuvent m'accompagner à côté dans le 19e, je vous donnerai un peu de fric.

– C'est pas chez nous le 19.

– Si deux d'entre vous viennent avec moi, j'oublie ton nom le jour du procès, j'oublie de dire que c'est un certain Aziz qui devrait être assis là à la place de Paulina, et qu'on ferait bien de venir voir ce qui se passe dans une salle de billard pleine de drogue et de fric. Je m'en fous de ton petit commerce, vous faites ce que vous voulez, j'ai besoin de vous pour que Vlad continue à baiser l'État. Juste ce soir ! Je vous paie, je vous fous la paix. Vous gagnez sur toute la ligne !

Et c'est comme ça que Félix retourne vers la boutique de tatouage, escorté d'une petite frappe de Saint-Ouen. Il s'appelle Karim, c'est lui qui jouait les videurs auprès d'Aziz et qui avait entendu parler de Vlad. Il a les épaules larges et la coupe de cheveux d'un footballeur. Il se détend en l'absence d'Aziz, il prend de l'assurance, il est même plutôt drôle. Félix lui donne plus de détails sur l'endroit où ils se rendent, et ce sur quoi ils risquent de tomber quoiqu'il n'en sache rien. En approchant de la boutique, Karim rabat sa capuche. Une fois devant, il reste dans l'ombre. Félix entre seul mais laisse la porte entrouverte.

Il ne monte pas. Il appelle Emma. Là-haut, la porte s'ouvre. Elle apparaît très raide en haut de l'escalier, secouant la tête. Soudain un homme prend sa place et pointe un flingue sur Félix.

– Monte !

Félix avance.

– Mains en l'air !

Il obéit et gravit lentement les marches.

– Lambert !

– Eh ouais, dit l'autre qui lui colle son arme dans le dos. Avance !

Félix scanne rapidement la pièce : personne d'autre, à part Emma. Il a juste le temps, les mains en l'air, de lever subrepticement le pouce pour alerter Karim que l'ennemi est venu seul. Lambert le pousse à l'intérieur et le somme d'ouvrir son ordinateur.

– La clé. Les documents ! Vite ! dit-il.

– Les voilà, dit Félix qui sort le CD de sa poche. Mais ça n'a plus aucune valeur, tout est sur Internet maintenant.

Félix marche vers le fond de la pièce pour obliger Lambert à tourner le dos à la porte. Les deux seins plastifiés et percés au mur donnent à la scène un côté burlesque, à moins que ce ne soit l'assurance que la porte va s'ouvrir, que Karim va entrer. A-t-il fait demi-tour ? C'est long d'attendre avec un flingue pointé sur soi. Mais Karim jaillit de l'ombre, saisit Lambert par la gorge, serre son cou au creux de son coude tandis qu'il attrape son arme de l'autre main.

– Où est Lira ? demande Félix.

Lambert ne répond pas.

– Où est Lira ? répète Félix les dents serrées. Karim semble doucement réaliser ce qu'il peut faire du flingue entre ses mains, il le pointe sur la tempe de Lambert, façon film.

– Non, murmure Emma. Pas ça, pas ici !

– Donne-moi ça, dit Félix.

– T'occupe. Fais-le parler, moi je garde le flingue. Réponds ou j'te bute, dit le petit dealer de Saint-Ouen sans savoir que c'est la CIA qu'il tient en joue.

– Où est Lira ? retente Félix.

Les doigts de Karim glissent sur l'arme, comme s'ils la caressaient. De l'autre main, il fouille les poches de Lambert, en sort un portefeuille qu'il tend à Félix.

– Tu t'appelles Dan Coley et pas Dan Lambert.

Pas de réponse

– UISS, tu connais ? insiste Félix.

Silence encore. Félix sent monter en lui une violence contenue depuis trop longtemps. Il fait signe à Karim de pousser Lambert sur la table.

– Il te reste quelques anneaux, Emma ? Je suis sûr qu'il rêve d'un piercing de la bite.

– Oui, j'en suis sûre, mais lequel ? On en a plusieurs, le prince Albert, classique et pas très douloureux. Y a aussi le Didoe sur le gland, celui-là fait vraiment mal...

Emma joue le jeu à 100 %, quitte à voir son avenir fichu en l'air et s'effondrer sa belle boutique des beaux quartiers. Ce type a tué Jean Crespi, il lui a fait peur, il va payer pour toutes les frayeurs, toutes les pertes qui ont jalonné sa vie.

– Gros, l'anneau, Emma, s'il te plaît. Déboutonne-toi ! ordonne Félix à Lambert. Vaut mieux se faire trouer la peau comme ça que d'une balle, ricane-t-il.

L'anneau roule entre les doigts fins d'Emma. Lambert est pâle, il est entraîné à la souffrance, mais il n'a jamais rêvé d'un anneau au bout de son phallus, c'est un truc de pédé, on n'humilie pas mieux un type dans son genre. Félix le sent. Il lui descend pantalon et caleçon d'un coup sec. Emma enfile ses gants, saisit la verge de Lambert comme l'infirmière le poignet, pendant que Karim lui tient les jambes. L'agent américain se mord violemment la lèvre tandis que l'aiguille chaude transperce sa muqueuse rose aux quatre mille fibres nerveuses.

– Où est Lira ? insiste Félix.

Lambert ne répond pas. Il encaisse la douleur et l'humiliation, mais aussi les compliments d'Emma qui l'assure que ses partenaires futures en seront plus heureuses.

– Encore faut-il qu'il s'en trouve, des partenaires... UISS, ça te dit vraiment rien ? reprend Félix.

Silence.

– OK... Alors va pour la CIA, dit Félix tout en faisant signe à Emma de préparer son matériel.

Elle comprend immédiatement et s'approche.

– Fais-lui un C sur le front, dit Félix, non pas là, plus à droite, faut laisser de la place pour la suite.

Enfin Lambert tressaille. Il tourne la tête. Félix le rattrape par la mâchoire.

– Où est-elle ? répète-t-il.

Lambert ne dit rien. L'aiguille est au-dessus de lui, elle descend, escortée du doux bruit de son petit moteur, puis s'enfonce et commence à noircir les rides naissantes de son front.

– Alors tu connais vraiment pas l'UISS ?

– Une boîte qui vend de la sécurité.

– Walter Fox ?

– C'est le boss, le directeur des opérations.

– C'est eux, Fresco ?

– J'en sais rien.

– T'en sais rien. Donc c'est vraiment « CIA » qu'il faut écrire. Maintenant un I ! Tu nous fais de l'indélébile, Emma, un truc qu'aucun laser ne pourra effacer.

– Non. OK. C'est probablement eux, Fresco, mais ils n'ont rien à voir avec nous. On est plutôt venus réparer leurs conneries.

– Tu veux dire qu'ils enlèvent Noémie Castelnau à l'hôpital et que c'est vous qui la sauvez, ça veut quand même dire qu'ils vous obéissent au doigt et à l'œil, que vous protégez les mêmes intérêts. Normal entre vieux camarades de la CIA ! C'est écrit sur ton front maintenant ! Comme ça t'entuberas plus personne. TU VIENDRAS PLUS JOUER LES SAUVEURS, ESPÈCE DE FILS DE PUTE !!

Lambert ne répond pas.

– C'est ça, le A maintenant, sourit Félix, carnassier.

À côté de lui, Karim a presque l'air inoffensif avec son flingue. L'aiguille bourdonnante monte du sourcil jusqu'à la racine des cheveux de Lambert.

– Non ! Arrêtez ! Oui, on a des contacts réguliers avec Fox. C'est un ancien de la maison.

– C'est la banque GMBC qu'ils sont chargés de protéger.

– Peut-être, oui, soupire Lambert. Les banques ont recours à des sociétés dans ce genre pour les basses œuvres.

Le téléphone de Félix sonne. C'est Nwankwo.

– Je t'ai envoyé un article en français, traduis-le-moi. J'ai comme l'impression qu'on connaît cette Agata...

Il s'est réfugié ailleurs, un monde interlope de Lagos où le tatouage se porte bien aussi. Il continue l'impossible déchiffrage des données secrètes de la banque, et s'est concentré sur les versements de Finley vers UISS. Il a constaté qu'ils se sont accélérés et amplifiés, il a alors convoqué des images, des souvenirs, il a repensé aux hommes de l'aéroport qui comme lui traquaient Fresco, à ceux qui protégeaient Finley, le jour du massacre des mineurs de Mobi. UISS ? Comment savoir ? Si c'est le cas, une police secrète est implantée au Nigeria pour veiller sur les intérêts américains. Puis lui est revenue cette course éperdue avec Kay dans le port, le chien, le conteneur, le froid, le givre, puis le nom sur la paroi du conteneur, Gomont, c'est elle la propriétaire du port. A-t-elle employé les services d'UISS ? Il a interrogé Google sur un lien éventuel entre Gomont et Fox. Il n'a pas été déçu, apparitions communes et contacts officiels suffisent à remplir quelques pages. Il a tapé ensuite « Gomont » et « Agata Gary », et il est tombé sur cet article en français, un portrait d'elle au moment où son mari venait de mourir, elle reprenait les rênes du groupe contre l'avis des actionnaires.

La réponse de Félix ne tarde pas.

– Gary, c'est le nom de jeune fille de sa mère, répond Félix.

– Ça veut dire que c'est elle la patronne d'UISS.

– On dirait, ouais. Attends un peu, j'ai sous la main un ancien collègue de Fox, et j'ai quelques moyens de le faire parler.

– Inga Gomont ? demande Félix en se retournant vers Lambert.

– Je la connais pas.

– Emma, maintenant son nom, pour qu'il arrête d'en changer. Agent Coley. C'est ça, Agent sur la joue gauche, Coley sur la droite.

– J'ai simplement vu son nom dans les rapports d'écoutes. Nous surveillons Fox. Gomont l'appelle souvent.

– Ils sont où, ces rapports ?

– Classés confidentiels.

– Qu'est-ce qu'elle lui raconte, Gomont, à Fox ? Vas-y Emma.

– Non ! Attendez ! [Il respire mal.] C'est elle qui a alerté Fox sur le fait que Scheffel écoutait de plus en plus ses ambitions politiques et se détournait des intérêts de la banque. Ils ont eu peur que la mise en exploitation de la mine s'accélère. On a vu venir le moment où Scheffel est devenu suspect aux yeux de son camp.

– Mais vous n'avez rien empêché, ni le hacking ni la disparition organisée par Fox à l'hôtel. Vous aussi vous veillez à ce que la banque ne perde pas trop d'argent on dirait, lâche Félix.

– Et Finley là-dedans ? Ils l'ont écouté, lui aussi ? demande la voix de Nwankwo en mode haut-parleur.

– Non, seulement quand il parlait avec Fox, soupire Lambert.

– Et alors ?

– Rien à signaler.

Tout dépend ce que l'on cherche. La CIA n'est pas Nwankwo Ganbo, qui saurait décrypter chaque mot de Finley s'il les avait sous les yeux et qui se pencherait sur ce qu'il a dit à Fox au soir du 27 avril : « Relâche ce soir. » C'était veille de massacre. Que les gardes de l'UISS regardent ailleurs, permis est donné de tuer, ça retardera la mise en exploitation pendant quelques jours, et ça renforcera la menace islamiste sur la zone. Ainsi Finley gardait la main. Ça, Nwankwo l'aurait immédiatement compris. Mais personne n'a cherché à établir un lien entre ces mots et le bain de sang, personne ne s'est consacré à la mort de soixante-douze mineurs, il en meurt partout sur le continent, simplement d'épuisement. Personne pour se souvenir d'eux quand les preuves accablantes sont sur la table. Ni les agents de la CIA. Ni la plume du président de la République française. C'est si loin d'eux, les mineurs. Leurs fantômes ne campent plus que dans la tête de Nwankwo. Il a raccroché.

*

Le silence n'est plus de mise au Victoria Palace. Les cadavres d'Obi et Eyo hantent les pupilles des employés. Tous ont vu. Ils ont appris à obéir et à se taire, mais cette nuit, la peur ne suffit plus à dompter leur colère. Alors certains disent qu'ils ne reviendront pas travailler ici le lendemain sans qu'on les croie vraiment. D'autres se redressent, veulent réagir, parler, hurler, d'autant qu'ils ont vu partir le patron et la veuve Gomont avec bagages. Ils en ont déduit qu'ils s'en allaient vers l'aéroport. Certains ont même osé l'idée que Fox ne reparaîtrait pas, qu'il s'enfuyait. Alors ceux-là ont fouillé les ordinateurs, les archives, ont forcé les mots de passe installés par la direction, il n'y a pas qu'Obi qui savait le faire. Ils ont cherché dans la mémoire des caméras de surveillance, regardé le ballet dans le hall de l'hôtel, un ballet plein de fantômes, Butchi, Obi, Eyo, et même ce Fresco pas particulièrement sympathique avec le petit personnel, et cet autre Français tellement arrogant, Scheffel. Ils le voient, caméra 2, qui monte en voiture alors que ses bagages sont dans le coffre, et puis, caméra 8, dans un couloir du deuxième étage, Butchi qui l'y rejoint peu de temps après.

– Tu peux repasser les séquences ? dit un employé à un autre. Regarde bien l'heure qui s'affiche.

Bingo ! Fresco apparaît sur la caméra 8, cinq minutes après la caméra 2 qui le montre quittant l'hôtel. Ici commence le moment de sa disparition. La vidéo défile encore. On y voit aussi ce jeune flic qui a l'air de tout sauf d'un flic, qui traînait ici, plein de questions dérangeantes, et que la sécurité mettait dehors. C'est à lui qu'il faut donner ces bandes.

« À Lagos, il y a parfois de longues tempêtes de sable, qu'on appelle "harmattan". Il ne faut pas sortir, simplement attendre. C'était le cas au mois de janvier dernier, quand a été prise cette photo. Cette délégation française s'est retrouvée coincée au Victoria Palace. [Publication de la photo prise pour la presse.] Il y a pire lieu de réclusion.

« Il y a pourtant deux hommes en sursis sur cette photo. Les deux seuls qui ne sourient pas. Au centre : le ministre français de l'Industrie, Simon Castelnau, venu finaliser les accords pour l'exploitation prochaine par la France de la mine d'uranium Mobi. Il s'est suicidé il y a deux semaines. À l'extrémité gauche, à l'arrière-plan, presque en dehors de la photo, comme s'il ne s'y sentait pas à sa place, Patrick Fresco, ex-trader de la banque GMBC, venu se refaire une santé en Afrique, après avoir été au cœur d'un scandale financier à New York. Il a été abattu il y a quelques jours dans les rues de Paris.

« Bien des choses se trament ce jour-là entre les murs dorés du palace. Bertrand de Nanteuil (le tout petit en chemisette), avocat parisien très proche du ministre Castelnau mais aussi du président français Jacquemin, vient-il récupérer l'argent que James Finley (deuxième à gauche) verse dans les caisses de la campagne du président Jacquemin ? Il lui doit bien ça. En échange, la France, dans sa négociation avec le gouvernement nigérian, a exigé que toute charge soit levée contre cet ex-gouverneur nigérian notoirement corrompu et soupçonné d'avoir commandité de nombreux meurtres. Le gouvernement d'Awolo s'est plié aux desiderata français au prétexte que la France a accordé au Nigeria 38 % de la mine Mobi. C'est-à-dire de son propre sol. De sa richesse.

« Sur la photo, on n'entend rien de la tempête qui gronde à l'extérieur. On ne voit que le sourire du directeur du palace, Walter Fox (à droite du ministre). Contrairement à ce que nous écrivions il y a deux jours, il ne travaille plus pour la CIA, il est le numéro 2 d'UISS (United International

Security Service). Comme beaucoup d'anciens de la CIA, il s'est offert une seconde carrière sur le marché florissant de la sécurité, ou plutôt de l'insécurité. Il a fait de son hôtel la plaque tournante des intérêts américains en Afrique.

« C'est lui qui organise la disparition de Joël Scheffel, directeur de cabinet du ministre français de l'Industrie. Ci-dessous caméra 2, l'hôtel simule son départ. Il est 20 h 15. Ci-dessous, caméra 8, il remonte vers sa chambre, bientôt suivi d'une jeune femme offerte par l'hôtel à ses meilleurs clients. Il est 20 h 21. Il n'en est jamais parti. Voici la preuve de ce que nous avancions il y a deux jours : l'émissaire du gouvernement français a été retenu de force dans une chambre d'hôtel, et sa pile cardiaque hackée.

« Nous dédions ce blog à la mémoire de celle que vous voyez marcher dans le couloir, ils l'appelaient Stella, mais elle s'appelait Butchi. Elle a été retrouvée morte le lendemain de la disparition de Joël Scheffel.

[Photo du corps de Butchi dans l'entrée de son appartement.]

« Nous le dédions aussi à Obi Segun, employé de l'hôtel, hacker hors pair de Lagos. C'est à lui que Walter Fox a confié la lourde tâche de hacker la pile cardiaque de Scheffel. Il a subi le même sort que Butchi. [À nouveau, diffusion des cadavres.] V.L.A.D »

Vlad ne s'arrête plus. Toute la nuit, il a vomi des morts. Des chiffres. Souvent il bégaie, tant il a à dire. Qui est-il ? Une hydre à trop de têtes. Où vit-il ? En Afrique, en Europe, en Russie ? Les services de renseignement s'affolent. C'est l'aube à Paris comme à Lagos, duel du jour et de la nuit, de l'officiel et de l'interdit. Bientôt le jour l'emporte. Et tandis que Vlad se répand sur la Toile, les télévisions françaises diffusent en boucle les images du président Jacquemin sortant de chez Noémie Castelnau.

Il se dit TELLEMENT soulagé d'avoir retrouvé Noémie saine et sauve, TELLEMENT heureux pour cette famille Castelnau, SES AMIS, déjà TANT éprouvés. L'image s'installe, recouvre tout, la veuve chimiquement endormie de force dans une clinique, les vérités de Vlad, et la fille qui là-haut a d'abord refusé d'ouvrir au président de la République. Lorsqu'elle s'y est résignée, Noémie n'a pas pris la main qu'il lui tendait, ne l'a pas fait entrer. Elle l'a humilié devant ses conseillers, eux qui avaient murmuré à la presse en bas juste avant de monter : « On va voir comment elle va, et on va faire en sorte d'organiser un petit pool ensuite pour filmer la rencontre. »

– Faites libérer Lira Kazan ou je fais une déclaration et je raconte en détail ce qui m'est arrivé, a simplement dit Noémie la main accrochée à sa poignée de porte, son mari derrière elle.

– Non, vous ne raconterez rien, a répondu froidement Jacquemin. Vous n'imaginez pas la puissance de ces gens. Elle peut s'abattre sur votre vie, vos enfants, à tout moment. Taisez-vous, ce n'est pas dans mon intérêt, mais dans le vôtre. Un jour, nous en reparlerons et vous comprendrez.

La délégation est redescendue en silence, heureuse de n'avoir embarqué aucun journaliste. Quelle image que ce chef d'État dont la main pendait dans le vide ! Passée à la grande lessiveuse des réseaux sociaux, elle carbonisait ce jour d'élection. Tout ça n'est qu'un secret de plus, préservé du son et de l'image. Ce n'est donc pas arrivé. Recomposition du masque. Grand sourire face à la cohorte des caméras : Jacquemin TELLEMENT heureux et soulagé. Après ça, il s'en va voter, souriant comme un « déjà-vainqueur ». Les bureaux de vote sont ouverts depuis une heure, on y voit les plus matinaux, souvent les plus âgés, de moins en moins endimanchés, de moins en moins nombreux, marcher vers leur devoir électoral, un peu raides, polis, plus très sûrs d'eux.

Ceux qui marchent vers la mairie du 19e arrondissement ont peut-être croisé la silhouette d'un homme au front noirci de trois lettres CIA, il n'a plus ni arme ni portefeuille, pas d'autre choix que de marcher tête baissée. Ils ont peut-être aperçu le cadavre d'un petit chien qui portait le nom d'un homme, ou un jeune homme qui repart de l'autre côté du périphérique avec 1 000 euros et une arme dans la poche. Ceux qui, à l'autre bout de Paris, traversent la place des Ternes se sont d'abord écartés de cette femme au visage légèrement tuméfié, à la démarche hagarde, qui a tout l'air d'une clocharde et demande son chemin. Lira a été lâchée là, seule, sans argent ni téléphone.

– N'ayez pas peur, dit-elle.

Elle récite une adresse : c'est celle de Félix, où aller sinon ? Elle tourne autour du manège, encore un, comme si les notes haut perchées et le rire des enfants venaient encore hanter et narguer sa vie détruite. Elle passe et repasse devant les kiosques à fleurs dont elle ne voit pas la couleur. Et c'est la police qui finit par s'approcher de cette silhouette inquiétante et aveugle, deux agents, dont une femme, qui lui demandent son identité, ses papiers qu'elle n'a pas et finissent par l'emmener au commissariat le plus proche, sans réellement comprendre pourquoi elle n'a pas envie de les suivre, ni pourquoi elle leur parle de sa fille maltraitée par les flics et mise en prison.

*

La police est là aussi. Garée devant la maison. Ezima se lève et la remarque tout de suite par la fenêtre de la cuisine. Deux hommes sont à l'intérieur, ils ne bougent pas, peut-être attendent-ils une heure décente pour frapper, mais il n'y a généralement pas d'heure pour eux, quelle sale histoire vont-ils encore lui débiter, de quelle boue vont-ils couvrir Nwankwo ? Elle ne veut pas revivre la même scène que la dernière fois, ne pas entendre qu'il baise ailleurs, des putes pleines de maladies, ne pas les laisser dire que son mari tue, car il en est incapable. Elle fulmine sans trop savoir si c'est contre eux ou son mari, elle reste plantée au milieu de la pièce, dans sa tunique brodée, incapable de faire bouillir l'eau ou autre chose. Alors elle finit par sortir d'un pas rapide dans la lumière du soleil à peine levé, et toque contre la vitre de la voiture de police.

– Qu'est-ce que vous voulez ?! Si c'est pour prélever son sperme, allez voir ailleurs, il y a longtemps qu'il ne tache plus notre lit.

Le policier au volant n'en croit pas ses oreilles.

– Mission de sécurisation, bafouille-t-il.

– Sécurisation de quoi ? demande-t-elle.

– De votre maison, votre famille.

– Quelque chose est arrivé ? s'alarme aussitôt Ezima.

Son ton a changé.

– Non, simple précaution, répond, imperturbable, l'agent.

– Alors un jour on est victime, un autre on est accusé ?!

– Vous m'en demandez trop. Nous, on applique les ordres.

La sentinelle ne sait rien de ce qui se trame, du coup de fil arrivé dans son service, cette nuit. L'ordre a été émis en haut lieu. Promesse tenue d'un président désorienté. Une patrouille doit être en permanence devant la maison de Nwankwo Ganbo.

Ezima rentre chez elle. Vexée de s'être donnée en spectacle, inquiète de cette mesure de protection. Elle appelle Nwankwo. Mieux vaut qu'elle ne voie pas son regard, son hésitation à prendre l'appel, juste avant de décrocher.

– Ezima, dit-il finalement.

– La police est là.

– Ils sont là pour vous protéger.

– Qu'est-ce qui se passe ?

– J'ai en main des documents explosifs, mais ne t'inquiète pas. L'ordre de vous protéger vient d'en haut.

– Où es-tu ?

– Ne parlons pas davantage. Restez à la maison.

Il raccroche. Il n'y a eu aucun reproche entre eux, juste de l'inquiétude réciproque et c'était doux. Ezima monte dans leur chambre sans raison, fixe le lit où Nwankwo est revenu s'allonger près d'elle il y a quelques nuits et soudain tombe en larmes. Ce soir-là, son corps était l'ombre d'un corps, le sien aussi probablement, ils ne formaient plus que l'ombre d'un couple. Il avait juste dit, comme pour s'excuser d'être incapable de passer son bras autour d'elle, comme s'il devinait ses pensées, ses mots si prévisibles, si usés – « Mais nous ? Mais les enfants ? » –, il avait dit sans la regarder :

– Depuis la mort d'Uché, quelque chose ne passe plus. On ne peut plus me raconter quoi que ce soit, je ne crois en rien. Je suis pétrifié à l'intérieur.

Au petit matin, elle l'avait observé dormant, elle avait suivi des yeux ses rides devenues plus profondes, l'arrondi plus osseux de son épaule, elle l'avait regardé comme celle qui connaît le moindre recoin, le moindre grain de peau de son mari pétrifié.

Elle sèche ses larmes avec un bout du drap qu'elle chiffonne entre ses doigts, qui ne sent rien, ou simplement elle, il pue sa solitude, pue le monde qui épuise et rend fous ceux qui comme Nwankwo tentent de le redresser, il pue les amis morts, Finley, son argent, il pue les crimes, les affaires arrogantes, l'épuisement du sol africain, il pue tout ce qui lui a volé Nwankwo, sa vie, il pue car il ne sent plus l'amour.

« Promesse tenue mais que fais-tu ? » écrit Awolo. Silence de Nwankwo qui ne répond plus à aucun message qui n'émane de Kay ou de Félix. Le déchiffrage s'avère épuisant. Ses yeux brûlent. Les chiffres s'entremêlent. Il n'a pas dormi. Il s'accroche maintenant à des versements vers des compagnies de transfert d'argent, le genre de structure qu'utilisent les terroristes parce que ça ne laisse aucune trace bancaire. Il veut trouver un lien entre Finley et les djihadistes qui hantent le nord-est du pays, ces sommes vers des opérateurs téléphoniques, des loueurs de voitures ne témoignent-elles pas d'un soutien logistique ? Il le mouillera dans le carnage des mineurs, dans tous les carnages. La vengeance est son unique carburant. Il revoit encore Finley pris en flagrant délit avec une mallette pleine de billets alors qu'il débarquait en Angleterre, il y a cinq ans. Il fut arrêté et mené devant la brigade financière. Nwankwo était là, caché de l'autre côté du mur, il abreuvait les enquêteurs de détails, d'informations et de questions qui pouvaient confondre Finley, forcé de justifier l'origine de ses biens. Jamais un dirigeant nigérian n'avait eu à répondre ainsi de son train de vie. Nwankwo crut un instant son heure venue. Et puis un coup de fil des sommets de l'État le ramena brutalement à la réalité, le pétrifia une seconde fois. Ordre était donné de relâcher Finley et de lui rendre ce qui lui appartenait.

Enfin voilà Kay. Mais pas comme Nwankwo l'imaginait, ni fier ni distant, il arrive affolé, en sueur, et demande à bout de souffle ce qui se passe.

– Comment ça, « ce qui se passe » ?

– Ton message.

– Quel message ?

– Ton fils ! Ton message !

Dans les brouillons de la petite boîte, il est écrit : « Ils ont tué mon fils. Nwankwo. »

– Tadjou ! s'écrie Nwankwo.

Il appelle chez lui. Ezima lui répond que Tadjou n'est pas rentré, qu'il sortait avec des amis la veille, qu'il a probablement dormi chez l'un d'eux comme il a pris l'habitude de le faire.

– Qui, quel ami ? hurle Nwankwo.

Alors les parents, chacun de leur côté, ont vite fait de récupérer quelques téléphones, de reconstituer la soirée de la veille dans un bar très fréquenté par les étudiants. Rien à signaler. Tadjou était là, indemne. Ce n'est donc qu'une menace. Tadjou n'ajoutera pas son nom à la longue liste des morts, il vit loin de tout ça, il va bien, il aura une autre vie, une tout autre vie, son père le jure, mais il fonce vers l'université en compagnie de Kay. La police est là, toutes sirènes hurlantes, quand ils arrivent. Nwankwo stoppe net sa voiture, arrête une ambulance sur le point de partir, exige qu'on ouvre les portes, mais ce n'est pas Tadjou à l'intérieur. Il donne son nom.

– Votre fils a déjà été transporté à l'hôpital. Son état nécessitait un transport d'urgence, l'informe un agent.

– Qu'est-ce qu'il a ? demande Nwankwo.

– Un coup de couteau dans l'abdomen. Il perdait beaucoup de sang.

Il est question d'une bagarre entre étudiants qui a mal tourné. Mais Nwankwo et Kay savent bien qu'il n'en est rien, puisqu'on a forcé leur messagerie pour y annoncer la mort de Tadjou. Il est au bloc opératoire quand arrive Nwankwo. On l'informe que son fils a l'intestin déchiré et la mâchoire brisée. Nwankwo remonte en voiture et démarre en trombe sans attendre Kay. Une demi-heure plus tard, il est devant la villa de Finley. La grille est ouverte, c'est signe que le maître des lieux se prépare à partir, peut-être même à quitter le pays. Quand il apparaît sous le porche de la maison, son chauffeur démarre le moteur de la voiture. Nwankwo sort son arme et le tient en joue. Personne ne l'a empêché de remonter l'allée. Mais la morgue n'a pas changé de côté, c'est un homme anéanti qui menace Finley, un homme qu'on ne peut plus sauver, même Kay qui a sauté dans un taxi et sait où il s'est rendu. Finley tourne vaguement le regard vers celui qui le poursuit depuis tant d'années. Un léger pli se dessine à la commissure de ses lèvres, presque un sourire. Nwankwo tire et aussitôt on lui tire dessus. Il s'effondre au moment où Kay jaillit du taxi. Kay court pour amortir la chute du long corps fatigué de son ami, il court et personne ne l'arrête. Qu'il vienne donc ramasser le cadavre de ce flic acharné qui a sali l'allée et la réputation d'un ancien gouverneur. Finley, lui, se relève en se tenant l'épaule, la portière ouverte lui a servi de bouclier. Kay est à genoux, dans le sang de Nwankwo comme dans celui de Butchi, il appelle une ambulance et exerce une pression sur la blessure.

– Kay, articule difficilement Nwankwo, pardonne-moi.

– Accroche-toi, je t'en supplie.

Mais Kay sait bien que Nwankwo ne veut pas s'accrocher, qu'il ne veut pas voir mourir son fils si c'est ce qui doit arriver, qu'il est venu révéler par son sang tout le sang qui a déjà coulé, et qu'il va sourire à la mort, comme il ne sait plus le faire à la vie.

XIV

– La Russe a rien bouffé !

La voix s'éloigne en même temps que le chariot du service repas. Paulina reste assise sur son lit, le dos rond, les genoux repliés entre ses bras. On l'appelle comme ça : la Russe. Ici on commence par les origines, ensuite viennent les affinités. Elle garde les yeux posés sur le mur en face d'elle, couvert de photos de famille et de pages arrachées aux magazines, des pubs de parfum et des photos de stars. C'est le mur de Lucilia, sa codétenue, descendue aux cuisines il y a une heure en lui disant : « Attends un peu que je remonte pour manger, c'est dégueulasse ici ! » Tout ça dans un français de Cap-Verdienne élevée à Lisbonne que Paulina la Russe a beaucoup de mal à comprendre. Elles sont trois dans la cellule normalement, mais la troisième est punie, à l'isolement, Paulina n'a pas bien compris pourquoi.

Elle est seule un instant, cernée par les échos de la prison qui amplifie la moindre larme, le moindre cri, le moindre rire. Elle n'en veut plus à Lira, c'est passé une fois arrivée ici.

– Hé putana ! entend-on dans le couloir.

Puis un rire. Celui de Lucilia qu'on appelle comme ça gentiment à cause de son string qui déborde de son jean moulant. La porte s'ouvre et se referme.

– Beignets de poisson ! sourit-elle en brandissant une assiette pleine et en se déhanchant victorieusement.

Ça sent bon. Une odeur arrachée au lieu, une odeur de Sud que ne connaît pas Paulina, une odeur de mère qui cuisine à l'autre bout de la maison ; ça non plus Paulina ne connaît pas.

– Allez mange, petite Russe, t'as pas bonne mine.

Cette fille-là a quelque chose d'irréel. Depuis trois jours, Paulina l'observe, la regarde lisser ses cheveux crépus le matin devant le petit miroir posé sur le rebord de la fenêtre, poser du bleu du bout des doigts sur ses paupières, étaler du rose sur ses lèvres charnues, puis s'en aller ramasser les ordures, passer la serpillière dans les coursives et servir le repas de 11 h 30, ce qu'elle refait à 17 h 30.

– Soui auxi, pas oune ino, ye cantiné, lui a-t-elle expliqué la première fois.

Paulina n'avait rien compris. Maintenant elle sait, « auxi », c'est l'auxilaire, celle qui travaille et gagne un peu d'argent pour s'acheter du maquillage et de quoi faire la cuisine le dimanche. « Ino », c'est l'inoccupée comme elle, qui tourne en rond, n'a plus de nouvelles de personne. Les beignets fondent doucement dans sa bouche. Lucilia a été prise il y a six mois à Orly en provenance de Dakar avec de la cocaïne dans le fond de sa valise. C'est une mule.

– Et toi qu'est-ce que tu as fait ? a été sa première question.

– Rien, a répondu Paulina.

Lucilia a ri. Paulina lui a parlé de l'herbe qu'elle achetait régulièrement porte de Saint-Ouen. Elle lui a parlé de Jube, d'Aziz, mais ils sont loin de Lucilia sur la chaîne du trafic, des petits joueurs. Lucilia, elle, connaît les grandes distances, les drogues dures. Elle ne voulait pas faire ça toute sa vie, deux ou trois fois maximum, le temps de se remettre à flot, parce qu'elle ne s'en sortait pas avec son salaire de femme de chambre. La voilà qui attrape un sac plastique, glisse deux beignets à l'intérieur, le referme et le glisse à travers les barreaux de la fenêtre, en sifflant pour alerter les filles d'à côté.

– C'est le yo-yo, dit-elle à Paulina.

Les beignets passent ainsi dans la cellule d'à côté. Le sac revient trois minutes plus tard avec des cigarettes et un magazine qui a déjà beaucoup circulé. Lucilia allume une cigarette. Paulina inhale quelques bouffées tandis que Lucilia vérifie que Jay Z et Beyoncé forment toujours un couple à toute épreuve.

– T'es un Spoutnik, dit Paulina.

– C'est quoi un Spoutnik ?

– Dans ma famille, ça veut dire que tu es courageuse.

– C'est qui ta famille ?

– C'est ma mère.

Et les questions montent, les réponses viennent, pour tuer le temps mais pas seulement. Paulina dit tout. Ses chemins, ses parents. Elle n'était pas faite pour croiser la route de Lucilia. Il y a eu erreur d'aiguillage du côté du destin, ou magouille du côté du pouvoir, et l'on voit bien que Lucilia s'installe ici pour longtemps, tandis que Paulina n'y arrive pas, espère un rebondissement, un geste qui va la sortir de là. Mais pour l'instant elle est heureuse de l'avoir en face d'elle, cette Lucilia qui pleure aussi facilement qu'elle rit, et qui pleure vraiment quand Paulina lui raconte l'agression de sa mère à l'acide à Londres. Elle pleure tellement que Paulina s'arrête. Lucilia finalement se lève, retourne à la fenêtre, siffle entre ses dents et parle au miroir :

– Il nous faut un portable pour la Russe.

Le message s'en va, de cellule en cellule, où chaque fenêtre a son miroir tel un rétroviseur. Il faudra du temps pour que Paulina puisse parler en douce à sa mère, que Lucilia, qui a perdu la sienne à 10 ans, la regarde chuchoter et pleurer dans une langue qu'elle ne connaît pas, le portable c'est moins facile qu'une cigarette.

Et Lira est au commissariat du 17e arrondissement. Les flics croyaient avoir ramassé une égarée de plus et s'apprêtaient à appeler les services sociaux quand Lira a donné son nom, son adresse, et dit très calmement : « Je suis Vlad et je réclame la libération immédiate de ma fille. » Deux agents de la DGSE ont débarqué en urgence, pris le contrôle de la situation et se sont isolés avec elle. Peu de choses filtrent. La DGSE attend des instructions qui tardent à venir.

Le pouvoir s'interroge. Est-il encore le pouvoir ? Le président, le président ? Il y a du flottement dans les bureaux, un drôle de silence, les parquets craquent sous les tapis épais, les sondages officieux sortis des urnes lui donnent un léger avantage. Ils n'interdisent pas d'espérer. Il faut quoi qu'il en soit se débarrasser du linge sale de l'ancien mandat. L'ambassadeur de France à Lagos a été chargé d'effacer tout lien avec Finley, celui des États-Unis à Paris murmure à l'oreille du président français que de toute façon tout le monde sera sous surveillance. Doret qui a pris du galon répète :

– Votre nom n'apparaît nulle part. Demain nous dirons que le système Castelnau est mort avec Castelnau.

– Mais son fils ?

– Quoi son fils ? Chargez Scheffel, l'agent double, de toute façon il ne pourra pas répondre. Et puis l'Afrique, vous savez, l'Afrique personne n'y comprend rien et tout le monde s'en fout. Quant à Inga Gomont, aux dernières nouvelles, les actionnaires se chargent d'elle avec bonheur, depuis le temps qu'ils attendaient ça. Une exécution en place boursière, vous allez voir ! D'ailleurs elle aussi faisait partie du système Castelnau !

Alors au fil des heures, de phrase en phrase, tandis qu'à la prison des femmes on négocie cinq minutes de portable contre quatre beignets et un rouge à lèvres, il semble plus sage, dans les allées du pouvoir, de laisser Lira Kazan rentrer dans son HLM et de la placer sur écoutes, tout comme ses amis. Et quand tout le monde l'aura oubliée, qu'il y ait ce soir victoire ou défaite, on se promet de ne pas renouveler son titre de séjour et son droit à l'asile politique.

C'est Nanteuil qui finit par prévenir Félix. Les portes élyséennes lui sont désormais fermées, mais la rumeur est venue jusqu'à lui, car il est toujours de vieilles connaissances pour vous raconter en douce votre excommunication sans que l'on sache si c'est pour votre bien ou pas. Il a appelé l'assistance du cabinet et lui a demandé de convaincre Félix d'accepter de lui parler.

– Dites-lui que c'est au sujet de Paulina Nikov !

Évidemment, Félix a appelé.

– Pourquoi vous faites ça ? demande-t-il.

– On n'a pas qu'un seul moteur, mon vieux... Disons que trop de mômes ont souffert dans cette histoire. Laissez-moi m'occuper du dossier de sa fille. Je fais appel de la détention dès demain matin.

– Vous ?!

– Vous peut-être ? Qui risquez d'être inculpé en même temps que sa mère.

– Et vous ? Enlisé jusqu'au cou dans les commissions et le pognon de Finley !

– C'est un autre dossier, a répondu Nanteuil dans un ricanement désabusé. Et vous savez bien que si la justice s'en saisit – et on en est loin ! –, ça mettra tellement de temps, de report en appel, en passant par la question préalable de constitutionnalité, que nous serons des grabataires incontinents quand la condamnation tombera, si condamnation il y a.

Félix est épuisé. Il a la nausée. Les yeux rouges. Il faut l'entregent de Nanteuil pour réveiller la magistrature. C'est plus sûr que d'espérer quelque chose des gars de Saint-Ouen.

– Sachez une chose, Félix, on va la sortir de prison mais je ne sais pas si on arrivera à éviter l'expulsion. Vous connaissez l'administration, elle n'admet jamais sa faute.

Nanteuil espère-t-il qu'on l'épargne au cours de prochaines révélations ? Il ne demande rien pourtant, et Félix n'entend aucune arrière-pensée dans ses mots, ni même le timbre doucereux du jour où il lui déclara sa flamme. Il le revoit prenant Noémie dans ses bras le jour de la mort de son père. Il la regarde. Elle est là, chez lui, assise un peu raide sur une chaise, le visage marqué, des cernes immenses sous les yeux et l'enveloppe trouvée dans sa boîte aux lettres devant elle. Qu'en pense-t-elle ? Qu'il faut agir, tout essayer dans l'urgence. Elle approuve sa décision. Éric aussi, rongé par la culpabilité. Félix finit par raccrocher. L'appartement laisse encore voir la violence des jours écoulés. Sur le bureau, une fine pellicule de poussière dessine ordinateur et disque dur naguère posés là, et en dessous courent des câbles reliés à rien. C'est ainsi qu'ils ont probablement trouvé la petite boîte, en ont forcé l'entrée, craqué les codes, y ont écrit « Mon fils est mort », signé Nwankwo. Jamais Nwankwo n'aurait écrit cela. Il courait, criait, agissait, il ne laissait dans la boîte que des informations, pas ce qui lui arrivait ou le concernait. Ça, il l'entrait en lui profondément, comme on fourre du papier journal au fond d'un poêle. Au bout des câbles orphelins sur la moquette, il y a le pourquoi de sa mort qui a rougi les yeux de Félix, comme jamais.

17 h 30 : repas du soir à Fresnes. La Russe et la Cap-Verdienne ne touchent pas à leur gamelle. C'est à peu près à la même heure qu'ils ont lâché Lira devant chez Félix. Elle sonne à l'interphone.

– C'est moi, dit-elle dans un souffle.

Félix bondit dans l'ascenseur. Il est à l'intérieur quand les deux battants s'écartent au rez-de-chaussée, il ouvre ses bras, Lira y tombe littéralement.

– Paulina devrait sortir très vite, dans deux ou trois jours, lui murmure-t-il.

Paulina, profitant du bruit des chariots dans la coursive, des voix qui crient « DÉGUEULASSE ! », compose le numéro de Félix qu'elle connaît par cœur.

– Allô, dit Félix, un peu froidement devant ce numéro inconnu.

– C'est Paulina, je n'ai que quelques minutes, j'ai pas le droit d'appeler, suis en cellule, Maman est avec toi ?

– Je te la passe. Tu vas sortir très vite, ne t'inquiète pas.

Suivent alors des mots et des larmes, les consonnes tantôt douces, tantôt dures du russe.

– Alors tout va bien ?! sourit finalement Lira qui a raccroché.

Le silence qui suit lui dit que non.

– Quoi ? Mais quoi ?

Elle tourne la tête de droite à gauche, comme si son corps dans un vieux réflexe de voyante cherchait à voir ce qui a changé.

– Mais dites-moi ! MAIS ENFIN DITES-MOI !

– C'est Nwankwo, Lira, lâche Félix d'une voix étranglée. Ils ont tenté de tuer son fils, alors il est allé comme un fou chez Finley et...

Lira est tombée à genoux. Ses poings tapent le parquet. Éric veut la relever, mais elle se dégage.

– Laissez-moi.

*

– Quand on me laissera sortir de l'hôpital et que ma fille viendra me chercher, elle ne me reprochera plus mes silences, enfin j'espère... Oh vous ne la connaissez pas ! Elle me reproche toujours de me taire. C'est vrai que je suis une femme de silence, je n'aime ni la colère ni les effusions. Mais si personne n'a jamais pu deviner ma tristesse, mes jours sombres, c'est parce qu'ils s'en fichaient tous...

L'infirmière sourit gentiment, signe qu'elle écoute. Elle a installé Mme Castelnau dans le fauteuil, a entrouvert la fenêtre et allumé la télé, le temps de rafraîchir son lit pour la nuit. La procédure de réveil est enclenchée, l'ordonnance allégée.

– Vous avez vu ? dit-elle, le président est réélu.

– J'ai pleuré à la mort de mon fils. Mais je n'ai pas pleuré à celle de mon mari. Je n'étais pas allée voter. Comme aujourd'hui. J'y serais pas allée de toute façon. Ils ont tué mon fils, vous savez, je l'ai dit à mon mari avant qu'il ne meure, je lui ai dit, ils l'ont tué, je l'ai dit au président Ciret aussi, je l'ai dit à tout le monde, j'en suis persuadée, ma fille aussi, tout le monde le sait. D'ailleurs je n'entends pas de klaxons dans la rue, je ne vois pas de vedettes qui chantent à la télévision, il n'y a pas de fête ? Elle ne me reprochera plus mes silences, ma fille, j'ai fini de me taire. Vous savez quand elle arrivera ?

– Demain, mais je vais aller me renseigner pour savoir à quelle heure.

L'infirmière laisse Mme Castelnau droite dans son fauteuil, le regard perdu vers les toits parisiens qu'on aperçoit depuis sa chambre. La télévision rappelle le faible score de Jacquemin, 50,2 %, le nombre record d'abstentions et de votes blancs, tandis que l'infirmière chuchote aux collègues les élucubrations de la patiente de la 406, dont on se souvient qu'elle est arrivée en pleine nuit et fut enregistrée sous son nom de jeune fille.

Elle parle depuis longtemps en fait, postée devant une fenêtre qui laisse voir Paris, elle parle surtout les soirs d'élection quand elle reste seule. Ils se ressemblent tous, ces soirs-là, ils n'en forment plus qu'un seul, ce soir où Simon l'appelle, lui donne des chiffres encore officieux, lui dit que naturellement il va rentrer tard et lui souhaite bonne nuit. C'est exactement comme ça que les choses se sont passées il y a quinze jours, un soir de premier tour comme un autre, mais elle n'a pas supporté ce énième décompte dans la voix de son mari alors que Benjamin était mort, elle ne lui a pas laissé le temps de lui souhaiter bonne nuit.

– Je me fiche des élections, je ne suis pas allée voter, ils ont tué Benjamin.

Simon l'a traitée de folle, mais mollement, elle connaît toutes les graduations de sa voix après cinquante ans de mariage. Elle lui a dit avoir trouvé ce qu'il cherchait dans la chambre de leur fils.

– Qu'en as-tu fait ? a-t-il aussitôt demandé.

– Je l'ai rendu à son propriétaire.

Il y avait du bruit, du monde autour de lui.

– Je vais te rappeler, a-t-il dit.

Elle a attendu, presque fiévreuse, incapable de se coucher, elle a même téléphoné aux Fresco, leur a demandé ce qu'ils avaient fait de cette clé qu'elle leur avait rendue, s'ils l'avaient transmise à leur fils.

– Nous n'avons pas de nouvelles, c'est comme s'il était mort, avait répondu M. Fresco d'une voix monocorde.

– Non, monsieur, vous ne pouvez pas savoir ce que c'est quand ils sont morts et je vous envie.

Elle avait raccroché, attendu encore, mais Simon n'avait pas rappelé. Elle avait pensé que, comme d'habitude, ceux qui défilaient dans son bureau passaient avant elle. Elle se trompait pour une fois. Elle avait installé le fantôme du fils en face du ministre, ravivé le souvenir douloureux de ce jour où Simon Castelnau mit sens dessus dessous la chambre de Benjamin qui lui hurlait qu'il n'était qu'un pourri et qu'une marionnette. Le passage de Noémie ensuite n'avait rien arrangé. Celui d'Inga Gomont n'avait plus laissé de doute. Castelnau avait appelé Doret, Jacquemin, Nanteuil, il avait dérangé tout le monde, mais ça, l'enquête l'avait ignoré, il n'y avait pas eu d'enquête. Et aucun de ses vieux amis ne songea qu'il y avait urgence. Étaient-ils des amis ? Sa carrière était terminée. Doucement les fils de la marionnette s'affaissaient sur ses épaules. Castelnau regardait derrière lui, vers ce 13 décembre. Benjamin roulait aussi vite que sur les posters épinglés dans sa chambre, et il comprit que c'était pour échapper à son père. Alors, puisque les fils de la marionnette étaient retombés, qu'ils ne lui ordonnaient plus rien, il a fini par les enrouler autour de son cou.

*

– Castelnau s'était trompé, puisqu'il pensait qu'on allait perdre, soupire Jacquemin revenu dans son appartement élyséen.

– Il n'a jamais dit ça, répond Doret, resté seul avec lui.

– C'est ce que j'avais lu...

– C'est Scheffel qui avait tout inventé. Il me l'a dit... Il trouvait que ça mobiliserait.

– Toujours un coup d'avance, ce Scheffel.

Aucune émotion particulière ne transparaît chez le vainqueur à l'évocation de ce nom. Aucun regret. Doret l'observe à la dérobée. Le masque de la victoire est déjà retombé, le coït fut de courte durée, un poing serré coude vers le bas, comme un tennisman qui vient de remporter le tie-break. Maintenant, où qu'il regarde, le ciel est bas. Le moment de la confession serait-il venu ? Quel est ce mystérieux tireur qui a changé la face de l'élection ? D'où sont partis les 830 volts qui ont terrassé Scheffel ? Valait-il mieux finir le travail commencé par d'autres à

Lagos ? Depuis qu'il a mis de force en pleine nuit une vieille femme sous calmants, Doret sait que tout est permis. Il reste calé dans le fond du fauteuil, sûr de ne pas être congédié dans l'heure qui vient. L'homme qui vient d'être réélu a deux problèmes en plus de tous les autres, insomnie et célibat.

– Castelnau m'avait de toute façon prédit autre chose, reprend Jacquemin toujours sans le regarder. Il m'a appelé la dernière nuit, il était très tard, tous les états-majors avaient fermé depuis longtemps, j'étais rentré chez moi mais je ne dormais pas, je ne dors plus que deux ou trois heures à la toute fin de la nuit quand je tombe d'épuisement. Il devait être 4 heures, il était confus, j'ai cru qu'il avait bu, il parlait des résultats mais il semblait s'en fiche, « ça ne me concerne plus ». Alors je lui ai dit des banalités, qu'il allait pouvoir prendre du temps pour lui, comme si des bêtes dans notre genre savaient faire autre chose que de la politique, comme si nous savions finir… Je lui ai dit aussi que Scheffel prendrait le ministère si on gagnait. « Ce type-là, c'est une machine à calculer à la solde des Américains ! » C'est ce qu'il m'a répondu. J'ai ri. Je pensais que lui aussi allait rire. On en avait parlé maintes fois, du passé américain de Scheffel. Mais sa voix a changé. Il ne riait pas. Il est devenu plus sombre encore, il a dit : « Tu passeras ton dernier mandat le nez dans la merde. Tu seras sans doute réélu, les gens n'auront pas le choix : entre un système qu'ils détestent et un monstre, ils choisiront ce qu'ils détestent, au moins ils connaissent ; mais tout est visible maintenant, c'est marée basse, la vase, les déchets, tout ce qu'on a jeté à la mer, nos gadgets, nos promesses, nos cadavres… Et même celui de mon fils. » Je me taisais, je le laissais divaguer. Mais il s'est mis à me demander ce que je savais de la mort de son gamin, j'ai dit la vérité : « Rien ! J'en sais rien, juste ce que tu m'as toujours dit, qu'il a fait le con avec sa moto ! »

Doret connaît cette conversation, il l'a lue dans les rapports d'écoutes de la CIA. Il a lu beaucoup de choses. Le renseignement américain avait même compris avant Jacquemin que sa femme s'ennuyait. Tant de gens étaient surveillés. Le président finit par se taire. Même Frontenac doit être plus souriant ce soir.

– Le lendemain, vous étiez obsédé par l'autopsie comme si elle pouvait révéler quelque chose, vous doutiez de son suicide ? l'interroge Doret.

– Le suicide collait avec cette conversation de la nuit. Mais je sais pas... Pourquoi ce jour-là et pas un autre ? Pourquoi six mois après, un soir d'élection ?

Doret pourrait lui répondre, lui dire qu'il a lui aussi reçu un coup de fil de Castelnau qui voulait savoir s'il avait répété les confidences de sa fille, qu'il a ensuite appelé Scheffel pour l'alerter de l'état de son ministre, en pensant qu'il saurait protéger à la fois le ministère et Castelnau. Mais Scheffel ne protégeait personne. Il a offert la vérité à son ministre, la vérité toute crue, il a sorti de son dossier l'écoute du 13 décembre et la lui a mise sous les yeux. Doret le sait, ou plutôt il en est sûr. Il imagine Castelnau penché sur la feuille, qui les regarde parler de la mort de son fils, alors qu'il ne le savait pas encore. Quoi de mieux pour le terrasser ? Et quoi de mieux pour mettre Fox et Gomont hors circuit ? Scheffel nettoyait la place avant de prendre ses fonctions. Il n'avait pas prévu que Castelnau irait se pendre. Et là tout a dérapé. Doret ne dit rien au président. Peut-être parce qu'il est en train de découvrir le privilège d'en savoir plus, ou que la victoire est trop terne, le vainqueur trop en berne pour qu'il remette son destin entre ses mains. Le silence s'installe alors que l'horloge approche les 2 heures du matin. Le président grimace. Ses douleurs lombaires. Son célibat. Ses insomnies.

Les soirs d'élection n'allument plus aucune lumière. On craint le pire, le pire restant à définir. Pour Castelnau, c'était de rentrer chez lui, de regarder sa vieille femme dans les yeux, de rouvrir la porte de la chambre du fils, de laisser des blancs et des siestes s'incruster dans l'agenda que pendant tant d'années, il remplissait de rendez-vous et d'initiales, d'écouter le silence, et, à l'intérieur du silence, les souvenirs, d'y entendre Benjamin hurler encore : « Tu n'es qu'une marionnette », et de lui murmurer en secret, par-delà la mort : « Tu avais raison. »

Il aurait pu durer longtemps, aussi longtemps que la vieillesse, ce dialogue intérieur d'un ancien ministre avec sa marionnette et son fils. Mais Castelnau n'a pas voulu. Lorsqu'il s'est penché sur les écoutes du 13 décembre, il a vu la pièce où Inga Gomont chuchota : « Et merde, pauvre Simon. » C'était la suite d'un hôtel trop doré des Émirats arabes unis où ils étaient en déplacement diplomatico-industriel. Inga avait écouté Fox lui annoncer la mort de Benjamin, puis elle s'était recouchée, avait soulevé doucement son bras pour le mettre autour d'elle et s'était rendormie contre lui alors qu'elle venait de tuer son fils.

Revenu dans son bureau, Doret répond à d'autres insomniaques qui le félicitent. Affalé sur son canapé blanc, son corps fatigué n'envisage même plus de rentrer chez lui, il pourrait dormir ici et être d'attaque pour la première réunion du nouveau mandat demain. Le manga que Mme Castelnau lui a offert est toujours là, qui semble l'attendre. Il l'attrape enfin. On est en 2029. Quel âge aura-t-il en 2029 ? La cinquantaine, il sera ministre au rythme où vont les choses. Page 4 : Réunion de puissants si gras qu'ils explosent les boutons de leurs costumes.

– *Après tout, si une nation d'esclaves cesse de fournir ses services, la nation maître va mourir de faim.*

– *Et une pénurie chronique de main-d'œuvre relancera l'industrie de production d'esclaves.*

– *Bien sûr on s'éloigne un peu du socialisme...*

Doret ne se souvenait pas de ce début. À 15 ans, il passait vite ces passages bavards, ne traînait pas du côté obscur, il allait vers l'action, les unités spéciales des jeunes cyborgs combattant au nom de la justice et de la vérité. La voilà, page 18, l'histoire des orphelins passés au module lavage de cerveau par le gouvernement. Major Motoko Kusanagi fonce les libérer. « *Un bon scandale des politiciens impliqués, des gosses qu'on transforme en choux-fleurs, on va nettoyer ce genre de merde, mon* ghost *m'y pousse.* » Son *ghost*. C'était ça le génie de ce manga. Le *ghost*, c'est ce qui reste de l'âme humaine dans un corps robotisé. Aujourd'hui Doret préfère la chute de reins du major Motoko à ses leçons de morale. Avant, il aimait les deux. Aujourd'hui, il habite les cases grises des puissants bedonnants de la page 4 qu'il méprisait et lisait à peine. Il lâche le manga. Le sommeil le gagne. « *Je préfère être mutée que de servir de garçon de courses pour ces connards de la sécurité publique* », s'écrie la belle Motoko au moment où le manga retombe sur la table.

XV

Il faudrait laisser voir les ratures de Vlad. Les doigts de Félix qui tremblent sur le clavier. Les sanglots de Lira derrière lui : « DIS QUE VLAD EST MORT, QUE C'EST SON DERNIER MESSAGE. » Les mains d'Éric sur ses épaules pour la calmer. La pluie grise qui tombe sur Paris, les grosses gouttes, presque de la grêle, qui s'abattent telles des flèches sur les vitres, comme pour laver la ville de ses événements, de ses affiches et de ses promesses menteuses.

> « Nwankwo Ganbo, patron de la brigade financière nigériane, s'est éteint cette nuit. Il a été mortellement blessé hier de plusieurs balles par la sécurité de James Finley. V.L.A.D »

Félix, Lira et Nwankwo avaient tendu un arc entre Paris et Lagos, un arc aussi solide qu'un fuseau horaire, aussi solide que leurs souvenirs et les épreuves traversées ensemble. Les événements, noms, vérités qu'ils partageaient s'alignaient comme des perles sur un fil. Plus les perles étaient lourdes, plus le fil semblait solide. Il vient pourtant de rompre.

> « Nous pouvons démontrer que Nwankwo Ganbo ne s'était pas trompé : James Finley, dont les avoirs sont protégés par plusieurs banques britanniques et américaines, a financé la campagne du président français Jacquemin, tout juste réélu, mais aussi des organisations terroristes islamistes. Ci-dessous les écoutes de la CIA le 27 avril dernier… V.L.A.D »

Vlad continue d'énoncer ses preuves, il ne sait rien faire d'autre, il est désarticulé, démembré, comme ces robots aux circuits éclatés qui continuent de réciter leur programme. Félix tape tel un automate, ses lèvres murmurent ce qu'il écrit, comme un enfant en apprentissage, et lorsqu'il articule – « Ci-dessous-les-écoutes-de-la-CIA » –, Lira, à côté de lui, tape violemment sur la table. Jamais preuves n'ont été plus accablantes, plus douloureuses aussi. À quelques heures près, Nwankwo ouvrait le brouillon, tombait sur ces écoutes de la CIA que Noémie a trouvées dans sa boîte aux lettres et que Félix lui aurait envoyées. À quelques heures près, il avait enfin ce qu'il cherchait, de quoi faire tomber Finley et le discréditer aux yeux de ceux qui l'ont toujours soutenu. Et c'est lui qui aurait écrit ce blog, à Lagos, il l'aurait écrit sous un soleil de plomb ou par une nuit chaude, peut-être enfin soulagé, allégé, prêt à rentrer chez lui.

« Dans la nuit qui a suivi, soixante-douze mineurs ont été sauvagement assassinés par les terroristes islamistes. "Relâche ce soir" voulait dire pas de surveillance. Nwankwo Ganbo n'avait cessé de demander qui protégeait ces travailleurs.

« Nous pouvons établir que James Finley a depuis des années fourni une aide logistique à des groupes terroristes qui sèment la terreur au nord du pays dont il fut le gouverneur.

« Nous pouvons tracer les mouvements de fonds de la banque américaine GMBC, et prouver que cette dernière a abrité et recruté les commanditaires de la mort de Patrick Fresco et de celle de Benjamin Castelnau.

« Nous fournirons pièces et documents à la justice en échange de notre immunité. Si la justice existe. Ici ou ailleurs. V.L.A.D »

– Quand est-ce qu'on sait qu'il est temps de fuir son pays ? demande Lira.

Tu l'as déjà fui, ton pays, lui répond Félix.

– Quand on commence à fuir, on n'en finit plus.

– Mais où veux-tu aller ? soupire Félix. En Russie, c'est la mort lente. Aux États-Unis, tu es sur la liste noire de la CIA. Un procès ici sera moins dur qu'une fuite.

– Mais ils ne veulent pas de procès, ça ferait trop de bruit, tempère Éric. Tu vois bien, vous étiez les personnes les plus recherchées ces derniers jours, mais maintenant personne ne vient vous arrêter. Jacquemin est déjà un bateau qui coule.

– Tu dis ça parce que son pisse-copie a glissé quelques rapports de la CIA dans la boîte aux lettres de Noémie ? soupire Lira. Te fais pas d'illusions. C'est juste parce qu'ils ont décidé de se débarrasser de Finley. Ils ne nous lâcheront pas.

Kay s'est assis seul sans rien commander chez Idriss qui n'ose pas l'approcher tant qu'il n'a pas fait signe. Son regard est fixe, ses lèvres bougent, on dirait qu'il parle à quelqu'un. Peut-être qu'il croit maintenant à ce que disait Nwankwo, à ces vieilles prophéties qui prétendent que le monde des esprits n'ouvre pas ses portes à qui meurt de façon violente. En tout cas, il comprend mieux ce que ça veut dire, c'est une dette, un compagnonnage qu'on refuse de céder à la mort. Il a fui l'hôpital, trop de monde autour du corps. Et pas besoin d'être tout près pour lui parler encore, lui dire que Tadjou va mieux, que sa mort ne sert à rien. Tu devrais être ici à éplucher les extraits bancaires, il y a des années de boulot, des révélations et des scandales en pagaille, mais personne ne finira puisque tu n'es plus là ! Il l'engueule, comme Nwankwo l'avait engueulé à la morgue le jour où il s'était fait cogner à l'hôtel. Il avait crié qu'il ne voulait pas être un jour obligé de reconnaître le corps de Kay, il avait peur pour lui, il pensait que la mort fauchait toujours dans le même sens et le convoquait au chevet de ses proies. Mais à force de recevoir ses visites, elle a fini par le garder, à moins qu'il n'ait fini par l'aimer. T'avais pas besoin d'aller crever dans son allée pour prouver quoi que ce soit ! rumine Kay. Lui aussi déteste cette enveloppe qu'ils ont trouvée à Paris. Elle contient ces écoutes qu'il n'avait pas faites et que Nwankwo lui avait pourtant demandées.

– Kay ! Kay, appelle Idriss qui s'est approché.

– Quoi ?

– Il y a un type dehors qui te réclame.

– Il a l'air de quoi ?

– D'un chauffeur.

Kay sort. Un homme en livrée s'approche et lui annonce qu'il a ordre de l'emmener voir le président Awolo. Il y a de la route, dit-il. De la route, oui, mais plus encore dans la tête de Kay que sur une carte, il y a du chemin pour qui a grandi sur les pilotis de Makoko, fait son nid dans des conteneurs du port et se voit mener chez le président de la République. Quelques heures plus tard, il est dans son bureau. Raide au bord du fauteuil, les deux mains entre les cuisses. Il se sent vieux, comme s'il était deux vies sur ce siège, celle de Nwankwo et la sienne. Il n'a pourtant que 25 ans.

– Vous savez ce qu'il m'a dit quand je l'ai nommé à ce poste, il y a plus d'un an ? demande Awolo.

Kay secoue la tête. Ce qui l'intrigue chez le président, ce sont ses yeux. Tantôt ils sont grands, brillants et généreux, tantôt ils se plissent et refroidissent. Kay croit comprendre ce qui faisait tanguer Nwankwo chaque fois qu'il venait là en menaçant de démissionner et en ressortant sans l'avoir fait.

– « À condition que Kay soit avec moi. » Je ne savais pas qui vous étiez, il me l'a expliqué et il m'a demandé de vous protéger plus que lui-même. C'était de toute façon un homme impossible à protéger.

– Fallait pas défaire son travail et réhabiliter Finley.

– Mais pourquoi est-il parti seul chez lui arme au poing ?! s'énerve subitement Awolo qui sait combien la mort de Nwankwo va être racontée, commentée et lui être reprochée.

Kay ne répond pas, il se tait, le laisse s'enferrer, se débattre avec ses actes, ses mots contradictoires, ses yeux qui s'ouvrent grands et puis se referment. Le président sait bien que la bagarre sur le campus n'avait rien de spontané, que le fils de Nwankwo était visé tandis que Finley était en train de faire ses valises.

– Un avis de recherche est lancé contre Finley. Et toutes les procédures sont rouvertes, lâche Awolo.

– Mais il n'y a plus personne de l'envergure de Nwankwo pour aller au bout.

– Vous ! Vous allez le venger, vous êtes jeune mais vous connaissez le dossier.

Il voudrait que Nwankwo peuple encore le présent sous les traits de Kay qui, encore une fois, ne dit rien. Cette façon qu'ils ont de réhabiliter ou de condamner un homme d'un claquement de doigts, selon leurs intérêts, alors que tant de sang a coulé. Son silence vaut refus. Awolo le sait bien. Il ne s'attendait pas à une réponse positive. Il voulait simplement pouvoir dire à l'extérieur qu'il avait fait cette proposition.

– Vous ne voulez donc pas rester dans la police ?

– Non, je n'étais là que pour Nwankwo.

– Qu'allez-vous faire ?

– Ce que j'ai toujours fait.

– Alors je vous souhaite bonne chance et sachez que ma porte vous sera toujours ouverte, dit Awolo dont les yeux sont grands ouverts et brillants.

Il est peut-être sincère, pense Kay. Il se lève. Il est temps de partir. La porte s'ouvre avant même qu'ils ne s'en chargent. Un collaborateur entre une dépêche à la main. Les mineurs viennent de se mettre en grève sur le site de Mobi, glisse-t-il au président. Nul besoin d'être grand clerc pour comprendre que les révélations de Vlad sur le massacre des soixante-douze se sont répandues comme une traînée de poudre. Voilà qui arrache une petite satisfaction à Kay, une envie de chialer aussi. Tu devrais voir ça, Nwankwo, tous les gars assis qui refusent d'entrer dans leur saleté de trou où ils vont de toute façon attraper le cancer pour une misère, tu devrais voir ça ! Ils sont huit cents sur le site, et ils ont voté la grève illimitée, ils réclament la vérité sur la mort de leurs soixante-douze camarades et ils veulent une prime liée au danger. T'es mort pour rien, Nwankwo.

Il s'en va sans faire attention à l'homme assis dans l'antichambre, qui n'est autre que l'ambassadeur de France venu exécuter un impeccable triple salto arrière : James Finley n'est plus l'ami de la France. Awolo écoutera la pirouette sans réprimer un sourire amusé. Et les deux hommes seront d'accord pour estimer qu'ils ont ainsi de quoi répondre à cette grève qui commence. Le ministère de la Justice annoncera des poursuites contre James Finley, celui de l'Industrie reprendra en main la sécurité du site sous-traitée à UISS. On fera passer une purge déjà programmée pour une importante concession aux mineurs, et on espère qu'ils oublieront leur prime. Ensuite on enterrera Nwankwo comme il se doit, le drapeau vert et blanc du pays sur son cercueil, un grand discours pour dire son courage. Et puis on le descendra dans un trou qu'on appelle oubli.

L'autre grand trou ressemble au Far West avec sa terre rouge et ses dénivelés. Qu'ils se dépêchent de reprendre le travail, car au fond il y a du métal lourd et radioactif qui devient jaune une fois pulvérisé, et dont s'écoulera le carburant nucléaire français, mais aussi des milliards de dollars, d'euros, de pourcentages, de commissions et rétrocommissions. Le Nymex attend de voir ce qu'il a dans le ventre pour monter ou descendre, tandis que les costards et les écrans de la banque GMBC digèrent tranquillement les 10 milliards qu'ont rapportés la vente du stock. Ils spéculent déjà ailleurs, blé, maïs, soja, les prix flambent, la sécheresse de l'an passé a donné de piètres récoltes, on signale bien quelques émeutes de la faim, mais elles ne font pas plus de bruit qu'une grève de mineurs au cinquante-quatrième étage de la banque. De jeunes types naviguent devant les écrans lumineux. Ils iront faire de l'aviron à l'heure du déjeuner avec la bénédiction de l'entreprise.

– Après tout, si une nation d'esclaves cesse de fournir ses services, la nation maître va mourir de faim.

– Et une pénurie chronique de main-d'œuvre relancera l'industrie de production d'esclaves.

Tout est écrit dans les mangas. Quel âge on aura en 2029 ? calculaient Patrick et Benjamin quand ils les dévoraient dans leurs chambres mal aérées d'ados des beaux quartiers parisiens. Ils ne seront plus là, depuis longtemps, leurs parents non plus. Il n'y aura personne ou presque pour imaginer ce qu'aurait pu être leur vie, personne surtout pour interroger encore et encore les traces de pneus sur les routes de montagne. Elles avaient beaucoup à dire pourtant.

Il avait roulé vite, impatient d'être à ce moment où la route se fait moins droite, disparaît derrière un rocher pour réapparaître ensuite, ce moment où le paysage devient montagne, où le plat s'incline, puis grimpe, délaisse les villes trop quadrillées, leurs discussions répétitives et vaines, ce moment où le paysage ramène aux sensations des étés passés, aux virées avec des copains sous la tente.

Une fois arrivé là, il avait ralenti par prudence mais aussi parce qu'il n'avait plus besoin d'aller vite, il pensait avoir mis suffisamment de kilomètres entre lui et les autres. Il roulait tranquillement, mais faisait en sorte que sa moto se couche dans les virages, il aimait ça, quelques centimètres entre son genou et le bitume comme sur les posters de sa chambre, et bientôt il surplomberait les gorges, leurs eaux bruyantes, résonantes, il ferait du bruit avec son moteur, comme on fait du mal au silence, il n'aurait plus ni père, ni mère, ni secrets trop lourds à porter. Ni dégoût, pensait-il.

C'est pourtant là où la route serpente que Benjamin avait réalisé qu'on le suivait. Dans son rétro, un homme casqué, comme lui. Il était donc temps de livrer la course dont il avait toujours rêvé, de pousser son bolide aussi loin qu'il le faudrait. Il accéléra, Dieu qu'il allait vite, l'autre aussi. Il filait, coupait les virages sur les routes étroites, seuls les oiseaux depuis le ciel pouvaient voir ce qui arrivait en face. Il aurait dû s'arrêter, obliger l'autre à se dévoiler, mais la raison n'était plus de la partie, il voyait trouble derrière son masque, il pleurait, il pleurait car ce n'était pas la course dont il avait toujours rêvé, pas du sport, pas un délire qui laisserait ses bottes pleines de boue et sa gueule noire de poussière. Les traces de pneus auraient pu dire qu'il y avait bien un poursuivant, mais pas de véhicule en face, pas d'animal qui avait surgi, pas de verglas, pas de pluie, pas de coup de frein ni de dérapage, la moto est allée droit dans le vide, comme si Benjamin déclarait forfait dans une course perdue.

Remerciements

Sophie Bouillon ne se perd plus dans la tentaculaire ville de Lagos.
Yola Perret sait retrouver le chemin du langage quand il n'y en a plus.
Elles furent de précieuses conseillères.
Nous les en remercions.

Des mêmes auteurs

Ouvrages d'Eva Joly

Notre affaire à tous (avec Laurent Beccaria), Les Arènes, 2000, et Folio, 2002.
Korrupsonsjegger (avec Vibeke-Knoop Racheline), Ashehoug, 2001.
L'Abus de biens sociaux à l'épreuve de la pratique (avec Caroline Joly), Economica, 2002.
Est-ce dans ce monde là que nous voulons vivre ? (avec Laurent Beccaria), Les Arènes, 2003, et Folio, 2004.
La Force qui nous manque (avec Judith Perrignon), Les Arènes, 2007, et Points Seuil, 2008.
Des héros ordinaires (avec Maria Malagardis), Les Arènes, 2009.
Les Yeux de Lira (avec Judith Perrignon), Les Arènes, 2011.
Sans tricher, Les Arènes, 2012.
Le Loup dans la bergerie (avec Guillemette Faure), Les Arènes, 2016.

Ouvrages de Judith Perrignon

Mauvais génie (avec Marianne Denicourt), Stock, 2005.
C'était mon frère... Théo et Vincent Van Gogh, L'Iconoclaste, 2006.
La Nuit du Fouquet's (avec Ariane Chemin), Stock, 2007.
La Force qui nous manque (avec Eva Joly), Les Arènes, 2007, et Points Seuil, 2008.
L'Intranquille (avec Gérard Garouste), L'Iconoclaste, 2009.
Les Chagrins, Stock, 2010.
Les Yeux de Lira (avec Eva Joly), Les Arènes, 2011.
N'oubliez pas que je joue (avec Sonia Rykiel), L'Iconoclaste, 2012.
Les Faibles et les Forts, Stock, 2013.
Victor Hugo vient de mourir, L'Iconoclaste, 2015.

Table

L'EXEMPLAIRE QUE VOUS TENEZ ENTRE LES MAINS
A ÉTÉ RENDU POSSIBLE GRÂCE AU TRAVAIL DE TOUTE UNE ÉQUIPE.

MISE EN PAGE : Soft Office
COUVERTURE : Al@ga
PHOTOGRAVURE : Point 11
RÉVISION : Sarah Ahnou et Nathalie Capiez
FABRICATION : Maude Sapin, Marie Baird-Smith
TRADUCTION (RUSSE) : Hélène Harry

COMMERCIAL : Pierre Bottura
COMMUNICATION : Isabelle Mazzaschi et Jérôme Lambert,
avec Adèle Hybre
RELATIONS LIBRAIRES : Jean-Baptiste Noailhat

DIFFUSION : Élise Lacaze (direction), Katia Berry (grand Sud-Est),
François-Marie Bironneau (Nord et Est), Charlotte Knibiehly
(Paris et région parisienne), Christelle Guilleminot (grand Sud-Ouest),
Laure Sagot (grand Ouest) et Diane Maretheu (coordination),
avec Christine Lagarde (Pro Livre), Béatrice Cousin
et Laurence Demurger (équipe Enseignes), Fabienne Audinet
et Benoît Lemaire (LDS), Bernadette Gildemyn
et Richard Van Overbroeck (Belgique), Nathalie Laroche
et Alodie Auderset (Suisse), Kamel Yahia et Kimly Ear (Grand Export).

DISTRIBUTION : Hachette

DROITS FRANCE ET JURIDIQUE : Geoffroy Fauchier-Magnan
DROITS ÉTRANGERS : Sophie Langlais

ENVOIS AUX JOURNALISTES ET LIBRAIRES : Patrick Darchy
LIBRAIRIE DU 27 RUE JACOB : Laurence Zarra
ANIMATION DU 27 RUE JACOB : Perinne Daubas

COMPTABILITÉ ET DROITS D'AUTEUR : Christelle Lemonnier
avec Camille Breynaert
SERVICES GÉNÉRAUX : Isadora Monteiro Dos Reis

La couverture a été imprimée par l'imprimerie Matthys en Belgique.

Achevé d'imprimer sur Roto-Page par l'Imprimerie Floch
à Mayenne, en novembre 2016.

ISBN : 978-2-35204-523-6
N° d'impression : 90373
Dépôt légal : janvier 2017
Imprimé en France